责任编辑:姜　玮

图书在版编目(CIP)数据

巴布宗教思想研究/许　宏　著. -北京:人民出版社,2010.10
ISBN 978 - 7 - 01 - 009352 - 9

Ⅰ.①巴…　Ⅱ.①许…　Ⅲ.①巴布(1819~1850)-宗教-思想-
研究　Ⅳ.①B928.373

中国版本图书馆 CIP 数据核字(2010)第 198044 号

巴布宗教思想研究
BABU ZONGJIAO SIXIANG YANJIU

许　宏　著

人民出版社 出版发行
(100706　北京朝阳门内大街 166 号)

北京瑞古冠中印刷厂印刷　新华书店经销

2010 年 10 月第 1 版　2010 年 10 月北京第 1 次印刷
开本:880 毫米×1230 毫米 1/32　印张:8
字数:251 千字

ISBN 978 - 7 - 01 - 009352 - 9　定价:28.00 元

邮购地址 100706　北京朝阳门内大街 166 号
人民东方图书销售中心　电话 (010)65250042　65289539

序　言

当今的宗教研究,新兴宗教的研究比较薄弱,而新兴宗教中巴哈伊教的研究又是薄弱中之薄弱者。在巴哈伊教的研究中,巴布的研究更是弱中之弱。全世界对巴布的研究,屈指可数。我们知道,美国明尼苏达州立大学的 Nader Saiedi 博士,是少有的投入极大精力来研究巴布的学者。他花费 8 年以上的时间,写出有关巴布研究的专著,实在是难能可贵的。而在中国,就我所知,许宏博士的这部《巴布宗教思想研究》是第一部研究巴布的专著。

但是在中国的历史教科书中,巴布是伊斯兰教和巴哈伊教研究中出现频率很高的人物,是研究者都注意到的重要人物或者核心人物,但同时也是最难以读懂的人物。读者对巴布的印象可能是非常片面的。

在中国过去的伊斯兰教史研究中,巴布被写成伊朗农民起义的领袖、伊斯兰教的改革者或者叛逆者。在最早涉及巴布的研究者中,纳忠先生发表在《云南大学学报》1956 年第 1 期的长篇论文《伊朗巴布农民运动及对"巴哈主义"的批判》是代表作。这篇文章对巴布的背景材料介绍极为详尽,所据资料尤其是阿拉伯文的资料比较充分。许永璋的《试论 1848—1852 年伊朗巴布教徒起义》(《郑州大学学报》1963 年第 1 期)和张友伦的《1848—1852 年伊朗巴布教徒起义》(《历史教学》1964 年第 9 期)相继发表;张桂枢也为商务印书馆的《外国历史小丛书》撰写了《伊朗巴布教徒起义》(北京,1962 年)。这些论著不能说对巴布研究没有贡献,但是限于时代的局限,有些问题没有解释清楚,比如巴布与巴哈欧拉①的关系问题,就没有按照事实说清楚,有的观点甚至认为巴哈欧拉是巴布的叛逆者,这是需要依据真实的材料进一步明确的。

在巴哈伊教看来,巴布是巴哈伊教的第一位创始人,只有通过他这一扇"知识之门",才能达到认识上帝的正确信仰。巴布的宗旨是建立保障人身自由权、私有权和人人平等、没有压迫的"正义王国"。前苏联学者谢·亚·托卡列夫曾著《世界各民族历史上的宗教》一书,该书第 24 章有《巴布教派与巴哈教派》一节。但这部著作给人造成的误解非常大,它把巴哈伊教仍然看做伊斯兰教的一个分支,而且说"巴布鼓吹人人平等、友爱——无疑仅限于信道之穆斯林。巴布自称为先知的继承人,负有向世人宣布新律法的使命。巴布的教说为神秘主义观念所充斥,近似泛神论。……(巴哈欧拉)仍鼓吹人人平等、人人对土地所获均有权享用,如此等等;然而,他不承认暴力和公开斗争,鼓吹友爱、宽容、逆来顺受——似为基督教观念濡染所致。穆斯林教义和律法,经巴哈欧拉改铸,趋于平和。新说被赋予其鼓吹者之名……它与民众情绪不相契合,更盛行于知识界。于是巴哈教说,作为伊斯兰教之业经

---

① 巴哈欧拉(Baháʼuʼlláh,1817 年 11 月 12 日—1892 年 5 月 29 日),原名米尔扎·侯赛因·阿里 Mírzá Husayn-ʼAlí,出生于伊朗德黑兰。他在巴布宣示后不久就经由巴布的弟子穆拉·侯赛因介绍而接受巴比教。巴布殉道后,巴哈欧拉引领巴比教进入了一个新阶段——巴哈伊教时期。被信徒称为"巴哈欧拉",意思是"上帝的荣耀"。

修琢、改革和现代化之说,在西欧和美洲寻得追随者"。① 他的著作的翻译出版是在我国改革开放之后,其观点对国内学者影响很大,类似的观点在当代国内学术界仍然有很大的影响力。

真实的历史情况是这样的:1844 年 5 月 23 日,赛义德·阿里·穆罕默德自称"巴布",在伊朗的设拉子向一个年轻的神学家穆拉·侯赛因启示《古兰经》优素福章的评注之后,向他说:"这个时刻,在未来的许多年代,将被当做是最伟大、最有意义的节日庆祝。"然后他宣告惊人的消息:上帝之日已经临近,他本人就是伊斯兰教经典中许诺过的"那位将升起者"、"卡义姆"。人类正站在一个新纪元的门槛上,人类生活的各个领域将剧烈动荡和重新建构。他自己就是人类必须经由的那道"门"。"今日,东西方的国家和人民,必须赶紧趋向我的门槛,寻求仁慈的我的恩泽。任何犹豫不前的人,必将蒙受可悲的损失。"②"巴布"在阿拉伯语中是"门"的意思,表示救世主马赫迪的意志,将通过此门传达给人民,把人们引入美好的境界。之后,他在伊朗各地广为传教。他用宗教的语言给人们勾画出一幅"正义王国"的美好蓝图。在这个王国里,人人平等,没有欺压,大家都过着快乐、幸福的生活。

在巴布的感召下,一些旧传统被废除,旧习惯被改变。1848年,在一次巴哈欧拉参加的 81 名教徒的集会上,巴布的第一位女信徒塔荷蕾,突然揭去面纱出现在众人面前,成为这个新时代的表征。这在传统的,即使看一眼她的倩影,都会被认为是不当之举的伊斯兰社会,是一种何等大胆的行为。信徒们的生活习惯随之发

① 谢·托卡列夫著,魏庆征译:《世界各民族历史上的宗教》,中国社会科学出版社 1985 年版,第 605—606 页。
② 纳比尔·阿仁:《破晓之光》,梅寿鸿译,马来西亚巴哈伊出版委员会 1986 年版,第 45—46 页。

生了革命性的改变,他们的崇拜的态度经历了突然性的基本转变,热诚的崇拜者向来所谨守的祈祷仪式都被彻底地抛弃了。甚至少数自己的同伴都认为改变得太过激进,近乎异端。① "由新教义的诞生开始,绝对避免任何暴力行动,忠于政府,否定采取圣战。"② 就是在这次集会上,巴布的追随者宣布:全体脱离伊斯兰教及其教法,并对这种新信仰和伊斯兰教的关系作出了一个明确的结论,巴布的"启示"不是伊斯兰教的一个分支,而是一个新的独立信仰。

巴布指出,上帝在派遣他的先知穆罕默德当天,已经预定了他的先知周期之终止。③ 巴布的宗教不是伊斯兰教,也不是另一个别的什么宗教,而是巴哈伊教的重要组成部分。这在巴布在世时,就已经确定了。巴布传导的教义与伊斯兰教的态度"形成一个鲜明的对比",英国医生科米克对此作了善意的称颂,认为巴布的教义与基督的教义是相似的。④ 法国驻伊朗大使康特·戈比诺(Count Gobineau)以及欧内斯特·勒南(Ernest Renan)、柯曾勋爵(Lord Curzon)和英国剑桥大学教授布朗(Browne)都作了同样的肯定。巴布自己也认同这一点,他认为自己的教义无论是在精神上还是目的上,都与基督的教义是一致的,而基督也是为他的出现铺路的。他的著作中也曾经引用过基督教的一些话。⑤

巴布对先知的态度与伊斯兰教有了明显的区别。伊斯兰教承

---

① 纳比尔·阿仁:《破晓之光》,梅寿鸿译,马来西亚巴哈伊出版委员会1986年版,第217页。

② 同上书,第424页。

③ 世界正义院汇编《励心集》,苏英芬译,台湾大同教巴哈伊出版社1990年版,第27页。

④ 转引自 G. 汤士便德为《神临记》英文版写的《引言》,鸥翎译,未刊本。

⑤ 转引自 G. 汤士便德为《神临记》英文版写的《引言》,鸥翎译,未刊本。

认穆罕默德是最后一位先知，称封印先知。而巴布却承认先知的连续显现，他指出："当一切存在完全仰赖每一天启期中的崇高实体之宝座时，你们当中有谁能挑战他们呢？诚然，上帝自无始之始至今日为止，一直都使反对他们的人完全灭绝，并经由真理之力量决定性地证明了真理。"①他把自己定位为那位将升起者，预言另一位全人类期待着的所有经典的许诺者，"上帝之宇宙性圣使"即将出现，而他自己的出现则是为他铺路的，而且将为之而牺牲。他提出："我是那神圣的原点，万物由它而产生……我是上帝之圣容，其光辉永不黯淡；我是上帝之光，其光芒永不消失……上帝已选定把天堂的所有钥匙放在我的右手，而把地狱的所有钥匙放在我的左手……凡是承认了我的人便已经了解真确的一切，并已获得善美的一切……上帝用以创造我的物质并非那用以塑造其他人的泥土。"②"我凭天界与地上的主发誓：我的确是上苍的仆役，我已经被指定为上苍的明确证明的肩负者"；"我是天堂的女仆，是由光的圣灵产生的"。③ 所以他在 1844 年 5 月 23 日对他的第一个信徒穆拉·侯赛因说："你是第一位相信我的人！诚然，我说，我是巴布，是通往上帝之门，而你就是巴布之巴布，是门之门。最初必须有 18 个人自发自愿地接受我并承认我的启示是真实的。既无须事先告诫，又不必事后邀请，他们每一位都在独自地寻找我。等到他们人数达到 18 个时，其中一位要被选出，陪伴我到麦

---

① 转引自巴哈伊世界正义院选录《励心集》，苏英芬译，台湾大同教巴哈伊出版社 1990 年版，第 21 页。

② 邵基·阿芬第：《巴哈欧拉之天启　新世界体制之目的》，澳门巴哈伊出版社 1995 年版，第 35—36 页。

③ 世界正义院编《圣言与默思——巴孛，峇浩拉，阿都峇哈之言》，马来西亚梅寿鸿翻译，马来西亚峇亥（即巴哈伊）出版社，无出版年，第 3 页。

加和麦地那去朝圣。在那里,我将把上帝的旨意转告给麦加的市长。"①在《默示录》中,巴布宣称,自己的启示只是"上帝之宇宙性圣使"天堂无数树叶中的一片,他和他以前的使徒一样,都是为这个"上帝之宇宙性圣使"铺路的。② 而《默示录》所预言的"上帝之宇宙性圣使"即巴哈欧拉。这样就在创教之初确立了两个先知会同时出现的特例。这是过去任何一个宗教都没有过的。

巴布说:"你若能记诵那上帝所要显圣的他的一句话,这要好过记诵整本的《默示录》,因为在那日,那一句话可以救你,而整本的《默示录》却救不了你。"巴布并证实巴哈欧拉的崇高地位,说巴哈欧拉可以将先知的地位赐给任何人。他这样说:"如果他要使地球上的每个人都成为先知,所有的人在上帝的眼里都是先知——当上帝所要显现的那一位启示之时,地球上所有的人就依他的意旨而成为那种人——因为,除非透过他的意旨,否则上帝的旨意是不能显示的;除非透过他的所愿,否则上帝的愿望是不能显现的。他真确是全然征服的,全然有力的,至为崇高的。"③

巴布号召说:当巴哈之阳在永恒之地平线上璀璨照耀时,你们必须拜谒于他的宝座前。他对巴哈欧拉的力量和显圣的地位深信不疑:"你们所有人被创生出来,是为了让你们去寻求他的亲临,并达至那崇高而荣耀的地位。确实,他将从他仁慈之天堂降下有

---

① 纳比尔·阿仁:《破晓之光》,梅寿鸿译,马来西亚巴哈伊出版委员会1986年版,第47页;参见秀那索拉比改写《纳比尔手记》,杨英军译,澳门新纪元国际出版社2004年版,第20页。

② 邵基·阿芬第:《巴哈欧拉之天启 新世界体制之目的》,澳门巴哈伊出版社1995年版,第28页。

③ 阿迪卜·塔赫萨德:《巴哈欧拉的天启》第2卷,李定忠译,《巴哈欧拉:故事与记录》,新纪元国际出版社2004年版,第157页。

益于你们的东西,而任何由他恩赐的事物都将令你们能够独立于
全人类……确实,如果他乐意,无疑他可以通过他自己所说出的一
个字使万物复兴。真确地,高于并超越于所有这一切,他乃是无比
威力者,全能者,万能者。"①

伊斯兰教认为《古兰经》是安拉颁降的最后而且是惟一完整
而没有经过任何改动的天启经典。而巴布则径直宣布:《默示录》
"真实是我们对一切造物的决定性证明,世上的所有人民在其言
辞之启示前皆失去力量。它珍藏了过去与未来的所有经典之全
数"。② 在此基础上,巴哈伊教先后有百多部经典颁布,这也是与
伊斯兰教有根本区别的。

巴布的生活习惯也与伊斯兰教有一些区别,如伊斯兰教有一
条戒律,虔诚的穆斯林不能使用银杯,而巴布却使用银杯喝水,且
用它来招待客人。③ 巴布对伊斯兰教的教历也大胆进行了彻底废
除,把每年的 12 个月,改为每年 19 个月,每月 19 天,最后 4 天是
闰日。而且确定了自己宗教的节日。

巴哈伊教的核心教旨有三条:上帝惟一,宗教同源,人类一家。
巴布确立了这些基本原则,而巴哈欧拉具体阐述了这些原则。

巴布主张一神论,认为上帝是独一而全能的,是超自然的精神
实体。在巴布的著作中,反复肯定和强调上帝是无可匹敌者,无与
伦比者,真实者,是自有永有者,除上帝之外无神明,上帝是天上与

---

① 巴哈伊世界中心编辑部编:《神圣辅助的力量》,澳门新纪元巴哈伊出版
社 1999 年版,第 14 页。
② 巴哈伊世界正义院选录:《励心集》,苏英芬译,台湾大同教巴哈伊出版社
1990 年版,第 26 页。
③ 纳比尔·阿仁:《破晓之光》,梅寿鸿译,马来西亚巴哈伊出版委员会 1986
年版,第 20 页。

地下,以及其间一切之王国的至高无上之主,是万王之王。上帝造物,说要有它,它就有了。他指出:"诚然,我是上帝,除我以外无神祇,除我以外之一切皆是我的造物","我已颁令,凡接受我的宗教者,也应相信我的一体性,我已将这个信仰与对你的纪念相联结"①,这个最高的神,就是"在万物之前存在,在万物之后存在,也将在万物之外存在的上帝","是知晓万物的上帝,高超于一切之上","是以慈悲待万物,审判万物,监察涵盖万物之上帝"②。因此,"宗教的第一与首要条件是认识上帝"③。作为信徒,就应该赞美上帝"本质之一体性"④,"自亘古以来","(上帝)一直也将永远是惟一的真神",除上帝"以外之一切皆为匮乏与贫穷者"⑤。但是,对于这样一个至高无上的上帝,人的认识是不能达到的,因为上帝的"地位太高超,是赋有理解力者之手所不及",上帝的"内涵太深奥,是人的心智与领悟之河所无法流溢者"⑥。巴布强调人类一家,"在上帝同一与不可分割的宗教里,你们当成为真正的兄弟,免于区别。因为诚然,上帝希望你的心成为信仰里反映你兄弟的明镜,则你可在他们身上反映自己,他们亦反映于你。这是上帝,全能者之真道"⑦。巴布明确宗教同源的原理,认为世界各大宗教虽然对神的称谓不同,如称之为上帝、安拉、佛、主等,但神灵本身是统一的,并且各种宗教本质上都来自同一神圣的根源;因

---

① 巴哈伊世界正义院选录:《励心集》,苏英芬译,台湾大同教巴哈伊出版社1990年版,第25页。
② 同上书,第33页。
③ 同上书,第17页。
④ 同上书,第36页。
⑤ 同上书,第38页。
⑥ 同上书,第40页。
⑦ 同上书,第6—7页。

此，一个已有宗教信仰的人若再信巴哈伊教，不需放弃原信仰，而巴哈伊教徒也可以自由出入各教庙宇进行崇拜。巴布也清楚地把自己的宗教和伊斯兰教作了区别，提倡对上帝的祈祷是个体的行为，不需要去做集体的礼拜，"在祷告的时刻必须独处一室的理由是，你乃可全神贯注于对上帝的纪念，你的心得以在所有时候为他的圣灵所激励，而不为如面纱般隔绝于你最钟爱者之外，勿以你的舌头从事对上帝的唇部崇拜，而你的心却未相对地转向那崇高的荣耀之峰，以及那神交之焦点"①。

鉴于此，虽然巴布自认为是一个无比伟大之启示的卑微前驱，但巴哈欧拉把他称为那允诺再临的卡义姆，他是如此一位神圣启示者，他证实了那很快将要代替他自己的那位更高超的启示之杰出卓越。阿布杜巴哈则肯定巴布"创设新规则、新法律和新宗教"。② 邵基·阿芬第说：巴布的地位"虽然逊于巴哈欧拉，却被赋予了与他一起掌握这个至高天启之命运的统领权"，"以其青春的光辉照耀着这幅心灵的画卷，他有无限的温柔，不可抗拒的魅力，无比卓绝的英勇"，他与巴哈欧拉是"两位独立却又迅速相承接的神圣显示者"，有"奇迹般释放出来"的"奔流力量"。③ 巴哈伊教以外的人也认同了巴布作为创立者之一的巴哈伊信仰是一种新宗教的地位。俄罗斯学者皮沃瓦洛夫在《宗教：本质和更新》(《哲学译丛》1994 年第 4 期) 中说，巴哈伊教被称为"新世界思维的原

---

① 巴哈伊世界正义院选录：《励心集》，苏英芬译，台湾大同教巴哈伊出版社 1990 年版，第 14 页。

② 李绍白：《人类新曙光——巴哈伊信仰》，澳门巴哈伊出版社 1995 年版，第 269 页。

③ 邵基·阿芬第：《巴哈欧拉之天启　新世界体制之目的》，澳门巴哈伊出版社 1995 年版，第 1—2 页。

理"，"用现代神学、科学、哲学和政治学语言把佛教、基督教和伊斯兰教结合起来"，其主旨"是以神话形式体现人类（它教诲不断成熟的人们）对立面的统一和斗争规律"。

美国前副总统戈尔说：巴哈伊教是那些最新的普救济世宗教派别中的一个。其教义不仅告诫我们要正确看待人类与自然的关系，还必须重视文明与环境的关系。可能是由于其主导思想形成于加速工业化时期，巴哈伊教派看起来十分注重这一大变革中的精神含义并对这一变革有着鲜活的描述："我们无法把人类的心灵与其自身之外的环境分离开来，并且宣称一旦变革其中之一，一切都会得到改善。人与自然是一个有机整体。人的内在生命塑造了环境，而其本身又受到环境的深刻影响。一方作用于另一方，人类生活中每一个影响深远的变化都是双方相互作用的结果。"巴哈伊教派的神圣典籍中还有这样的警句："常常被学识渊博的艺术与科学的阐释者们大加吹捧的文明，如果让它逾越适用的界限的话，将给人类带来极大的灾难。"①而英国学者尼尼安·斯马特则认为，巴哈伊信仰带有进化论的色彩，在教义上倾向于宗教真理的相对性，以及所有宗教本质上的一致，对各种形式的宗教经验，包括沉思方面的发展都很关注。它对那些为传统宗教之间的冲突感到不满并进行反思的人，有极大的吸引力。虽然脱胎于什叶派伊斯兰教，并抓住隐遁伊玛目的概念，使用了末世论的主题，"但它已经发展成一个全然不同的信仰，拥有自己与众不同的和现代化的特点。它是精神革命的范例，在世界文化之全球化状态出现前，它就敏锐地意识到了这一点，并为这个一体化的世界做了宗教

————

① 阿尔·戈尔：《濒临失衡的地球——生态与人类精神》，陈嘉映等译，中央编译出版社1997年版，第230页。

方面的准备"。①

　　巴布出现之后,人类在物质与灵性文明上都发生了惊人的进展。科学上的发现在很短的时间里,产生前所未有的增加,建立起难以置信的联络网。巴哈欧拉的信仰就是靠这个工具传遍整个地球的。这个现象是早期的巴哈伊信徒们所不能想象与相信的。巴布曾经说过,人类要建立一套快速的传播系统,这样,"上帝将要显现的那位"的消息才能传达全世界。现在,一切都实现了,整个世界变成一个国家。当人类的知识在灵性与物质上都能平衡发展时,一种神圣的文明才能出现,巴哈欧拉的启示就是要在人类社会中创造这种平衡。当这种平衡达到之后,就会出现巴哈伊文明。上帝的知识要充塞、主导人类的灵魂,高贵的性格和神圣的道德就成为人类的特性,人类的成就会进入一个全新纪元。巴布作为巴哈伊教创始人之一的地位是巴哈欧拉所确立的,任何人都不能对此有任何一点动摇。巴哈欧拉断言"现在,宣告上帝之圣言者不是别人,正是再次显现的原点"。② 他说:"我们真确地相信,那名号称为巴布的他,是由上苍——万王之王——的意旨派遣下凡来的。"③

　　巴哈欧拉在《瓦法书简》里说:"想想看巴扬原点的启示——他的光荣是受尊崇的。他宣布那第一个相信他的人是穆罕默德——上帝的信使。如果一个凡人和他争辩说这人来自波斯,那人来自阿拉伯,或这人叫侯赛因,那人叫穆罕默德,这样是适当的

　　① 尼尼安·斯马特:《世界宗教》,高师宁、金泽、朱明忠等译,北京大学出版社2004年版,第537—538页。
　　② 邵基·阿芬第:《巴哈欧拉之天启　新世界体制之目的》,澳门巴哈伊出版社1995年版,第49页。
　　③ 邵基·阿芬第编:《巴哈欧拉著作拾穗》英文版,中文版由马来西亚梅寿鸿翻译,马来西亚巴哈伊出版社1980年版,第34页。

吗? 不,我凭着上帝之名起誓——他是崇高、最伟大的。当然任何聪明有理解力的人都不会对限制或名字在意,他注意的是穆罕默德所赋有的——也就是上帝的圣道。这种有理解力的人也会考虑侯赛因和他在上帝圣道所占有的地位,上帝是全能、崇高、全知和全智的。既然第一位接受巴扬天启的信徒被赋予类似穆罕默德——上帝的信使——的统权,所以巴布宣布他就是后者的复临和复活。这种地位超越了所有的限制和名字,在这里面只看得到上帝。他是独一的、无比的、全知的。"巴布的启示预告了上帝之日即将到临,它有特别的意义,拥有巨大的潜能。就像一粒种子,拥有一棵大树的潜能一样,他的圣道生出一个比他的信仰还要大的信仰。巴哈欧拉赞美巴布,说他是"所有先知和信使的本质所环绕的点","他的层级超越所有的先知"、"信使之王"和"精华中的精华"。他的信仰揭开了为期 50 万年的巴哈伊周期。他的早期信仰者中有一些是众先知和受拣选者的复临。比如说,巴布给第四位"活着的字母"毛拉·阿里·比斯塔米(Mulla Aliy-i-Bastami)伊玛目阿里的地位。这位伊玛目在什叶派伊斯兰教徒的眼中是穆罕默德的正统继承人。①

巴哈欧拉对巴布的评价极高:"他将为穆罕默德曾为之事,他将毁掉他之前的东西,一如'真主的使者'曾毁掉那些先他而来者所立的规矩那样。"②"知识就是二十七个字母。众先知曾启示的所有知识是其中两个字母。迄今为止,没有人晓得比这(两个字母)更多的知识。但是,当卡义姆崛起时,他将致使余下的二十五

---

① 阿迪卜·塔赫萨德:《巴哈欧拉的天启》第 4 卷,李定忠翻译《巴哈欧拉:故事与记录》,新纪元国际出版社 2004 年版,第 438—440 页。

② 巴哈欧拉:《确信经》第 2 卷,小鸥译,未刊本,第 56 页。

个字母显现人间。"想想看,他宣称,知识是由二十七个字母所组成,并把从亚当起直至"封印"为止的所有先知视为是仅仅两个字母的阐释者,认为他们仅将两个字母带到了人间。他还说,卡义姆将启示余下的全部二十五个字母。①

巴哈欧拉祝愿众生的生命皆奉献给他——巴布,那位"万众之主",那位"至为崇高者"。他曾专门给各城的神职者启示了一篇书简。在这封函件中,他充分陈述了他们当中的每一个人对他的否定和拒绝分别属于什么性质。"因此,赋有洞察力的人们啊,你们可要警醒啊!"他之所以要谈及这些神职者的对抗,旨在驳斥巴扬之民,将在那位"被祈求者"(慕斯达格斯)显现之日、在那个"末后的复活日"中可能提出的这样一种异议:"在巴扬天启期里,曾有好些神职者接受了他的信仰,而在后一个天启(期)里,为何连一个神职者都不曾承认他的声明呢?"他的目的是要向人们作出警告,免得他们囿顾天禁,因执著于一些愚蠢的想法而令自己失去了福分,而无缘朝拜那位"圣美之尊"。"是呀,我们所提及的那些(已接受了巴扬天启的)神职者,大部分都不是很有名气,借着上苍的恩典,他们全都洗脱了俗世的虚荣,避免了权欲之陷阱。""此乃真主的恩典;他乐意给谁就给谁。"②阿布杜巴哈说:"他完全孤立地,以一种超出想象的方式,在那以宗教狂热主义闻名的波斯人中托起了圣道,这个杰出的灵魂以如此超凡的能力崛然而起,以至于动摇了波斯的宗教、道德、社会状况及其风俗习惯的支柱,并制定起新的规则、新的律法,建立起了一个新的宗教。"③

---

① 巴哈欧拉:《确信经》第2卷,小鸥译,未刊本,第56—57页。
② 同上书,第53页。
③ 《阿博都巴哈著作选集》,曾佑昌译,新纪元国际出版社2004年版,第24页。

　　许宏博士对巴布的研究用力颇多,在山东大学攻读博士学位期间,有机会到巴哈伊教世界正义院和珍妮特博士、胡达博士切磋,获得她们的极大帮助。珍妮特博士(Dr. Janet Khan)是澳大利亚人,其丈夫彼得·汗博士(Dr. Peter Khan)当时是世界正义院九位成员之一,原籍巴基斯坦旁遮普邦,后来加入澳大利亚国籍。珍妮特1965年从美国密歇根州移居澳大利亚昆士兰,在昆士兰大学获得心理学博士学位,1982—1983年担任澳大利亚巴哈伊主席,自1983年来到海法,在文献研究中心工作了27年之久,对巴哈伊教经典有很深入的研究,已经出版了3部著作和很多论文,是个资深研究员。她的著作大部分是运用巴哈伊精神回答社会问题。胡达博士(Dr. Hoda Mahmoudi)是美国人,原籍伊朗,她曾经担任过美国北部伊利诺伊大学芝加哥艺术与科学学院的院长,在此之前她担任公司副总裁和奥利韦学院院长。她相信宗教能够唤醒灵魂的潜力,她在很多方面都有杰出的研究成绩,比如正式的行政组织、医学社会学、出版等领域以及跨国研究和妇女研究。她现任文献研究中心主任。还有其他学者都对许宏的论著有所帮助,这些帮助对许宏驾驭众多文献起了很大的作用。

　　但是,巴布研究毕竟是难啃的核桃,而许宏是否能够完全把握,还很难下结论。唯有读者是可以作出结论的。读者的意见会对以后的巴布研究起到推动作用。

　　该书出版之际,许宏博士索序于我。"成命"难违,但学力所限,是否拿捏得准,愿读者原谅则个。

蔡德贵

2010年8月7日立秋日

目　录

1

导　　论

第一节　关于选题及主要研究内容

巴布（the Báb，1819－1850），也译作巴孛，是 19 世纪四五十年代伊朗巴布运动的精神领袖，还是巴比教（即巴布教派）①和巴哈伊教的创始人。② 但在很多对巴布有一些了解的中国人眼里，只是仅仅停留在历史教科书上所讲述的巴布运动领袖，一个社会改革家，一个农民起义领导者的形象。而很少有人知道他与当代新兴宗教巴哈伊教的关系，更不知道他是一个著作等身的思想家，他还是一个倡导宗教和谐、人类一家、世界大同，主张"非暴力"的和平使者。

回顾以往有关巴布的研究成果，学者们对巴布、巴布运动及其教义的评价褒贬不一，存有很多分歧。这主要由于巴布运动遭到

① 中国大陆多译为"巴布"，将其信仰译成"巴布教"或"巴布教派"；巴哈伊信仰界则习用"巴孛"和"巴比教"（阿拉伯文 Babi）。本书一般用"巴布"和"巴比教"，有时也用"巴布教"或"巴布教派"。

② 巴哈伊教旧称大同教，又译巴哈教、巴海教等。在巴哈伊教看来，巴比教和巴哈伊教是同一个宗教，巴比教只是巴哈伊教的早期阶段，1844 年巴布宣教就是巴哈伊教成立的标志。但也有一些学者把巴比教当做一个独立的宗教来研究。

当时伊朗政府的残酷镇压,失败后又分裂成两派,从而造成对早期巴比教事件给予了两个不同甚至相悖的神学解释。再加上 19 世纪伊朗社会风云变幻的背景及巴比教的遭遇,决定了对巴布及其思想研究的复杂而难以把握。对于这样一个特殊的宗教思想家,我们如何给予客观的评价,如何对其宗教思想给予合理的把握和正确的解读,是非常必要的。此外,人们对巴布的研究大多是从历史的角度探讨巴布运动的状况,或者是以传记的、文学的形式来描述巴布一生的神奇事迹等,而对其宗教思想的研究则相对薄弱,之前还没有专门论述巴布思想的著作或博士、硕士论文。为了填补这一空缺,我选择巴布宗教思想作为我近年来的一个主要研究课题。

本论著考察了巴布思想的宗教文化背景和理论来源,紧紧抓住"渐进性天启"论这一理解巴布思想的关键,从上帝观、宗教人生哲学、正义王国等方面系统论述了巴布的宗教思想,并分析和阐述巴布思想对人类文明发展的价值。全书共有八个部分,包括导论和七章正文。

导论部分简要介绍了关于本著作的选题及主要内容,阐述了巴布宗教思想的研究现状、逻辑思路、创新与不足。以往对巴布的研究,有的是从历史的角度探讨巴布运动的状况,还有的是以传记的、文学的形式来描述巴布一生的神奇事迹等,但缺乏从学术层面对巴布思想进行系统的研究。本书的研究正是为了填补这一空白,并力图有所创新,以期望人们对巴布思想的关注,推动巴布思想研究在 21 世纪发挥应有的时代价值。

第一章介绍巴布的生平事迹、巴布运动、其主要宗教著作及特点。巴布一生虽然短暂,但却充满了神奇和悲壮。"这位杰出的人物以巨大的力量从根本上震撼了波斯的宗教、道德、风尚、环境、风俗习惯及法律"（阿布杜巴哈语），并对人类文明史产生了深远的影响。

第二章介绍了巴布思想的宗教文化背景和理论来源。巴布思想受到了来自东西方的各种宗教文化特别是伊斯兰教文化的影响。他从人类精神遗产中汲取了营养和鼓舞，吸收并融合各种思想来源，使其成为他自己宗教思想的有机组成部分，形成了一个独立的宗教思想体系。伊斯兰教对巴布的影响无疑是很大的。本章考察了伊斯兰教哲学思想如《古兰经》哲学、照明学派特别是伊本·阿拉比的思想、伊斯法罕学派的思想及谢赫派的思想等对巴布宗教思想产生的重要影响；探讨了巴比教（巴哈伊教的早期阶段）与伊斯兰教的渊源关系。同时也分析说明，巴布所创立的新宗教，与伊斯兰教是截然不同的，它是一个完全独立于伊斯兰教之外的新宗教。

第三章考察了"渐进性天启"论，明确指出"渐进性天启"论是巴布宗教思想的理论基础。巴布在以往犹太教、基督教、伊斯兰教等宗教"天启"论的基础上，进一步阐述了他的天启宗教观，提出了他的"渐进性天启"理论。巴布认为在每一个时代上帝都派给人们一位新先知，通过先知，上帝向人们传达自己的"启示"。这种"启示"是连续不断的，没有开始，也没有终结，是一个渐进的、动态的发展过程。

巴布对宗教的理解与他的"渐进性天启"是紧密相关的。他认为，不仅犹太教、基督教和伊斯兰教信仰的是同一个上帝，而且以前的宗教如印度教，包括他自己创立的新宗教等，实际上信仰的也是同一个上帝。在他看来，人类的接受能力在不断进步，上帝会随着人类的进步，在不同的时代，派遣新的先知来教导人类，使人类文明得以不断进步发展。宗教的演进是动态的、不断自我完善的过程。任何一种宗教都是过去所有宗教的灵性的继承,"渐进性天启"是一个永恒发展的进程,只要有人类,上帝就将继续派他的使者来引导人们不断进步。

"渐进性天启"论贯穿到巴布对上帝、对人生和对社会的思想理念之中,也是人们揭开巴布思想奥秘的一把"钥匙"。巴布在不同时期,曾先后发布了有关"门"、"伊玛目"、"先知"的不同声明,对人们进行启示。这也常常成为一些学者们疑惑不解的问题。有些人认为这是前后矛盾的说法。其实,巴布的这些声明应该根据"渐进性"的原则,根据不同背景来理解。如果巴布一开始就公开声称自己是先知的话,将会遭到强烈反对。而通过使用"巴布"这一称号,他可以暗示他的一个较小的声明,通过一段时间来渐渐得到更多人的理解。巴布本人也说他是渐渐把他的声明公布于众的,这样才不会导致社会太大的冲突或震荡。

第四章论述了巴布的上帝观。有关上帝的阐述是任何宗教思想的核心问题。巴布对上帝概念的理解和界定独具特色,别具一格。他继承了伊斯兰教、基督教等传统宗教的一神论因素,又在一神论的基础上融合了各大宗教的思想,并赋予了新的含义。巴布这里的上帝不仅是一个宗教化的上帝,在某种程度上也具有哲学化的成分。首先,巴布指出上帝是惟一的存在。他把整个宇宙分作"三个世界",最高的是"上帝的世界",其次是"显圣者的世界",最后是"创造物的世界"。创造物的存在是依赖于显圣者的,显圣者的存在又要依赖于上帝,而上帝则是万物存在的本原。巴布正是从显圣者的理论开始,进而得出上帝是惟一的存在之论断。为了这一特殊目的,巴布使用了伊本·阿拉比及其教派的存在单一论及完人思想中所涉及的内容和表述方式,运用伊斯兰教神秘主义的哲学语言来表达他自己的宗教图景。巴布认为,真正的存在仅属于上帝,上帝作为惟一的实在,是一种最高的绝对存在。但是由于显圣者与上帝的特殊关系,他们在一定程度上是存在的。只有忠诚于上帝的显圣者即先知,普通人才获得存在。人和其他造物在多大程度上存在,是根据其认识上帝、认识显圣者的程度来定的。

其次,巴布认为,上帝是造物之主、宇宙法则的制定者。世界上万物的产生都可以推及到终极原因和最初源头,而这个万物存在的本原就是上帝。因此,上帝是宇宙之父、世界的创造者。在整个宇宙中,包括所有居于天上、地上以及天地间存在着一个统一的秩序和法则,包括日月星辰在内的宇宙万物都服从和遵循着这一法则,失去了这一法则的支配,世界便不会存在。上帝正是宇宙法则的制定者和执行者。而事实上,上帝本身就是法则。支配和统治宇宙的这一法则就是上帝。上帝时时存在、处处存在,统治着万物,维护着世界的和谐与秩序。一切自然法则和精神法则只不过是上帝力量和意志的运行方式。

最后,巴布眼里的上帝是至高至善的救世之主。上帝是全智、全能的最高主宰,是天上、地下及其间万物至高的主。上帝也象征着至善。我们周围的一切从生到死在不停地变化。但同时,在这一切变化的下面,有一个恒久不变的活生生的力量,将万物凝聚在一起,创造、消融、再创造。这个无形的力量或精神就是上帝。这个力量不是至恶,而是至善至慈,因为在死亡之中,生命在持续,在非真理之中,真理在持续,在黑暗之中,光明在持续。因此,上帝是至善的化身,是生命、真理、光明、仁慈。

巴布认为,正因为上帝是至高、至善、全智、全能的,这一神秘精神能为人的本能所感知,但不能为人所完全理解。理智无法知晓这个最高至神,他在理智的触及和掌握之外。因而人类是无法直接认识上帝的,那么就需要一个中介。这个中介就是上帝派到世上的先知,即上帝的显圣者。人类只有通过认识先知才能认识上帝、皈依上帝。

第五章阐述了巴布的宗教人生哲学思想。在人性论方面,巴布和孔孟儒家的观点有些相似,认为人的本性是善的。对于基督教有关"原罪"的理论,巴布是不能接受的,他也不认为人生来就是有罪的。巴布和巴哈伊思想家们都认为,既然人是由上帝所创造的,而上帝是至善完美的,当然不会把恶的本性赋予人类,所以,人的先天本性是善的。而所谓的"恶"只不过是缺少了善的美质。在巴布这里,理想人格的体现者是显圣者(先知),是完人的象征。巴布进一步指出,理想人生境界的首要特征就是人对上帝的虔信和服从,人生的追求和目标在于认识上帝,接近上帝,即对至善的追求。在阐述人生的归宿问题时,巴布对一般宗教常常提到的灵魂、复活、死亡、末日审判、天堂、地狱等术语进行了全新的诠释和界定。他认为,复活指的是当上帝的一个新的显圣者出现时,那些沉睡在无知、放纵和贪欲的坟墓中的人,其灵性的觉醒。末日审判是指新显圣者出现时,通过接受或拒绝他的启示,绵羊从山羊中分开。因为绵羊听到了牧羊人的声音,并且跟随着他。天堂是一种认识上帝、爱上帝的快乐,是通过上帝的显示者的启示,一个人死后能得到进入上帝之天国并得到永生,从而获得最完美的境界。地狱则是由于没能认识上帝,因而不能达到神圣的完美境界,从而也失去了永恒的恩惠。他明确宣称上述术语如果离开了这些规定就没有真正的意义,现在所流行的关于身体的复活、物质的"天堂"和"地狱"以及与此相似的东西等仅仅是一种单凭想象的"虚构"。在巴布那里,"天堂"并非一种实体的存在,只是一个比喻和模拟。因为天堂并非是一个物质的地方,而是超越时空——一个灵性的世界。天堂可以看做是接近上帝的一种状态，地狱则是远离上帝的一种状态。为了达到人生的完美境界——天堂，巴布要求人们必须遵循一些普遍的道德与律法原则，如"一切为了上帝"、"不要引起他人悲伤"、不断提升与"完美"万物、培养纯洁与高尚的品行等，这是实现人生理想的具体途径。

第六章论述了巴布有关"正义王国"的思想。巴布生活在19世纪社会大动荡与大变革的时代，面对伊朗的内忧外患，他想通过宗教改革的力量达到社会改革的目的。"正义王国"正是巴布在他的宗教视野下设计的一个社会改革蓝图。巴布首先提出了他的社会发展观——人类社会是递进式发展的。他认为，每一个时代都要超越前一个时代并与之不同，人类社会是一个动态的不断进步的过程，必须不断进行改革。巴布为人类描绘了一幅正义、平等、和谐的理想社会画卷。并指出，由于地球上所有的人类都是同一个上帝的子民，实现人类一家、天下大同是"正义王国"的最终目标。

"正义王国"如何才能实现？巴布指出，为了实现这一理想社会的目标，必须坚持律法和伦理的结合。巴布认为，无论是一个人还是社会的"提升"，都要通过外在的宗教律法和内在的宗教伦理两种方式来实现。宗教律法是通过"他律"来规范人们的行为，达到社会改进的目的。但是，理想社会的建设，最终还是需要个人自觉、自愿去遵循律法。道德具有超越的终极意义，只有通过宗教道德的内在"圣化"才能更好地改进社会，最终达到理想的途径。

巴布认为，实现理想社会的基础是"圣约"。他宣称，每一位显圣者降临人间，都带有一份契约，这份契约就是上帝的显圣者与其信徒之间订立的，即"圣约"。这位使者可以被认为是耶稣基督的复活，或是穆罕默德的再生，或是隐遁伊玛目的重现，其任务就是实现以前各先知的承诺，推动人类走向成熟，在地球上创建上帝的王国。这样,巴布的"正义王国"只有在神学的基础上才能实现,最终陷入了一种充满了神学与宗教色彩的乌托邦。

第七章是对巴布宗教思想的总体评析,讨论其思想意义。回顾了巴布宗教思想在历史上曾遭受的批评和指责,论述了以巴哈欧拉为代表的宗教思想家们如何在继承和发展巴布学说的基础上构建自己的信仰理论。同时指出,在日益全球化的今天,面对着技术统治,价值失落,道德和信仰缺失,不同民族、宗教文化间的冲突等问题,巴布的一些思想越来越显示出其重要的时代价值。在全球化的背景下,如何利用巴布思想中的有益资源,推动人类文明的发展,作了认真的思考,并提出了一些建设性的意见。提出要重新审视巴布思想中对"现代性"、对各种宗教文化之间关系的阐述,正视信仰对人类的重要性,正确处理现代化、全球化进程中的一些问题,不断消除各种宗教、种族偏见,促进各种文明的协调发展,以建立一个公平、正义、和谐的世界新秩序。

第二节　研究现状、逻辑思路、创新与不足

一、研究现状

在中国大陆,关于巴布的较早研究成果是张桂枢主编的《伊朗巴布教徒起义》(1962年版)以及1980年出版的李希泌和刘明主编的《伊朗巴布教徒起义》。这两本书都从历史学的角度叙述了巴布运动的历史背景和整个过程,其中也涉及巴布的一些社会改良思想,如建立"正义王国"的主张。但是,由于它们偏重于研究巴布运动的历史过程,强调巴布运动的阶级属性和政治价值的考察,从而很少以学术的眼光来研究巴布的思想。2001年,蔡德贵先生撰写的《当代新兴巴哈伊教研究》出版可以说是国内巴哈

伊教研究的拓荒之作。该书就巴哈伊教创始人之一的巴布的生平事迹及有关内容辟专章论述,具有重要的学术价值。① 他的《当代伊斯兰阿拉伯哲学研究》、《阿拉伯哲学史》、《对巴哈伊教基本状况的分析》、《巴哈伊教:作为当代宗教的独特教义》等论著对我的论文构思也是启发良多。此外,吴云贵先生的《从〈确信之书〉看巴哈伊教的渊源》一文论述了巴哈欧拉对巴布思想的继承和发展;周燮藩先生的《什叶派伊斯兰教在伊朗的历史演变》一文对伊斯兰教在伊朗的演变及巴比教与伊斯兰教的关系做了较精辟的论述,对我考察巴布思想的渊源很有帮助。还有一些零星的关于巴布的论文,如马通、马海滨的《巴布的理想》阐述了巴布社会和宗教改革的美好愿望,但由于篇幅太短,未能对巴布思想进行深入的研究。总起来说,大陆可供参考的与巴布有关的资料不是很多。澳门、香港和台湾地区虽出版过一些有关巴哈伊教的书籍,但也没有专门研究巴布思想的著作。

　　早在巴布 1844 年建立巴比教之始,西方世界就对这一事件高度关注。一些西方的旅行者、外交官和传教士,对巴布运动这一事件不断给予报道、评论。最早的公开报道发表在 1845 年 11 月的《伦敦时报》上,当时作者没有署名。随后,英国驻伊朗使节贾斯廷·赛尔(Justin Sheil)、俄国驻伊朗大臣迪米特里·道格如库(Dimitri Dolgorukov)、法国驻伊朗代理约瑟夫·菲力尔(Joseph Ferrier)等都相继给予不同的评论。西方涉及巴布的第一本书是 1854 年由一个名叫亨利·亚伦·斯特恩(Henry Aaron Stern)的牧师所著的《东方之光的黎明》(Dawnings of Light in the East),接着

---

① 《当代新兴巴哈伊教研究》一书在 2006 年又有修订本推出,内容更加丰富。遗憾的是,由于作者研究的需要,该书没有对巴布思想展开,作较多论述。

是 1856 年由贾斯廷·赛尔的妻子玛丽·赛尔(Mary Sheil)所写的《波斯的生活与风俗》(Glimpses of Life and Manners in Modern Persia)和雅各布·波拉克(Jakob Polak)博士发表的《波斯的土地与居民》(Persia:The Land and Its Inhabitants),书中都有一些对于巴布及巴布运动的描述。但在很多巴哈伊学者看来,这些早期的陈述显然带有偏见或不真实的成分。

1865 年,曾担任过法国驻伊朗外交官的康德·戈比诺(Comte de Gobineau)所著的《中亚的宗教与哲学》(The Religions and Philosophies of Central Asia)一书发表。该书除了有几章涉及其他的话题,如苏非与波斯人的戏剧等外,有一多半的内容都专注于对巴比教的研究。尽管他的大多数资料来源于官方波斯法庭的记录,但他对巴布教义的概括非常全面。此书发表后产生了很大反响,唤起学者们的极大兴趣,随即对这本书的评论及相关研究性论文相继出现。对巴布及巴比教的有关讨论也在各杂志大量刊登,巴布的名字一时被无数西方人知晓。西方学者们对巴布运动的兴趣也随着康德·戈比诺之书的出版而达到顶峰。当时著名的评论家马修·阿诺德(Matthew Arnold)在伯明翰和米兰学院演讲时说:"几年前原法国外交官戈比诺(Comte Gobineau)发表了一本令人感兴趣的书《中亚的宗教与哲学》⋯⋯他的成就与智慧在各方面值得关注,在发生地(波斯),他充分利用了自身的观察与探访,详细阐述了所发生的每件事。此书的主要目的是对米尔扎·阿里·穆罕默德(巴布)这位波斯的宗教改革家、巴比教的建立者的生涯给予一个历史性的阐述。"①

① Arnold,A Persian Passion Play,p668,转引自 Moojan Momen,The Babi and Bahai Religions 1844 – 1944—Some Contemporary Western Accounts,p25。

　　然而,第一个真正在学术意义上关注巴布及巴比教的是英国剑桥大学的学者爱德华·格兰威尔·布朗(Edward Granville Browne,1862–1926)。康德·戈比诺的书唤起了他的兴趣,导致他进行更广泛的研究,他也成为第一个专门研究巴布及巴哈伊教的学者,并且出版了很多与此相关的论文和书籍。1887—1888年他开始着手翻译和汇编巴布和巴哈伊教的主要著述,1893年发表了《巴布的新历史》(Tarikh-i-Jadid:The New History of Mirza Ali Muhammad,the Báb),1918年发表了《巴比教研究资料》(Materials for the Study of the Babi Religion)等著作,对于研究巴布思想提供了宝贵的资源。尽管他后期的著作对巴哈伊教带有明显的偏见,但是他对巴布与巴哈伊研究所作出的贡献无疑是巨大的,具有深远的学术意义。

　　除布朗外,较早专门研究巴布的还有法国历史学家尼古拉斯(A.-L.-M.Nicolas)。他研究并且翻译了巴布的一些重要著作,如阿拉伯语《白杨经》,波斯语《白杨经》、《七个证明》等。他所著的《阿里·穆罕默德·巴布》也是对巴布生平研究的有价值成果。

　　在现代巴哈伊学者中,越来越多的人也对巴布及巴比教感兴趣。1973年,白有志(H.M.Balyuzi)发表的《巴布:新时代的先驱》(The Báb:The Herald of the Day of Days)是一本研究巴布的传记体著作;但真正进行系统的以传记的形式所写的有关巴布的著作应该是阿拔斯·阿莫耐特(Abbas Amanat)的《复苏与复兴:1844—1850年的伊朗巴布运动》(Resurrection and Renewal:The Making of the Babi Movement in Iran,1844–1850)(1989年版)。最值得一提的是,精通波斯语和阿拉伯语的著名巴哈伊学者内德·赛义迪(Naider Saiedi)通过对波斯语和阿拉伯语版本的巴布著作的全面考察,在2008年出版的《心之门:对巴布著作的理解》(Gate of the

Heart:Understanding the Writing of the Báb)一书,可谓是巴布研究的最新成果。

当然,除了上述研究成果外,还有很多巴哈伊教权威人士和历史学家关于巴布和巴比教的历史陈述,如阿布杜巴哈的《旅行者手记》(A Traveler's Narrative),邵基·阿芬第的名著《神临记》(God Passes By),纳米尔·阿仁的《破晓之光》(The Dawn Breakers),威廉·西尔斯的《释放太阳》(Release The Sun),威廉·哈彻、道格拉斯·马丁的《巴哈伊信仰——新兴的世界宗教》(The Bahai Faith:The Emerging Global Religion)等。当代巴哈伊学者穆坚·莫曼(Moojan Momen)也编辑、撰写了大量著作与论文,论述了早期巴比教与伊斯兰教的关系;皮特·斯密斯(Peter Smith)也出版了几本介绍巴哈伊教早期历史的书籍。这些著作也是研究巴布思想的重要资料。

以上成果中,研究者们有的是从宗教信仰的角度探讨巴布宣教、巴布殉道等事件,有的是从历史的角度探讨巴布运动的状况,还有的是以传记的、文学的形式来描述巴布一生的神奇事迹,等等,这些成果是我研究巴布及其宗教思想的宝贵参考资料和重要依据。特别是在写作过程中,笔者有幸被邀请赴以色列海法的世界巴哈伊中心进行了短期访学,就著作中涉及的一些问题与巴哈伊学者们开展了积极的切磋与交流。值得高兴的是,在世界巴哈伊中心的图书馆,我还收集到了著作撰写所急需的大量宝贵资料,而这是国内所无法找到的。

二、逻辑思路

任何一种思想体系的建立,都有其理论和现实的基础。因此,在开始研究巴布的宗教思想之前,我们有必要了解其思想来源和宗教文化背景,以及在不同时期他的宗教思想的形成和演变概况。

本书接下来把"渐进性天启"论作为一个重点辟专章来加以探讨,因为它是整个巴布宗教思想的理论基石。巴布认为,在每一个时代上帝都派给人们一位新先知作为导师。上帝通过先知向人们传达自己的启示。这种"渐进性天启"是一个动态的发展过程。因此,巴布认为宗教和人类社会的演进是动态的、不断自我完善的过程。

上帝观是任何一个宗教思想体系的核心内容,本书论述了巴布关于上帝及其显圣者的思想。巴布认为,上帝是惟一的存在,是造物之主、宇宙法则的制定者,是至高至善的救世之主。宗教的第一和首要的条件是认识上帝,但人类无法直接认识上帝,那么就需要一个中介,这个中介就是上帝派到世上的先知,也称作显圣者、显示者、应允者、救世主等。人类只有通过认识显圣者才能认识上帝。

在宗教这一神人共处的系统中,人应当怎样生活是一个非常重要的问题。不解决这一问题,宗教教义就不能落到实处,人对上帝的信仰就是一句空话。所以,宗教非常重视对这个问题的探讨。本书就人的本性、人的本质、人生价值、人生理想、人生的归宿以及如何实现理想的人生等方面来探讨了巴布的宗教人生哲学思想。

建立"正义王国"是巴布的社会思想,但这个"正义王国"的实现却是建立在神学和宗教基础之上的。书中论述了巴布"正义王国"思想的社会背景、主要内容,并分析了它的实现途径和"乌托邦"性质。

在本书的最后,简要回顾巴布宗教思想所遭受的批评和修正,论述了巴哈欧拉如何在继承和发展巴布学说的基础上建立了自己的信仰理论,并介绍了巴哈伊教在中国的传播历史及研究状况。

同时指出,在日益全球化的当今时代,面对着技术统治、价值失落、道德和信仰缺失等问题,巴布宗教思想中的一些观点越来越显示出重要的时代价值。

三、本书的创新与不足

本著作试图从学术层面来探讨巴布的宗教思想,而要做好对巴布思想比较准确的评价和把握,需要突破一系列难题。对这些困难的克服,正是本文的创新之处。在已有研究成果的基础上,本著作考察了巴布思想的宗教文化背景和理论来源,紧紧抓住"渐进性天启"论这一理解巴布思想的关键,从上帝观、宗教人生哲学、正义王国等方面系统论述了巴布的宗教思想。并分析和阐述了后人对巴布宗教思想的批评、继承与发展。最后,本书阐述了巴布思想的当代意义,主张在现代化视野下对巴布宗教思想进行再反思,以科学的态度挖掘和整理其中对现代社会有价值的思想资源。

其一,著作考察、分析了巴布宗教思想产生的宗教文化背景和理论来源,从思想内涵和精神特质等因素分析了各种宗教文化特别是伊斯兰教教义以及伊斯兰教哲学思想对形成巴布宗教思想的影响和作用,并进而阐明了巴比教及巴哈伊教与伊斯兰教的关系。

其二,作者认为,"渐进性天启"论是巴布宗教思想的理论基础。作为一个新兴世界宗教的创始人,巴布有着其独特的宗教思想。巴布认为,宗教的演进是动态的。他承认以前的所有宗教,也承认所有宗教的先知,因为所有的宗教先知都是同一个上帝派来教育人类的,所有的人们都是上帝的子民。正是在"渐进性天启"论的基础上,巴布阐明了上帝惟一、宗教同源、人类一家等基本原则,这些也是巴哈伊教的核心教旨。

　　其三,在全球化的背景下,如何利用巴布思想中的有益资源,推动人类文明的发展? 本书对此做了认真的思考,并提出了一些建设性的意见。在考察和分析了现代化进程中出现的信仰危机、道德缺失、不同宗教文化间的冲突等问题之后,提出要重新审视巴布思想中对"现代性"、对各种宗教文化之间关系的认识,正视信仰对人类的重要性,正确处理现代化、全球化进程中的一些问题。只有不断消除各种宗教、种族偏见,促进各种文明的协调发展,才能建立一个公平、正义、和谐的世界新秩序。

　　作为目前国内第一本研究巴布思想的专著,本书还是存在很多不足的。首先,由于本人不懂得阿拉伯语和波斯语,对一些巴布著作的阅读主要是参考英文本和有限的中文资料,这样对巴布思想的理解难免会出现偏差。其次,由于本书的重点是对巴布宗教思想的论述,对于这一学说与东西方宗教思想的比较研究,则由于各种因素的限制而没能很好的展开,即使单对巴布宗教思想而言,论述也不是十分透彻。这些缺陷都使本书还显得思路不够开阔。这也促使我会不断提高自己的学术素养,在研究巴布思想的路子上会继续前行,不断会有新的成果出现!

第一章　巴布及巴布著作概述

第一节　巴布与巴布运动

　　巴布本名赛义德·阿里·穆罕默德,1819 年 10 月 20 日出生于伊朗设拉子城,据说是先知穆罕默德的后裔。其父为一个富有的棉布商人,全家均系伊斯兰教什叶派。由于父亲早亡,巴布由舅父抚养长大。由于在什叶派家庭中生活,巴布从小便接受伊斯兰教宗教教育,精通波斯语和伊斯兰教的通用语阿拉伯语,对伊斯兰教的《古兰经》经训、教义和教法也十分熟悉,尤其通晓什叶派各派学说。十五岁时开始随舅父经商,不久又转赴波斯湾沿岸的布什尔城,接管另一舅父去世后所遗留下的生意。二十二岁结婚,生一子,但不幸早夭。

　　通过一些对阿里·穆罕默德早年的记载资料可以看出,他是个极具智慧、出类拔萃的孩子,他的老师和周围的大人们常常对他的聪明才智惊诧不已。虽然他只是接受过一点读、写的最基本训练,但却在日后写出了优美深奥的著作。少时便胸怀大志的他喜欢沉思领悟。据说,有一次老师对他说,小孩子不必长时间沉思祈祷。而巴布却坚定地回答说,他要努力超过他的祖先——先知穆罕默德。

1841 年春,阿里·穆罕默德离开布什尔。在卡尔巴拉城,他结识了伊斯兰教谢赫教派创始人谢赫的门徒、继承人赛义德·卡伊姆,并成为谢赫派的一名成员。很快,阿里·穆罕默德受到谢赫派教徒的拥戴。1844 年 5 月 23 日,赛义德·阿里·穆罕默德公开宣称自己是"巴布"(阿拉伯语信仰之门的意思),人们所渴望的马赫迪救世主将通过此"门"把他的旨意传达给人们。在马赫迪降临之前,巴布的使命就是向人们指示真理。巴布声称:先知穆罕默德已经完成了他的历史使命,将由他——巴布开始一个新时期。同年,他派出门徒 18 人,连同自己共 19 人,分驻到各地去传教。1847 年,巴布又进一步宣称自己就是人们期待已久的救世主——"马赫迪",号召人们铲除世间不平,消除压迫、剥削,建立平等、公正与幸福的"正义王国",遂正式创立巴布教派。巴布的教义吸引了成千上万的群众。信奉巴比教的教徒人数激增,尤以北部各省和阿塞拜疆省的南部特别盛行。这引起了当局的极大恐慌。不久,伊朗政府逮捕了巴布,并开始缉捕他的信徒。

在狱中,巴布把他的理想和宗教教义写成了一本书,名为《白杨经》,也称作《默示录》、《白彦经》、《巴扬经》等。书中系统阐述了巴布教派的教义、律法、礼仪以及关于社会改革的主张,奠定了巴布教义的基础,成为巴比教的经典。巴布认为人类社会的各个时代依次更替,每一时代都有其特殊的制度和法律;旧的制度和法律应随旧时代的结束而废止,代之以由新"先知"制定的新制度和法律。他宣称要在人间建立一个新的"正义王国",在这个王国里,没有压迫,人人平等,人们都要信奉新圣经《白杨经》。《白杨经》被巴比教徒们奉为"新古兰经",成为巴布运动的思想武器。巴布原想通过和平方式,说服当时伊朗卡扎尔王朝的封建统治者实现改革宗教和社会的目的。但世俗和宗教封建主与外国侵略势

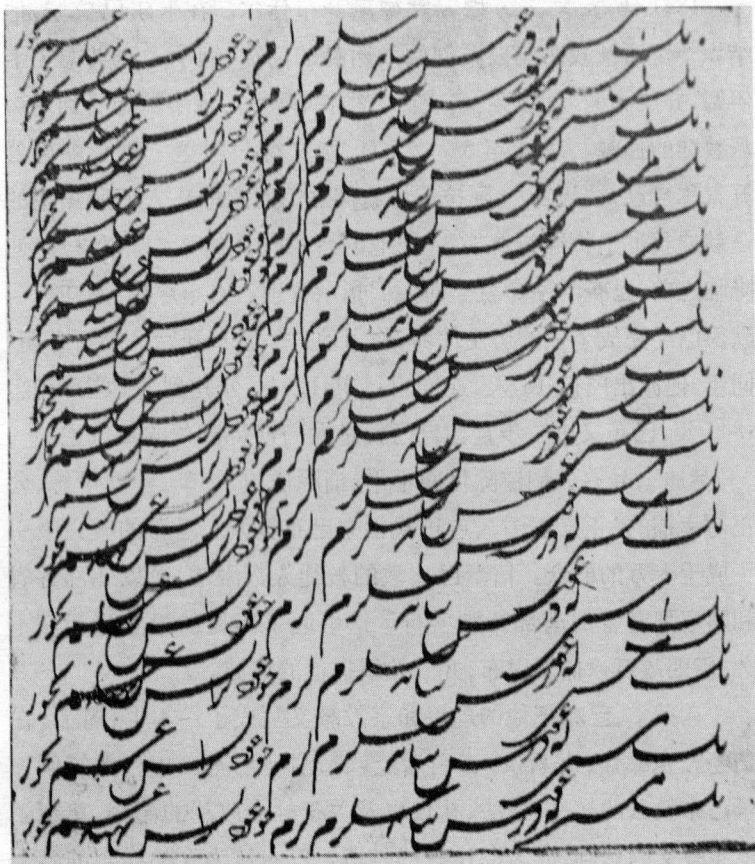

巴布十岁前的书法练习

力相勾结,反而加紧了对人民的压迫。伊朗统治者逮捕巴布、大肆
搜捕和迫害巴比教徒的行为,也激起了巴比教徒的武装自卫,于是
一场轰轰烈烈的巴布运动开始了。这一宗教运动很快如山火一般
在伊朗各地蔓延开来,动摇了伊朗自中世纪以来很少有变化的宗
教道德、社会状况、风俗习惯的支柱,也引发了传统势力的迫害浪

潮。巴布被捕后,伊朗各地的巴布派信徒于 1848—1852 年举行了多次武装起义,均被残酷镇压。

巴布在设拉子的住所,楼上是他宣布使命的地方

1850 年 7 月 9 日,巴布被伊朗政府押解到大不里士广场当众枪杀。巴布信徒被伊朗政府裁定为异端并被处决,大约 2 万名信徒殉道。由于巴布及信徒被害,"巴哈伊信仰发展历史的第一个阶段(巴比教阶段)——巴哈伊称为'巴布之天启'——就这样结束了",①巴布运动随之陷入低谷。但是,巴布所倡导的宗教事业并没有结束。巴布教门徒流亡到伊拉克,分裂成两派,一派叫阿里派,领袖为叶海亚;另一派叫巴哈伊派,在其领袖巴哈欧拉的引领

① 威廉·S.哈彻、T.道格拉斯·马丁:《巴哈伊教——一个新崛起的世界宗教》,苏逸龙、李绍白译,澳门:新纪元国际出版社 1999 年版,第 10 页。

下,后又演化成为一个统一的新兴宗教——巴哈伊教,并逐渐发展成为一个世界性的宗教,被广泛地传播。

监禁巴布的祁利克监狱

根据 2003 年《大不列颠百科全书年鉴》的统计数字,至 2002 年全球至少已有 740 万巴哈伊教徒。以信徒所在国家数目来说,巴哈伊教已是世界上分布第二广泛的宗教(仅次于基督教),出现在 247 个国家和地区,包括 2100 个人种、种族和部落团体。其圣典有 800 种文字翻译。① 巴布作为巴哈伊教的先驱,与巴哈欧拉一同被尊为巴哈伊教的两大创始人。

关于巴布就义的场景,有很多种版本的描绘。但可以肯定的是,这个事件所产生的影响,远远超出了事件所发生的国度和时代。巴布的信徒们尊奉他为"最高的神灵"、"神圣的完人"等。有关巴布的一份历史文献这样写道:"这位杰出的人物以巨大的力

---

① 参见《巴哈伊》(中文版),澳门:新纪元出版社 2007 年第 2 版,第 13 页。

量从根本上震撼了波斯的宗教、道德、风尚、环境、风俗习惯及法律。与此同时,他建立了新的律法、法规和新的宗教。虽然国家的领导者、几乎所有的神职人员和公众都起来要消灭他,但他却独自抵御了他们,并震撼了整个波斯。"①1923 年,佛朗西斯·杨赫斯本在《微光》中写道:"巴布的故事,是至今为止无人能够超越的英雄故事。他为自己的信仰献出了生命,他的热忱与诚恳,是无可置疑的。他的教义中必定有某种东西对人类具有感染力,并能满足他们的心灵需求。成千上万的人心甘情愿地为他的教义献出了生命,成百万、上千万的人们现在依旧在追随他的圣道,这本身就是有力的证明。巴布的生平事迹,是过去一百年间所发生的重大事件之一,值得认真研究。"②这样的评价一点也不为过。年仅 31 岁的巴布为了信仰而牺牲自己,然而却让这一信仰遍布了整个世界。

巴布被处决以后,他的遗体被抛弃在大布里士城的壕沟边上,任由鸟兽啄咬。一个名叫苏莱曼·汗(Sulayman Khan)的信徒冒死把他的遗体偷运出来,装入灵柩,先运到米兰(Milan)的一个巴比教徒哈吉·艾哈迈德的丝织工厂里,藏在一堆堆丝下。后来在巴哈欧拉的指示下,遗体又被运到德黑兰,藏在一座清真寺内。其后的 50 年里,遗体被辗转隐藏在清真寺和信徒家里。直到 1899 年 1 月 31 日,巴布灵柩被运到巴勒斯坦的卡梅尔山(今以色列境内)上。不久,缅甸仰光的巴哈伊教徒捐赠的大理石棺运抵海法,几个月后巴布陵寝开始动工。但是,又经过长达 10 年的周折,巴布的遗体才于 1909 年 3 月 21 日得以安葬在巴布陵寝的中央地

---

① 阿博都巴哈:《已答之问》,澳门:新纪元国际出版社 2004 年版,第 24 页。

② Nabíl,The Dawn-Breakers,Bahá'í Publishing Trust,Wilmette,Illinois,1932,pp.516－517.

巴布殉道的大不里士广场

窖里。

巴布的信徒将他的出生地、殉难地和葬地作为拜谒的圣地。巴布陵寝是巴哈伊教的圣地，每年有成千上万的巴哈伊信徒和游客来此朝拜。2008 年 7 月 8 日，巴布陵寝和周围的阶梯式花园被联合国教科文组织世界遗产委员会列入世界文化遗产地名录，这也是世界上第一个与近代宗教有关的建筑群被列为世界文化遗产。世界遗产委员会评价其不仅具有普世的精神价值，在建筑风格和设计上也具有独特的文化价值。

第二节　巴布的宗教论著及特点

巴布一生虽然短暂，但是却写了很多的著作，主要为了阐述其宗教观。根据《白杨经》的说法,巴布的著作(包括阿拉伯语和波斯语)不少于 50 万诗节,包括一些书简、信件、论文、评论等,是他在不同时期启示给宗徒的,体现出巴布丰富的宗教思想。作为一个宗教领袖和卓越的思想家,从巴布宣教到最终殉道,仅仅六年的时间,但这却是他一生中的思想巅峰,他的著作大多都是在这期间内的不同时间、不同流放地甚至是在监狱里所写的。内德·赛义迪(Naider Saiedi)认为,巴布的创作可分为三个阶段:第一个阶段(1846 年之前),巴布注重对伊斯兰教文本特别是《古兰经》的注解,并在伊斯兰教的宗教文化根基上阐释了他对宗教的理解。这一时期的代表作是《伽瑜姆勒·阿斯玛》(Qayyumu'l-Asmá),它也是巴布宣教的第一部经典,是用阿拉伯语对《古兰经》第 12 章《优素福》(又译《约瑟章》)的评注,包含 9300 多诗节,分成 111 章,每章是一个评论。巴哈欧拉在《亚格达斯经》中评价其为“巴布启示”期间“第一部、最伟大、最有力”的著作。第二个阶段(1846.1—1847.4),巴布倾向于对存在及万物的创造进行一些哲学性的描述,论述寻求真理的途径就是认识上帝。其中,巴布写给门徒的书简《给米尔扎·赛义德的书简》(Tablet to Mirza Sa'id)是他最详细、最复杂的哲学著作之一,里面讨论了世界的起源与永恒性、统一的多样性等问题,阐释了“真正不可分割的存在”等一些深奥的概念;而《论穆罕默德之先知身份》(Epistle on the Proofs of the Prophethood of Muhammad)则讲述关于上帝之本质的显现问题,认为除了《古兰经》是上帝真理最高的证明外,其他有关先知的各个方面包括其出生地、出生日期、父母的名字等都具有灵性的意义,能为真理探求者提供特定的迹象。第三个阶段(1847.4—1850.7),巴布主要倾向于以一种新的立法性的形式来展现他的思想。主要著作有《白杨经》(Bayan)、《七个证明》(Dala'il-i-

Sab'ih）、《名号经》（Kitabu'l-Asma）、《启示的五种模式》（Kitab-i-
PanjSha'n）等。巴布一生著述浩瀚,在巴哈伊世界中心,收录了巴
布的 190 份书简,还有波斯文《白杨经》、阿拉伯文《白杨经》、《伽
瑜姆勒·阿斯玛》、《七个证明》、《名号经》等重要著作,下面对其
进行简要介绍。

一、《白杨经》

《白杨经》是巴布的经典之作。该书的阿拉伯语是" AI
Bayan",意为"清楚、明白、说明、解释"等。守基阿芬第将其译为
"Exposition"。① 《白杨经》是巴布最主要的、最有影响力的著作,
在巴哈伊教中被称为"巴布启示期"的"经书之母"。此书分为两
种版本,一种版本用波斯文写成,另一版本用阿拉伯文写成。波斯
版《白杨经》是巴布最重要的著作,也是他对其教义的成熟性概
括。共包括 9 部分,每部分又各分成 19 章,最后一部分例外,仅有
10 章。每一部分开头处都有一个阿拉伯文的概述。而阿拉伯语
版的《白杨经》则相对较短,包含 11 部分,每部分 19 章,是对巴布
教义和律法的一个间接的概括。②

在《白杨经》第 3 章,巴布说:"凡是凝视巴哈欧拉之神圣体制
并感恩于他的主人的人有福了! 因为他一定会被显现。诚然,上
帝已将此不可改变地命定在《默示录》中了"。③ 在巴哈伊教看

---

① Shoghi Effendi. God Passes By[M]. Wilmette：Bahai Publishing Trust,1974,
p24.

② 一种观点认为,阿拉伯语版《白杨经》为巴布未完成之作。巴布原打算写
19 部分,每部分 19 章。由于巴布就义,只完成其中的 11 部分。

③ 邵基·阿芬第:《巴哈欧拉之天启　新世界体制之目的》,澳门巴哈伊出
版社 1995 年版,第 56 页。

来,巴布是春分时的太阳,而巴哈欧拉则是盛夏的太阳。① 在马库被囚禁的 9 个月期间,巴布集中精力著述《白杨经》。当时巴布的处境非常艰难。他在伊斯兰教神职者面前受审,被判以"杖足之刑"(即杖打足底的酷刑)。他被监禁在荒凉简陋的马库堡垒达几个月里,夜里没有灯光照明。他的监房除了土砖所砌的墙壁以外,连一道门也没有。所以,他把这个监狱称为"开放的山"。在他殉道之前,他被囚于祁利克堡垒近两年,受到更加严厉的监禁。他称这个监狱为"忧伤的山"。

在《白杨经》中,巴布首先提出了他的渐进性启示的社会历史观。关于历史观的阐述大致可分为两种。其一是周期性的历史观,如希腊人(信奉亚里士多德)和印度人(信奉佛陀)的那样,认为历史只是往复重演,中国古代也有思想家持这种主张,如孟子的"五百年必有王者兴";其二是关于直线型的历史观,如犹太教和琐罗亚斯德教认为历史是一个直线的运动,《白杨经》则认为历史是一个周期性的渐进的过程。人类社会的各个时代,是依次按周期递进发展的,当一个旧的时代结束之时,一个新的时代就必然会到来,新时代一定会超过旧时代。每一个时代都有自己的特殊制度与法律,当旧的时代结束之时,与该时代相适应的旧制度、旧法律也随之废除,新的法律、新的制度随之代替。理由是上帝从来不中止他的创造,由于万物都在新的创造中提及,由此证明上帝的创造既不是开始也不是终结,他会重新创造万物。"创造和命令都归于上帝,无论是过去还是现在,他是一切世界之主。""当最后的审判到来之时,上帝会同显圣者创造并降示新的《古兰经》。"这是

① 邵基·阿芬第:《巴哈欧拉之天启　新世界体制之目的》,澳门巴哈伊出版社 1995 年版,第 37 页。

一个进步和完善的过程,意为上帝创造万物的目的是"万物通过下一个复活的显圣者在点化提及的过程中臻于完善"。这就意味着历史是在不断更新中前进的。不同时代不同宗教的宣示,如同地平线上不同位置升起的同一个太阳。巴布宣称伊斯兰教时代已经结束,巴布教派所开创的时代已经到来。《白杨经》主张,人类不能直接从上帝那里获得天启从而获得新生,必须通过上帝派遣的显示者,也即先知。安拉作为至高无上的存在,其本体是绝对存在的,也是超自然的,因而人是不能直接认识安拉的,而巴布本人因为是新先知,他自己就是反映安拉的镜子,是通向认识安拉、认识真理之"门"。上帝在不同的时代通过不同的"门"启示不同的宗教。《白杨经》是新的《古兰经》,是一道门,上帝要显圣者代表上帝的意志颁布它并完成这一使命。他号召读《白杨经》的人们,检点自己的灵魂,圣化自己的人格,为上帝的第二次创造做好准备。《白杨经》及其作者是新时代的原点(Primal Poini),所有被造物都要回到这个原点上来,在上帝的命令下接受第二次创造。先知与上帝的关系如同镜子与太阳的关系。不同时代反射的是同一个太阳,都是反射光而不是上帝本身,只有通过这面镜子才能透视出宇宙本体的奥秘。① 上帝通过显圣者显现其自身。"那些不回归他(显圣者)的,必不被我接纳。"②在谈及新的显圣者与先前的献身者的关系时,巴布以上帝的口吻启示说:"第一部经文(指古兰经)是我的道,通过显圣者穆罕默德之舌降示;第二部

① 庞秀成:《巴哈伊基本教义:演进、传播及比较》,东北师范大学博士论文,2009 年 5 月,第 100—101 页。

② The Bab,The Persian Bayan [M]. Bayan, Bab 1, Wahid 2. http://www.h-net. org/~bahai/trans/bayan/bayan. htm.

经文是我的道,通过上帝之门的口降示。任何信仰第一部经文的信徒,如果希望与信仰不弃不离,就毫无选择地相信第二部经文。"①

《白杨经》还提出改革伊斯兰教教法,对伊斯兰教法所规定的宗教功课与教律持批判态度,尤其是提出伊斯兰教的功课要改革,主张简化宗教仪式,礼拜、斋戒、净礼。礼拜不必在规定的时间和地点进行,取消伊斯兰教的集体礼拜——聚礼,只在举行葬礼时规定一些必要的集体仪式。斋戒不需要 30 天,只用每年最后一个月的 19 天即可。《白杨经》也强调单独祈祷的重要性,这也正是巴哈伊教与伊斯兰教的根本区别之一,因为伊斯兰教强调集体礼拜,礼拜要有人领拜。巴布把 19 这个数字看得特别神圣,这是阿拉伯字瓦希德(Vahid"独一")和伍珠德(Wujud"存在"的数字)的结合。他因此把一年分为 19 个月,一个月分为 19 天,斋月也变为 19 天。对于数字 19 的崇拜体现在宗教礼仪的多个方面。巴布有著名的 18 位"门徒",加上巴布共计 19 位。而这个数字又与对穆罕默德、阿里、法蒂玛、哈桑、侯赛因名字的拆解合成而成为 19 这一数字的神秘解说有关。《白杨经》的每一章用 Vahid,即"独一的神"(Unity),每个字母 6、1、8、4,合起来是 19,体现了阿拉伯数字神秘主义的传统。

《白杨经》是巴布最具启发性、内容最丰富的著作,它基本上把巴哈伊教后来的教义、戒律订立下来,明确地宣布了一个新宗教的诞生。我们可以从《白杨经》与《古兰经》主要教义的比较中看出《白杨经》的创新之处。因为该书系统阐述了巴布教派的教义、律法、礼仪和社会改革思想,所以从它问世之初便与《古兰经》一

---

① 　Bayan,Bab 1,Wahid 2.

样受到巴布教徒们的尊崇,后来则进一步取代《古兰经》,成为该派的基本经典。邵基·阿芬第在《神临记》中把《白杨经》称之为"一座关于新天启之律法与规诫的纪念碑式的宝库,一处珍藏了关于巴布其后的显现者的绝大部分论述、赞美和警言的宝藏"。①在以后的发展历程中,巴哈欧拉则实现了巴布的预言。如巴布曾预言:"自《白杨经》降示 9 年后,最伟大的启示将会降临。"②1856年 3 月 19 日,巴哈欧拉从苏莱曼尼亚回到巴格达。从这一时间到1862 年之间,巴哈欧拉开始大量著述,发表了重要著作《七谷经》、《确信之书》、《隐言经》等。1863 年 4 月 22 日,巴哈欧拉宣布自己就是巴布预言的显圣者。正如巴布所说:"今日的《白杨经》是一粒种子,可是待到'上帝使之显圣者'降临时,它就会进入完善的阶段。"③

　　巴布的教义也主要体现在《白杨经》这部著作中。实际上,巴布教义在他被捕之前就已经基本形成。1844 年 5 月 23 日,巴布宣布自己就是通向隐遁伊玛目的"门",人们可以通过他这道"门"去了解"隐遁伊玛目"的旨意。1844 年 12 月,巴布在麦加朝圣期间,又宣布自己就是"卡义姆",号召人们建立一个平等、公正与幸福的"正义王国"。这部作品在狱中还没有写完,巴布就被当局杀害了。在临刑前,他预言说"上帝使之显圣者"将会完成或托付某人完成这部著作,完成他未竟的事业。巴布的话语意在完成他开

　　① 蔡德贵:《当代新兴巴哈伊教研究》(修订版),人民出版社 2006 年版,第282 页。

　　② Baha'u'llah. Epistle to the Son of the Wolf [M]. Wilmette:Bahai Publishing Trust,1988,p140.

　　③ The Bab,Selections from the Writings of the Bab,Baha'I World Centre,Haifa,1976,p107.

创的宗教运动,而不在作品本身;或者应理解为以其他的著作方式完成而不局限于作品本身的接续。

对《白杨经》的认识和评价涉及巴布和巴比教的历史地位,以及巴哈伊教与巴比教之间的关系等问题。巴哈欧拉对《白杨经》这部经典极为重视,在多部著作中引用巴布的经文(如《致狼子书简》),对他的诠释也是最令人信服的,如对巴布说的"我乃首个信仰上帝的奴仆"以及波斯文《白杨经》中的"真确地,我就是上帝"作了合理的解说。① 他又说:"在《白杨经》原点上,巴布尊上帝之命用真理证实了一切降在他身上的使命和全能。他就是突破黑暗的晨晓之光。"②巴哈欧拉总是将穆罕默德与巴布、将《白杨经》与《古兰经》相提并论,声称他的《亚格达斯经》(也译作《至圣经书》)中的许多法律与《古兰经》和《白杨经》是密切相关的,将《亚格达斯经》视为《白杨经》的完善,视为对《白杨经》的模仿。③《亚格达斯经》写于 1873 年左右,即《白杨经》问世后的 20 多年。在巴哈欧拉隐居苏莱曼山区的 1854—1856 年或者更早一点的 1848 年"巴达什会议"时期,巴哈欧拉就已经开始思考如何完善这一宗教了。《亚格达斯经》是他改革创立新教的最重要标志(巴哈欧拉于 1863 年宣布自己为"显圣者")。可见由巴比教向巴哈伊教转变是一个历经十年左右的过渡。世界正义院在为《亚格达斯经》所作的导言中说:"巴布表达了他制定的法律的临时性,需要得到

---

① Baha'u'llah. Epistle to the Son of the Wolf [M]. Wilmette:Bahai Publishing Trust,1988,p140.

② Baha'u'llah. Tablets of Baha'u'llah[C]. Compiled by the Research Department of the University House of Justice,Haifa:The University House of Justice,p51.

③ Baha'u'llah. The Kitab-i-Aqdas[M]. Wilmette:Bahai Publishing Trust,1988, p8.

未来的显圣者的承认。因此,巴哈欧拉接受了《白杨经》中的一些法律,修改了其他的法律,而将许多法律搁置起来。"①这一表述充分说明了巴布与巴哈欧拉的继承关系。②

《白杨经》的重要意义在于它是巴布创立宗派的重要依托,也是巴哈欧拉启示经文的重要基点。巴哈伊教对于巴布(包括《白杨经》)的经文进行了摘选,以供巴哈伊教徒阅读研习。但是,由于当时社会改革的需要,以及巴布教徒所面临的危难局势,《白杨经》中也有一些激进的教义和思想,这也引发了一些社会对抗和冲突的出现。就连巴布也说,他的律法是暂时的,有待于未来律法对这一律法的接受和取舍。后来巴哈欧拉的《亚格达斯经》认可了其中的一些基本教义而摒弃了一些已经过时的教义。在巴哈欧拉的努力下,对巴布教义进行了革新,于是巴比教发展为一个新的阶段——巴哈伊教。

二、《伽瑜姆勒·阿斯玛》

《伽瑜姆勒·阿斯玛》又叫《伽瑜姆勒之圣名》(伽:音 ga),也译作《卡雍慕拉斯玛》《伽瑜慕·阿斯玛》,是巴布所写的一本关于《古兰经》第 12 章《约瑟章》(又译《优素福》)的评注。这是巴布的第一部经典,它的第一章是巴布于 1844 年 5 月的一个傍晚为穆拉·侯赛因"启示"的。1844 年 5 月 23 日,穆拉·侯赛因起程前往波斯,来到设拉子,见到了巴布。当晚巴布就"启示"了一个书简。穆拉·侯赛因因此认出了巴布的地位,成为他的第一位门

---

① Bayan, Bab 5, Wahid 4.
② 庞秀成:《巴哈伊基本教义:演进、传播及比较》,东北师范大学博士论文,2009 年 5 月,第 99—100 页。

徒。巴哈欧拉认为这部著作"在(巴布)众经之首,他最伟大、最重要的圣典,那本名为《伽瑜慕·阿斯玛》的著作中,他预言了自己的殉道。该书中有这样一段话:神的遗迹啊! 完全是为了您,我牺牲了我自己;为了您,我接受了万千诅咒;我无所希求,只渴望在爱您的路途上殉道献身。足以为我作证的乃是真主,那位"崇高者"、"保佑者"、"千秋万代的亘古之尊"!① 巴哈欧拉视此经为巴布的"众经之首",经典中"第一本也是最伟大和最重要的"书。② 根据圣护邵基·阿芬第的说法,此经的意义在于巴布"预言了在后继之天启中,那位'真正的约瑟'(巴哈欧拉)将遭其胞弟的毒手"。③

　　在《伽瑜姆勒·阿斯玛》中,巴布以《古兰经》为依托阐述了自己的宗教思想。在被囚禁于马库堡垒期间完成了九章《古兰经》的评论。对于"优素福"一章的评论(参见《圣经》:创世纪:38)可以测定评论人对于经文内容的理解和态度。比如哈瓦利吉派就不承认这一章为安拉的语言,认为其中对于权贵之妻引诱优素福的情节描述是不纯正的。对于这一章巴布是承认的,并认为其中蕴涵着真理。谢赫·哈桑记述道:"有一天,巴布问我说:'关于这些评论,你比较喜欢哪一章? 依你的估计,我最近启示的这章评论和那章对优素福的阐释,哪一章比较优越?' 我回答道:'我想还是那章对优素福的评论比较美妙和有威力。'他听了笑道:'你对最近的这章评论的要旨和文句还不大熟悉,珍藏于这章评论的真理,比

---

① 巴哈欧拉:《确信经》第2卷,小鸥译,未刊本,第54页。

② 邵基·阿芬第:《巴哈欧拉之天启　新世界体制之目的》,澳门:巴哈伊出版社1995年版,第6页。

③ 蔡德贵:《当代新兴巴哈伊教研究》,人民出版社2006年版,第279页。

较迅速及有效地致使寻求真理者,达到他要追求的目标.'"①由此看来,巴布认为这一章寓意深刻,理解了这一章便踏入了真理之门。

这个评论仿照《古兰经》的结构(如优素福一章共 111 节),共9300 行,111 章,每章 42 节,每章前都有一些不相关联的字母组合作为起始。除了《古兰经》外,其他伊斯兰著作不见使用,至少不在同一部著作中使用。这样做意味着,作者行将宣布启示。但是这一普通的标题(即"阐释",Tafsir)会使具有阿拉伯历史文化背景的人认为,这是一篇严格依从伊斯兰注经传统的阐释著作。然而相反,除了题目与代表性的传统著作一致之外,其余几乎没有共同之处。之所以使用这一题目,是表明与传统文化保持着联系,同时,著作的主体显示与传统的分离。

这部作品集中解读《古兰经》的第 12 章。这章的内容与《圣经》(创世纪 37、39、42、44、45 章)约瑟(即优素福)的故事相同。但是巴布以这一章为出发点阐释革新的思想。在伊斯兰文化背景下,穆罕默德是最后一位先知,即封印先知,是最后一位启示者。巴布(1844 年 12 月)开始宣布自己是处于穆斯林和伊玛目之间的"门"。

而根据什叶派的传统,伊玛目就是活着的《古兰经》文本,即会说话的《古兰经》,流传下来的《古兰经》则是沉默的《古兰经》。之所以称这个阐释是"最美的故事"(Ahsanal-Qisas)意在表明这个阐释即是新的《古兰经》。《古兰经》(优素福 12:3):"我借着启示你这部《古兰经》而告诉你最美的故事,在这以前,你确是疏忽的。"他预示了自己将殉道。

---

① Bayan,Bab 5,30.

《伽瑜姆勒·阿斯玛》是巴布较重要的作品之一。因其他作品只是对《古兰经》中的某一章做有限的阐释,但这部作品则对其中的一章做了全面系统的阐释。作品分为两个部分,第一部分讨论《古兰经》、圣训以及谢赫派文献中对于"蜜蜂"的理解。这一章中的经文有:"你的主曾启示蜜蜂:'你可以筑房在山上和树上,以及人们所建造的蜂房里。然后,你从每种果实上吃一点,并驯服地遵循你的主的道路,"(《古兰经》16:68—69)。在上下文中提示"此种确有一种迹象",表明"真主确是全知的,确是全能的"。同一章又说:"(我曾派遣他们)带着一些明证和经典(去教化众人),我降示你教诲,以便你对众人阐明他们所受的启示,以便他们思维。"(16:44)这里的联系表明了无论衬衫还是墓帐,甚至"蜜蜂"都是上帝的权能的显现,具有同一权能的象征含义。这种跳跃性的思维是巴布"优素福章评论"的一个主要特点。"蜜蜂"和"衬衣"见《古兰经》优素福18:25—28这两个象征的解释。第二部分逐节阐释"优素福",涉及风格和内容。作品解释了"优素福"的含义及人们感兴趣的原因。巴布用象征的手法解释了"衬衣"寓意圣职长袍、白色法衣、袭装、复活。同时,衬衣象征嫁祸者的罪和受难者的清白。优素福的兄弟用以欺骗雅各,权贵的妻子则用以栽赃。雅各被蒙骗因思念儿子而失明,儿子优素福"死"(他相信儿子已经死亡)而复生(家人团聚),优素福差人用衬衣蒙住雅各的脸而使之复明。优素福受难后反得福报,兄弟悔罪,家人认识了上帝智慧、慈恩。巴布指出优素福的衬衫所代表的权能与先知墓帐的权能等同。衬衫这一象征立刻与《古兰经》第16章的"蜜蜂"联系起来。他们穿着一样的衣袍与外界保持一样的距离。

衬衣或衣袍的象征意义由古代的圣人和先知发展而来。与此相同的象征物存在于萨满教、犹太教、基督教、佛教以及印第安及南太平洋的原始宗教之中。①《多马行传》(Acts of Thomas)是公元 2 世纪初由多部启示性经文资料汇编,其中记载耶稣复活后的行踪描述耶稣穿着光的衣袍。在圣训中,优素福的衬衫被视为实现先知本质和神力功能的证明。这个衬衫与《圣经》"创世纪"(37:3)中的"衣袍"等同,这个衣袍既体现着父爱,又引来了众兄弟的忌妒。传统上,将优素福比为"卡义姆"或"马赫迪"。当那些不相信上帝惟一的人们发誓要烧死易卜拉欣的时候,天使长伽百利便给易卜拉欣送来了一件衬衫,让他穿上以免受伤害(《古兰经》21:68—69)。因此,这里的"衣袍"又有新生、保护、文明、知识等含义,而"先知的衣袍"便与"优素福的衬衣"有了可以比较的基础。在苏非派的传统中,衣袍赠予那些修道达到一定程度的人。而在苏非派的苏哈拉瓦迪教团中,衣袍则被看做是"优素福衬衫"的象征,它来自上天,曾经护佑过被投入火中的亚伯拉罕,联系着宗教领袖与求道者们的关系。对于谢赫派来说,"谢赫"就是求道者通向上帝恩惠之"门",也就是通向显圣者之门。衣袍会给求道者带来和平,就如优素福给约伯带来光明和安宁一样。当易卜拉欣被扒去衣服投入火中,伽百利天使长给他披上天堂的丝衣。到易卜拉欣去世时,将其传给儿子以撒;以撒死后将其传给雅各;雅各死后又将其传给约瑟,即《古兰经》中的优素福。当优素福被投入井中之时,伽百利赐给优素福带有天堂馨香的衬衣,成为联系神秘知识及沟通传递者和求道者的纽带。在什叶派的著作中,"披

① B. Todd Laws. Translation of and Commentary on the Qayyum al-Asma. Sura93 [EB/OL] Bahai-library. come/Provisionals/qayyum. al-asma. html – 80k – 2009 – 3 – 23.

衣人"意指穆罕默德、阿里、法蒂玛、哈桑、侯赛因。在圣训文献中,"优素福的衬衣"被视为实现显示预言本质和魅力的功能,《古兰经》中衣袍的故事与《圣经·创世纪》中 37 章"带袖的衣袍"的故事相似,但衣袍既是父亲对儿子表达大爱的凭借,也是引起兄弟们嫉妒的原因。上文所说的衣袍经由先知一代代传下来,由于伊斯兰的传统也认为优素福是卡义姆(Qa,im)或马赫迪(Mahdi),也就是穆斯林所说的"允诺者"(Promised One),因此认为"衬衣"曾在优素福的后代(如第六伊玛目加尔法·萨迪克)中流传,而现在(8 世纪)在卡义姆手中。总之,衣袍是权威的象征。谢赫派实际上将"优素福的衬衣"与先知圣墓的幔帐联系起来而获得了相同的隐喻或功能。国外学者托德·劳森[①](Todd Lawson,1997)对此有深入探讨。我们知道,谢赫派为巴比运动提供了纵深的历史知识背景,因为运动初期的追随者都是谢赫派教徒。谢赫派赛义德·卡义姆曾在他的诗作中说,先知坟墓的幔帐比喻优素福的衬衣,先知坟墓的幔帐所释放的精神芬芳远远胜过后者。而根据巴布的阐释,优素福的衬衣与先知圣墓的幔帐具有同等的精神全能。谢赫·艾哈迈德到卡尔巴拉拜谒圣墓,晚年选择圣墓而居。赛义德·卡义姆说,不管优素福衬衫的芳香有多么大的威力,也不能与先知的圣墓相比。有趣的是,优素福衬衣的威力来自优素福已经将衬衫亲自穿过,它的威力并非直接源于上苍。实际上,约伯不可能在那么远的距离就闻到衬衫的芬芳。因此,优素福衬衣的芳香之火威力间接来自于上苍,具有象征性,同时具有媒介力量。托德·劳森解释说,优素福(约瑟)和约伯共同形成了"先知印玺"的一个"面"(an"aspect"of the"seal of the prophets")。既然约伯所获得的"芬芳"(衬衫的精神力量)来自于物质世界的直接接触,而不是直接源自上苍,那么从先知圣墓获得的芬芳因直接源自上苍就更加浓郁。优素福的衬衫可以使约伯双眼复明,那么接近先知圣墓的"衬衫"(墓帐)将使那些将圣墓视为"本真之眼"(eye of reality)的人获得精神视力。这说明巴布将"衬衫"与"圣墓"等量齐观,同时他具有将各主要宗教联系起来透过表面的形式的不同透视宗教本质的能力。①

巴布在该书中首先确定了自己的先知地位,是"神圣之原点"。书简明确地说:"我是那神秘之庙宇,由全能之手所建起。我是那神圣的灯,被上帝之指点燃于壁龛内并使之以不朽的光辉照耀。我是曾燃烧于西奈快乐之地,而后隐藏于燃烧之丛林中的那神光之火焰"。他以上帝之口吻说"我在你身上只看到那'伟大的宣告'——由上天众灵所发出的神圣宣告。凭着这个名,我见证,环绕着荣耀之宝座的人们曾经认识你"。② 同时,他又是为巴哈欧拉的降临铺路的,"很清楚明显,所有在它(指《默示录》)之前的天启之目的乃是为穆罕默德——上帝之使徒——的来临而铺路。这些天启(包括穆罕默德之天启)接着以卡义姆(指巴布)所宣示的神圣启示为目的。而作为这个神圣启示之基础的目的,也与在它之前的那些启示一样,同样地是为了预告他——上帝将使之显现者——的信仰之来临。接着,这个信仰——上帝将使之显现者的信仰——又与所有在它之前出现的神圣启示一起,把那个注定了要继承它的神圣显示作为它们的目的。并且更以后出现的,也会像它之前的所有神圣启示一样,为那个将随它之后出现的

① 参见庞秀成《巴哈伊基本教义:演进、传播及比较》,东北师范大学博士论文,2009 年 5 月,第 91—93 页。

② 邵基·阿芬第:《巴哈欧拉之天启 新世界体制之目的》,澳门巴哈伊出版社 1995 年版,第 35 页。

神圣启示铺路。真理之阳的升降过程如此无穷无尽地继续下去——这个过程没有开端,也将没有结束"。① 因此,巴布的地位是双重的,既是巴哈欧拉的先驱,又是独立的先知。用阿布杜巴哈的话说,他是"圣尊崇高者(巴布乃是上帝之合一性和惟一性的神圣显示者,也是亘古美尊(巴哈欧拉)的神圣先驱"。② 巴布进一步确定了巴哈欧拉的更伟大先知的地位,指出"伟大而全能的主啊! 通过你全能之神力,你将使我显现,并提升了我来宣示这个神圣启示。我只将你当做我所信靠,我只坚信你的意志……你这上帝之遗迹啊! 我已完全地为了你而牺牲了我自己:我为你的缘故而受咒骂,并且只渴望在你爱之路上殉道。对我充分的见证乃是上帝,那崇高者,保护者,亘古之日"。"当那指定的时刻来临,只要你经由上帝(那全智者)之许可,从那最崇高神秘之山透露出一丝极微弱的你那不可测知的奥秘之微光,那么,当一眼瞥见那围绕着你那天启之强烈的红艳的光芒时,那些已认识西奈之光辉的人们便会昏死过去。"③

　　作为巴布"启示"的第一个成果,《伽瑜姆勒·阿斯玛》赢得了信徒的忠诚和支持。在这部作品中,巴布宣称他自己就是认识"显圣者"之门。它引起了化斯省省长侯赛因·汗的嫉恨,预示了设拉子迫害巴布教徒的第一次浪潮。邵基·阿芬第评价说,此经标志着巴布教义的宣示,还在于巴布"预言了在后期之天启中那位'真正的约瑟'(巴哈欧拉)将遭其主要的敌人和其

---

　　①　邵基·阿芬第:《巴哈欧拉之天启　新世界体制之目的》,澳门巴哈伊出版社 1995 年版,第 28 页。

　　②　同上书,第 37—38 页。

　　③　同上书,第 6 页。

胞弟的毒手"。① 巴哈欧拉的胞弟叶海亚几次曾谋害巴哈欧拉。据说巴哈欧拉的死是其弟的支持者投毒所致。该启示引发了侯赛因·汗的怒火，也直接促发了对巴比教徒的迫害。

在这部书简之后，巴布接连向穆罕默德沙王、奥斯曼帝国苏丹及首相发出书简。他以《古兰经》"优素福"章为阐发基点，严正警告各国国王及其后继者们，并预示了穆罕默德沙王的不幸结局。同时，巴布对全体伊斯兰教上层教士提出告诫，对所有什叶派教徒给予提醒，并热情赞美即将到来的上帝之"显圣者"的美德。他阐发了巴布运动的独立性和普遍性，指出了这一运动的重要性。他号召西方人民要在各自的城市弘扬并援助圣道，告诫不同民族的人民都要知晓上帝的威严。巴布还预言了自己将要殉道。他赞美巴比教徒所获得的崇高荣誉，预言了那些顽固的伊玛目们会破坏圣道而使巴比教徒遭受痛苦，等等。在几乎整个巴布运动中，这部评注书简被视为巴比教徒的《古兰经》，有着重要的地位。

三、《七个证明》

尽管巴布当时就有大批的追随者，有很多人皈依他的新宗教。但他却被视为一个宗教"异端"，他的教义也受到了大量的质疑和批判。为了维护自己的宗教教义和主张，巴布写了《七个证明》作为他的"申辩书"。全书的内容主要用来证明：他的新"启示"著作《白杨经》和《古兰经》一样具有神圣地位，《白杨经》的作者和历史上曾出现的众先知一样具有"启示者"的地位。

可见，《七个证明》具有明显的护教性质，它也是巴布为信徒解

---

① Shoghi Effendi. God Passes By [M]. Wilmette. linois：Bahai Publishing Trust，1974，p22.

除疑虑和坚定信仰而写的。护教也是启示宗教特别是基督教的一大特点,早期基督教所凭依的证明文本主要是希伯来《圣经》和其他宗教作品或预言性的作品,后来发展为护教学(Apologetics)。基督教信仰自有辩护性,从总体上来讲并不提倡盲信。从耶稣回答法利赛人开始,护教学在基督教中开始发展,并最终建立了一门学科,在哲学、神学、修辞学等学科的呵护下,护教传统培养了理性精神,也锻造了西方的法律体系。巴比教以及巴哈伊教意识到创立新的宗教派别所需要的理论支持,巴布的《七个证明》、巴哈欧拉主要证明著作《确信经》以及阿布杜巴哈的《已答之问》也都是护教性作品。① 他们为新的宗教真理提出证明,并鼓励其追随者同样提出证明以维护圣道。巴布的《七个证明》作为"护教"的论辩,靠的是信仰上帝的真理,而不是凭血气,唯理智。不是诡辩,强词夺理,而是以敬虔的心,严肃的态度,谦虚的精神及平和的方式来进行。

　　无论是基督时代的欧洲,还是巴布时代的伊朗,至少在表面上,正统教会都以法庭的形式为提出异说者提供申辩的机会。巴布曾参加过多次宗教辩论,他一直都把自己的名誉或生命置之度外,直至为自己的信仰殉道。

　　巴布宣示后,赢得了大批信徒的追随,也引起了一些教士及政府官员的恐慌和愤怒,逮捕和迫害也随之而来。巴布遭到官方的逮捕,随后其舅父将其保释,但事情并未平息。在设拉子,教士们开始向他的教义提出挑战,巴布一直处于危险之中。巴布的门徒将其教义散布到全国各地,巴布的声望也迅速传遍全国。一阵辩论的热潮在宗教领袖与平民之中兴起。政府和教会派出了他们认

---

① 参见庞秀成《巴哈伊基本教义:演进、传播及比较》,东北师范大学博士论文,2009 年 5 月,第 109 页。

为是最博学、最有才干的人去查询这场新运动的真相,并与巴布进行辩论。史料记载,巴布好像可以预先知晓前来考问的问题,[1]即使是国王派去调查的最博学的希乙雅耶在见过巴布三次后也成了巴布的信徒,这使国王大为震惊。有些人对巴布教徒产生了恐惧和仇恨。当穆拉·侯赛因来到设拉子时,一些人便说:"他又到我们的城市来了,他又挑动叛乱了,想跟他的领袖一起来攻击我们这个由来已久的神圣制度。"[2]但信服巴布的人也与日俱增,甚至还有不少教士和宗教领袖。比如曾痛斥教士腐败的姆拉·穆哈默德·阿里,在读了调查者带回的"阿斯玛书简"后便当着众多教士的面发誓忠于巴布及其教义。[3] 而大多数教会领袖、教士及高官顾及的是自己的特权地位,由于他们无力应对巴布的论战,只能选择退却,但他们骨子里却是仇视。首相哈吉·米尔扎·阿加西为了阻止国王与巴布的会面,便写了一封信给伊斯法罕的宗教领袖,指责他疏忽了保护伊斯兰教的责任,又说:"我们希望你全力抗拒那违反国家和人民利益的邪说。相反的,你似乎在亲近甚至颂扬这无名的、卑劣的运动的创始者。"一位宗教领袖则说:"如果我们信服于他的主张,我们的名誉、特权和地位便丧失了。不但如此,我们将被迫承认他以后的主张。"[4]一些伊斯兰教学者意识到,巴布的思想已经渗透进伊斯兰教的坚固堡垒,颠覆了他们的根基,于是他们召开集会,写了一份文件,由该市所有的教士(除两人外)签名,宣判巴布应受死罪。穆罕默德沙王起初曾有会见巴布之

---

① Nabil. The Dawn-Breakers. Wilmette:Bahá'í Publishing Trust,1996 edition, pp. 173 – 174.

② Ibid,p168.

③ Ibid,p139.

④ Ibid,p204.

意,想听听巴布关于社会及宗教改革的意见。但由于首相哈吉·米尔扎·阿加西敌视巴布及其教义,于是从中阻挠巴布与国王的会晤。巴布于 1847 年 7 月被囚禁于波斯北部省份阿塞拜疆的马库要塞。即使在这种境况,巴布也没有间断写作。监狱的安宁似乎更适合他写作或启示经文。《七个证明》(The Seven Proofs)便是巴布被囚禁于马库期间的作品,它有两个版本,一个是较长的波斯文版本;一个是较短的阿拉伯文版本,后者可看成是对前者的校订和解说。

为了维护自己的信仰,巴布首先阐述了关于认识上帝可能性的证明。在他看来,只有认识上帝的神圣统一性,才达到了认识的圆满。当人们表达了上帝的神圣性、至高无上性以及他的无与伦比的威仪时,或者认识到上帝超越了所有人类所能描述的属性时,人们就获得了圆满。还要知道,认识上帝除了通过认识神圣真理的破晓之光的显圣者之外,别无他路。① 在伊斯兰世界,曾有七个强大的君主统治,他们无一知晓显圣者巴布。君主们仍然固守着福音书,等待着上帝先知穆罕默德的来临,但是当他真实出现时,却不能认识他。上帝此次派遣先知来这个世界的周期,开始于回历 1260 年(1844 年)巴布宣教,结束于 1280 年(1863 年),顶峰的标志是《白杨经》降示。他教导每一个人等待允诺者卡义姆的降临,从穆罕默德宣教以来的所有这一切都要通过卡义姆的降临而获得完满。上帝使显圣者带着上帝使徒的证据,因此没有一个信仰伊斯兰教的信徒会怀疑显圣者圣道的真确性,因为这是记写在《古兰经》上的(只有上帝才有能力显示)。1270 年以来,没有一

---

① The Bab, Selections from the Writings of the Bab, Baha'I World Centre, Haifa, 1976, p117.

个《古兰经》的信徒见证过具有确凿证据的人。现在上帝已经用最高的证明使人类长久期盼的允诺者显圣,没有人能够想象从什么地方显圣。巴布描述了显圣者的年龄,超乎所有人的天启知识。他未受过教育,却能够以惊人的方式启示诗句和圣言,上帝在他身上显示了如此强大的力量,他竟然能够在5天5夜的时间里不间断地启示了相当于23年时间降示的《古兰经》那样多的圣言。巴布叫人们根据这一能力思考和反思一下,应该能得出这就是显圣者应有的特征。① 再看允诺者为求道者获得拯救而为他们允诺的无尽恩惠和慷慨,可以看到他代表了创造的本原。他张扬这样的诗句:"真确地,我就是上帝",将自己等同于穆罕默德后代允诺者卡义姆降临的门"巴布"。②

巴布提出了一系列论辩的理由。他认为,认识真理的持有者就是认识上帝,爱真理的持有者就是爱上帝。如果《古兰经》的信徒能像他们将证据用在不信仰《古兰经》的人,那么任何人都会认识真理,任何人都会得救。基督徒会辩称,如果我不懂《古兰经》,我怎么会将《古兰经》奉为证词。如果不理解《默示录》,怎么会承认它是证词。用什么标准去承认伊斯兰的宗教呢?这难道不是你从来没有目睹的先知吗?这些难道不是你从来没有目睹的奇迹吗?③ 他意识到他的身份不会被人认识。正如《古兰经》中所说那些不信道的人,当他们听到宣读教义时,他们会说"他确是一个疯子"(《古兰经》68:51)。如果

① The Bab,Selections from the Writings of the Bab,Baha'I World Centre,Haifa,1976,pp. 118-119.
② Ibid,p119.
③ Ibid,p120.

他们是这种人,那么他们就是他们的谬误信仰的见证。上帝的见证就是最高的证词,如果世人见证了一个事物,而显圣者见证为另一个事物,那么除他之外任何人所见证的都将归于虚妄,因为只有通过他一个事物才存在。那些寻求真理的人在处理他们自己的失误时会满足于两个正确的见证人,但是即便有了这么多正直见证人的证词,他们对神圣真理的持有者仍然持有疑虑而不信任。①

人们仍然无休止地要求神迹,可是他们要求"上帝使徒"所做的这一切都是一些无效的幻想。这种要求神迹出现去验证"上帝使徒"的做法在《古兰经》中就已经被弃绝。他们会提出,"我们绝不会相信你,在地上掘地成泉喷涌如柱;除非你凭空幻化出花园,生长着棵棵棕榈,布满碧绿葛藤;……除非你让天塌陷,正如你可造出天空;除非你让上帝和天使出来为你担保;除非你有一屋子的黄金;除非你飞升入天;除非你给我们讲下一本我们可读的书"。巴布申辩说,"我难道不是人吗? 不是上帝的使徒吗?"②对于不信者提出的要求所作的回答证明巴布"门"的地位或显圣者的地位是介于人性和神之间的,是上帝的代言人而不是上帝本身。巴布提出,要公平地对待每一位"显圣者",默认上帝所显示的任何证明,而不是依从自己的臆想。如果要满足人们的这些愿望或臆想,那么世上一个信仰者都不会剩下。当然如果满足了人们的愿望,人们就会毫不犹豫地相信。可是人们会不断地提出各种愿望来满足自己的私欲。信徒的最高目标是保证上帝的愉悦,信徒怎么可

---

① The Bab,Selections from the Writings of the Bab,Baha'I World Centre,Haifa, 1976,p121.

② Ibid,p122.

以追求与上帝的愉悦相矛盾的东西呢?[①]

　　巴布还进一步对显圣者再次降临时的"证据"做出了说明。他说,信徒只有在与上帝的显圣者保持一致的前提下才是荣耀的。当时基督教传播时,教徒不足 70 人,且人数增长缓慢。今天基督教世界的学者被视为维护基督训导的人,可是就是他们成了阻碍人们接受圣道的原因。他发问道:"你们还要步其后尘吗?"基督的门徒将自己托付给教士们祈求在"复活之日"获得拯救,可是他们服从于他们的结果却是进入了火狱。当"上帝的门徒"真的复活降临时,他们将自己封闭起来拒绝承认他是上帝提升的先知。他再次发问道:"你们要步其后尘吗?"每个国家都能看到许多精神领袖,他们失去了辨识真理的能力,每一个民族中都可以发现五花八门的追求神迹和奇迹的人。巴布告诫人们要思考一下,应同情你们自身,不要转移注意力从而离开你寻求的证据,不要悬想过后去寻求证据,无论是当学者还是当一个信徒本身都不会给你带来光荣。当学者,拥有知识成为荣耀;当信徒,忠于宗教领袖成为荣耀,仅仅只有在信徒的这些荣耀与上帝的意愿保持一致的前提下才是一种荣耀。同样,信徒只有与上帝的信使保持一致的前提下才是荣耀。基督的门徒,急于得到上帝的恩惠,却没能得到"上帝门徒"的恩惠,而这个恩惠与上帝的恩惠是统一的。[②]

　　巴布认为,圣书也是有限的,不能无休止地要求它穷尽一切真理。人们追求圣道,可是若将启示的真理用相近的证据全部展示出来,那么天地之间所有的书卷都不足以容纳。然而问题的本质

　　① 参见庞秀成《巴哈伊基本教义:演进、传播及比较》,东北师范大学博士论文,2009 年 5 月,第 105—106 页。

　　② The Bab,Selections from the Writings of the Bab,Baha'I World Centre,Haifa,1976,p124.

是,永恒的上帝毫无疑问地为其"显圣者"划定了属于他的"独立王国"。尽管如此,人类却永远无法接近那至高无上的神圣本质。没有哪一个被造物像上帝认识被造物那样认识上帝,也没有哪一个被造物像上帝赞美被造物那样值得上帝赞美。上帝是无与伦比的!上帝创造无始无终,否则的话上帝会终止降临一切恩惠。巴布认为,上帝派遣其"显圣者"即人类的先知启示了圣书,其数量如同世界上的被造物,这一过程是没有止境的。上帝的"圣名"显现在所有造物上,漂流在上帝"圣名"的海洋上,可是上帝已经通过其造物并为人类所认识以及被其仆人描述而得到"圣化"。一切所见均处于上帝的意志。一个被造物怎么能够认识上帝的同一性呢?上帝的存在本身就证明了上帝自身的同一性。每一个被造物由上帝赋予形态,就其本质而言是上帝的见证。这就是那些航行在真理的海洋之上的人期望寻求的至高智慧的证据。①

《七个证明》是巴布的一部重要著作,其法文译者尼古拉斯(A. L. M. Nicolas)曾评价说:"《七个证明》是巴布的辩论体文本中最重要的一部。"②阿布杜巴哈也指出了这部作品的写作背景及重要意义,他说:"在马库的监狱里,巴布写了许多著作,其中最值得一提的应是波斯文《白杨经》和《七个证明》。两部作品都含有这一时期写下的丰富的关于'显圣者'的证据。"③邵基·阿芬第也说:"因禁马库期间,他(巴布)的著作涵盖各类主题,启示的数量

① The Bab,Selections from the Writings of the Bab,Baha'I World Centre,Haifa,1976,p125.
② Nabil. The Dawn-Breakers. Wilmette:Bahá'í Publishing Trust, 1996 edition,p252.
③ Ibid,p252.

加起来超过 50 万诗节。"①

四、《名号经》

《名号经》(The Book of Names)也译为《圣名经》,阿拉伯语名为"Kitabu'l-Asma",意思是"名字之书"。这部著作用阿拉伯文写成,只有一部分被译成英文,收录在《巴布著作选集》中。巴布写作此书的目的是为了使信徒们保持团结,等待允诺者的到来。他嘱托信徒要忠诚地对待"尊敬的允诺者"(the Promised Beloved)②,告诫他们不要让任何事物(甚至包括《白杨经》在内)阻挡了认识"允诺者"的视线。在邵基·阿芬第的著作及译著中,也提到这部作品,用的也是这个书名。虽然在巴布的其他著作中,巴布也描述了"允诺者",但在这部著作中,巴布不断告诫信徒们对待"允诺者"应采取什么样的态度,应采取什么样的行动。巴布告诫门徒们要谨言慎行,抛弃一切仇恨和偏见,因为仇恨和偏见会妨碍他们发现和认识允诺者。作为一个信徒,他应该具有良好行为,这才是"上帝使之显现者"所满意的。当时的巴布门徒中,有的人自负于自己的学识,也有人自负于主观理念。巴布敦促他们要放弃这些傲慢的态度。

《名号经》重申了团结的重要性。巴布认为,《白杨经》已经降示,信徒们不要再互相指责。因为他们是同一棵树上的叶子和果实,首先要审视自己而不要责怪别人,对他人要不离不弃。面对困难的境况,信徒们要团结一致,不屈不挠,耐心等待"显圣者"的到来。如果相互指责、互相仇视,到"复活之日"到来时将会受到谴

---

① Shoghi Effendi,God Passes By,Wilmette:Bahai Publishing Trust,1974,p22.
② 这里的"尊敬的允诺者"即指巴哈欧拉。

责。此外,还要做到自我身心的和谐,做到内心的宁静、和平。巴布告诫他的信徒,《古兰经》作为一个时代已经结束,要以新的言行迎接新的"显圣者"。他说,不要把宗教信仰当成获得物质利益的手段。忠于信仰,在"复活之日"定会获得上帝的恩惠,也会受到尊重。① 只有珍视登录"圣名"的愿望,才会得到认识"显圣者"从而接近上帝的能力,信仰者的心才能成为破晓的黎明,其名字列入《名号经》。信仰者是一面面镜子,置放在太阳下,接受启蒙之光。② 如果有人提出了圣道并提出了证据,那么那些拒绝接受的人也应该像提出圣道者一样提出证据,才能构成有效的反驳。如果他们能够提出,那就证明提出圣道者的话语是虚妄的。巴布回顾了历史时说,质疑"上帝之门徒"穆罕默德的人不计其数,但最终证明他们所提出的反面证据是多么的苍白无力。今天上帝用自己的全能昭示了真理,使他们接受新的启示。③

巴布认为,信仰新的"启示"及其"显圣者"需要敞开心扉,这是上帝赋予人及一切造物的能力,除非信仰者自我遮蔽。巴布解释了信徒的传道义务,如果一个信徒帮助一个灵魂敞开了心扉接受"上帝使之显圣者"的圣道,那么这个信徒的内在自我就充满了伟大圣名所给予的灵感。这是寄托于信徒在"复活之日"要完成的使命。如果信徒能够打开众人心扉,助其驱散心头的疑云,他们就会得到上帝信仰的接纳。因此信徒们要展示所能,为显圣者打开一个灵魂的心扉,这会比每一个善行更为重要。同信仰显圣者

① The Báb,Selections from the Writings of the Báb,Baha'I World Centre,Haifa,1976,pp. 129－130.

② Ibid,p131.

③ Ibid,pp. 131－132.

及其本真相比,善行是次要的。① 这里同基督教中的施洗约翰敦
促信徒们所说的"修直主的道"有类似之处。在精神上的觉悟胜
过一切。信徒都有传道义务,这为巴哈伊教务制度改革奠定了
基础。

巴布反对宗教论争,他认为论争不利于人们认识显圣者、接受
显圣者。巴布教导信徒要"聆听每一个灵魂的言语,把握其证据
以验证真理。若不能于其言语中发现真理,也不要将其言语作为
攻击的目标,因为这样做有违于《白杨经》的训诫,导致无益的争
辩和不合,或许这样便可以在'复活之日'不参与争论,同时不会
与'上帝使之显圣者'争论"。②

"复活之日"就是"上帝使之显圣者"显现。上帝之道是降示
给全人类的,是只有显圣者才能启示,显圣者启示的经文同时来自
显圣者的主,即上帝。这是普通人所无法实现的。伊斯兰世界多
少人宣称自己的道是圣道,从者如云,却未发现一个证据。如果不
能在一个人身上辨别上帝的证词,也就不会显现真理的全能。巴
布允诺,上帝不会使任何人失望,它会给出证据和因由,条件是要
谨守圣道、遵行《白杨经》的命令。③ 巴布的生命观是:在显圣者降
临时,也就是复活之日,真正意义的生命才开始。感念显圣者就是
感念上帝。人心如镜,反射显圣者所意欲给予的知识。巴布描述
了上帝的宽仁、博大、全能,上帝不在任何人的心中设置障碍,上帝
会使一切人欢欣。④

---

① The Báb, Selections from the Writings of the Báb, Baha'I World Centre, Haifa, 1976, p133.
② Ibid, p134.
③ Ibid, pp. 134 - 135.
④ Ibid, pp. 145 - 146.

巴布告诫《白杨经》时代的人要吸取教训,莫要重蹈覆辙。在穆罕默德时代的一些人自以为赢得了上帝的欢心,自以为是真理的追求者,事实上他们已经自绝于上帝。《白杨经》时代的人们要警惕,反思过去时代人们的愚行,不要模仿过去时代的人们,不管现在所奉的经文是什么,《古兰经》也好,《福音书》也好,其他任何的经文也好,都要回到《白杨经》上来,否则就像走失的骆驼一样,找不到草原。固执的人们在上帝恩惠之洋面前祈求几滴水都不可得。祈求接近真理之洋的人们,上帝的证词已经在《白杨经》中完满体现。莫言上帝拒绝给人们恩惠,上帝始终如一惠泽万物。[①]巴布允诺了接受《白杨经》的人们所得到的回报。那些拒绝接受者将获得一切不利,尽管其言行并不越轨且符合《白杨经》。那些接受者会得到上帝的恩惠,尽管他们有过,但其过失是在"夜间"(《白杨经》颁降之前)所犯,一定会得到上帝的原谅。那些遵行《白杨经》者将沐浴在上帝的荣光之下,居住在上帝的天堂花园。[②]

巴布教导信徒如何对待新宗教与旧宗教之间的关系、新经文《白杨经》与旧经文的关系。他说要坚信《白杨经》,否则信徒们已经知晓的旧经文就无益于自己。接受新经文的降示者,他是上帝命令显圣的,否则就会远离上帝这个一切信使、一切经文的源头。[③] 也就是说巴布对于传统是继承的,但是条件是要革新,在新的有益于社会和人类福祉的基础上对旧的信仰批判吸收,或

[①] The Báb, Selections from the Writings of the Báb, Baha'I World Centre, Haifa, 1976, pp. 136 – 137.

[②] Ibid, p138.

[③] Ibid, pp. 132 – 133.

重新解释。①

　　既然信徒忠实地信奉过去的宗教,由于过去的宗教都来源于同一个上帝,那么在新的时代,就应该接受以同样方式降示给卡义姆或马赫迪的圣书《白杨经》。巴布宣称这与降示给穆罕默德的圣书具有同等价值的圣书是在两天两夜完成的,如果不反思一下,那么《白杨经》会变得更加令人困惑,因为它以这种超乎寻常无与伦比的速度降示给每个人,即便饱学之士都哑口无言。④巴布将自己的地位仍然确立为"门",即信徒们通向这里的途径。也就是说《白杨经》是一个过渡。他说:"识别真理的标准直至复活之日才会显现,热爱真理的人切记。但在复活日之前,应该根据已经启示的《白杨经》来区别正误。"②

　　那些置身新经之外的人实际上没能真正理解《古兰经》的意义,也没能理解伊斯兰信仰的意义,否则他们不会离开创造、供养他们并期望他们为其行正道的上帝。那么多的经文章节降示考验人们是否有意愿接受? 可是事实证明他们从来都没有接受。上帝以其自身显示给人们,可是人们却认不出他来。人们终生追求上帝的福泽却在显圣者来临时拒绝承认他。③巴布描述了上帝的博大胸怀来自上帝生命之水的汪洋化成喷涌的泉水从"上帝使之显圣者"身上流溢出来。而人们仍然可怜地像沙漠中的骆驼漫无目标地游来荡去寻找哪怕是一滴生命之水。他们拒绝畅饮已经呈现的甘泉,因而已经连《圣经》、《古兰经》以及其他任何圣书时代的

<hr/>

　　① 参见庞秀成:《巴哈伊基本教义:演进、传播及比较》,东北师范大学博士论文,2009 年 5 月,第 111—114 页。

　　② The Báb,Selections from the Writings of the Báb,Baha'I World Centre,Haifa,1976,p143.

　　③ Ibid,p140.

人都不如了。他指出,那些含泪恳求显圣者来临的人,有的仍然会犹豫不决。巴布许诺信仰《白杨经》的人会得到见证,就像信奉《古兰经》的人们一样。他要人们将《白杨经》视为区分真理和谬误的标准,它既验证真理又验证谬误;相信它就要将自己视为真理的见证。他认为,全能的上帝可以将光变成火(即灾难),也可以将火变成光(即福祉)。①

巴布在这部著作中强调了一个《白杨经》最有特色的教义,就是不要对任何人做出武断(即否定和排斥)的言论。原因是这会使信徒们用这种习惯论断上帝。论断者常常自以为是,但是上帝的"道"无人能知其终始,任何论断都是有偏差的。同样,信徒们期盼着显圣者来临,也会对显圣者做出漫不经心、随心所欲的论断。这一观点与耶稣的告诫是一致的。耶稣说"你们不要论断人,免得你们被论断。因为你们怎样论断人,也必怎样被论断"(马太福音 7∶1—2)。巴哈伊信仰以多种形式继承了这一教义,比如不设立教士制度;不设传教士;是不是真正的巴布教徒不用任何人做出判断,一切唯有上帝知道;等等。巴布让信徒坚信:"'上帝使之显圣者'就是信徒中的一员。他在复活之日显现。"这就告诉信徒们,他们所想象的显圣者的形象等期待并不符合实际,因而要求信徒耐心等待。正如上帝在《白杨经》之前已经给人类派遣了多个先知一样,上帝也会再次向世间派遣先知。巴布强调,要认识上帝,就要寻求并践行他的圣道。现在新的圣道已经出现,就要了解"显圣者"的著作,不了解"显圣者"便不能了悟上帝之道。②

---

① The Báb, Selections from the Writings of the Báb, Baha'I World Centre, Haifa, 1976, pp. 141 - 142.

② Ibid, p144.

《名号经》进一步增强了信徒们的信念,有力地促进了《白杨经》的传播,是典型的护教作品。它以浅近的道理解释了《白杨经》与《古兰经》之间的关系,也说明了《白杨经》与下一个"显圣者"降临时启示经文的关系,强调了在下一个"显圣者"降临之前,笃信《白杨经》的重要性。巴哈欧拉在提到《名号经》时,将它象征化,即将巴布视为显圣者并将信仰其教义的信徒已经列入了"圣名录"。他说:"不久,上帝的方舟将驶向你,向在《名号经》中提及的巴哈信徒显圣。"①

值得一提的是,《名号经》将下一个"显圣者"——巴哈欧拉描述为"上帝的原初面纱"("the Primal Veil of God"),意味着如果发现了巴哈欧拉,就发现了上帝。"面纱之上,所见无非上帝,面纱之下可发现发源于上帝的一切。上帝不可见,他至高无上、慈爱无比。"②另外,就是在这部著作中,这位巴比教,也就是巴哈伊教的创始人,首次用一棵树上的树叶和果实来类比人类的统一:"我们从同一棵树上创生了你们,使你们如同同一棵树上的叶子和果实,或许你们可以变为相互安慰的本源。"③巴迪日历(Badi Calendar,即巴哈伊日历)也是首次在这部圣书中建立,后被巴哈欧拉采用。④

关于果实的比喻经常被巴哈欧拉、阿布杜巴哈所沿用。"一个人开垦了果园,栽种了各种果树,当显圣者来临时,你却以他的

---

① Baha' u'llah. Tablets of Baha' u'llah [M]. Haifa: The University House of Justice, p4.

② Ibid, p131.

③ Ibid, p127.

④ 参见庞秀成:《巴哈伊基本教义:演进、传播及比较》,东北师范大学博士论文,2009 年 5 月,第 110—124 页。

名义占有了它。待他出现在面前时,你却将他拒之门外。""我们
栽种了《古兰经》这棵圣树,赋予所在的果园各种果实,你来分享
果实,我们来收获我们的果实,而你却佯装不认识主。""你所占有
的,我们宣布为非法,我们是权衡者","我们以上帝使之显圣者之
名种下了《白杨经》这个果园,允诺你在此居住下来直至显圣者降
临。然后上帝使之颁降圣道,我们剥夺一切你所自称属于你的财
产,除非经过主的允许,方可重新拥有"。① 前后的比喻是指精神
性的财富。

　　巴布著作体现了他宗教思想的不同发展阶段,与他的渐进性
的宗教启示是不可分割的。② 这些著作,多以启示经文的方式写
成,并且这种启示经文的形式也是多样的。他先通过对《古兰经》
的注解发表个人观点,然后阐述存在与创生的原则,最后给予宗教
立法,全然揭开他的宗教使命。仔细阅读巴布的著作会发现,作者
用不同的语气来启示不同的经文,有的是以上帝的口气,有的是以
先知的口气,有的是以被造物的口气等,这可能会让读者感到迷
惑,理解起来也有困难。因此要理解巴布的深刻思想,就需要考察
巴布启示经文的方式。总起来说,巴布启示的方式可分为五种:一
是圣文(诗节)的启示方式,直接以上帝的语气说出,是上帝直接
向他的创造物所启示。例如:"诚然,我是上帝,除我之外别无上
帝"一语,运用了神圣、有力的语言来表达。二是祷文和祈愿的启
示方式,启示的语言是以先知的语气说出的,但是一般是在创造物

---

① Baha'u'llah. Tablets of Baha'u'llah [M]. Haifa：The University House of
Justice，p135.

② 关于"渐进性的宗教启示",即"渐进性天启",可参考本书第三章中的有
关阐述。

的位置上,以谦卑和爱上帝的态度向造物主来表达其穷困和无力。三是评论和布道,这种启示的方式是以启示者的语气向人类表达上帝的神圣及传达上帝的话语。四是关于理性、教育、哲学的话语,也是以启示者的语气向人类表达的。在巴布启示的五种方式中,前四种是与伊斯兰教《古兰经》的启示方式相似的,使用阿拉伯语。第五种是巴布新增加的,用波斯语方式来启示。在伊斯兰教的天启中,阿拉伯语是惟一的启示语言,巴布却把他波斯语的著作作为其独特的启示模式,而涉及的内容也可能与前四种是相似的,所以这种波斯语的启示模式可以说是前四种启示的综合性形式。① 在巴布的《名号经》(Kitabu'l-Asma)和《启示的五种模式》(Kitab-i-PanjSha'n)中都涉及这五种启示方式。巴布的语言也有其独特的风格,大多数著作是阿拉伯语的,也有相当数量是波斯语的,然而无论是阿拉伯语还是波斯语的,语言都进行了有目的的创新。特别是通过对一些传统概念的改革,巴布完全转变了传统概念的意义,并大量运用语言修辞学和象征性手法来表达自己的思想。其中一个明显的特征是,巴布的文本大量运用字母或数字的象征性手法,看起来也往往有一种神秘主义的感觉。一般读者会感到深奥、复杂,难以理解。但是,巴布著作中同时也蕴涵着系统的神学体系、睿智的哲人思维、独特的创新精神,这正是巴布著作的魅力所在。

纵观巴布一生,著术甚丰,留存手稿多种。遗憾的是,部分已逸。目前保存并从波斯语、阿拉伯语翻译出来的更是有限。其中由哈比布·塔赫扎德(Habib Taherzadeh)翻译、世界正义院文献研

---

① 参见 Naider Siaedi, Gate of the Heart—Understanding the Writing of the Báb, Wilfrid Laurier University Press, 2008, pp. 40 – 45.

究中心汇编而成的《巴布著作选集》(Selections from the Writings of the Bab)，包括一些书简、信件、祷文等，尽管对巴布著作的收集有限，但此书已经是目前辑录巴布最齐全的宝贵资料了。此外，英国剑桥大学 E. G. 布朗教授对巴布波斯语《白杨经》作的摘要，被当代巴哈伊学者穆坚·莫曼(Moojan Momen)收录到《布朗著作选集》(Selections from the Writings of E. G. Browne)里。这部分《波斯白杨经概要》(Summary of the Persian Bayan)详细介绍了《白杨经》每一章每一节的主要内容和观点，是研究巴布宗教思想的一个重要文本。

第二章 巴布思想的宗教文化
背景和理论来源

　　巴布的宗教思想是一个庞杂的体系,有其独特的内容和特征,这是与其形成的各种思想文化渊源密切相关的。巴布虽然生命短暂,但他一直都在追求真理即上帝,其经历和体验丰富多样。与他丰富多样的经历和体验相对应,巴布所接受的影响也丰富多样。笔者认为,影响和形成巴布宗教思想的因素主要包括各大宗教教义,特别是伊斯兰教教义以及伊斯兰教哲学思想。下面简要述之。

第一节 巴布思想产生的宗教文化背景

　　在历史上,伊朗是一个宗教盛行的国家。早在公元前 6 世纪就在东部的大夏(今属阿富汗境内)地区产生了琐罗亚斯德教,也称拜火教、二神教、阴阳教、祆教。该教主张善恶二元论,认为善神阿胡拉·马兹达代表焰火、光明、清净、创造、生命;恶神安格拉·曼纽代表黑暗、恶浊、不净、破坏、死亡。善与恶在不停地斗争,但善和光明最终要战胜恶和黑暗。琐罗亚斯德教曾流行于古代波斯和中亚等地,今天在印度尚有信徒。公元 3 世纪,摩尼教又在伊朗·兴起。很多学者们认为,摩尼教主要吸收犹太教、基督教等教义而形成自己的信仰,同时也采纳了不少琐罗亚斯德教的成分。摩尼教的主要教义是二宗三际论,有自己的戒律和寺院体制。二宗指世界的两个本原:光明与黑暗、善与恶;三际指世界的三个发展过程,即初际(过去)、中际(现在)和后际(将来)。在长达一千多年的时间内(从3世纪到15世纪),摩尼教从北非到中国的福建,在整个欧亚大陆上广泛传播,并与其他宗教发生了深入的思想对话。

犹太教、基督教、佛教在伊朗也有自己的发展历史。犹太人曾在波斯居鲁士二世的帮助下,建立了犹太教祭祀集团的统治政体。希腊化时期,犹太人大量沦落他乡,波斯则成为了他们的理想庇护地,犹太教得以在波斯生存与发展。近代以来,犹太教徒在伊朗仍然存在,主要居住在各大城市,犹太教会开设有学校和非宗教的教学机构,并建立了一些犹太教教堂。公元431年,基督教的聂斯脱利派因反对圣母"玛利亚"崇拜被以弗所大公会议判为异端,一部分聂斯脱利派信徒流亡来到波斯,受到当时官方的款待和保护,在萨珊王朝时期曾盛行一时。即使后来到伊斯兰教时期也被承认为合法宗教。直到现在,伊朗仍有一些耶稣基督的信徒。佛教在波斯仅限于东部地区,安息时期在木鹿一代相当繁荣,在东伊朗语民族中,佛教繁荣了几个世纪,犍陀罗佛教艺术就是与波斯的佛教有密切联系的。[①]

公元637年,作为伊朗萨珊王朝首都的马道因被阿拉伯人攻取,伊朗的历史从此发生了改变,原来伊朗地区盛行的二元神论的琐罗亚斯德教逐渐被严格的一神信仰——伊斯兰教所代替。1502年,萨法维王朝建立后,什叶派被宣布为国教,并在其后的伊朗历

①　蔡德贵:《当代新兴宗教巴哈伊教研究》(修订版),人民出版社2006年版,第225—226页。

史上发挥着独特的作用。

19世纪对于各宗教来说似乎具有特别的意义,因为它是千禧年论点鼎沸的世纪。"千禧年"原为犹太教和基督教的神学名词。很多基督教徒认为它是指耶稣复临在世界建立国度的一千年。这一论点是从"末世论"发展起来的,其主要根据是出自于《旧约·但以理书》和《新约·启示录》。早期基督教从希伯来启示文学中接受末世论的思想,相信世界末日终会到来。在弥赛亚来临前,将有巨大的自发变异和灾难,天使和魔鬼(撒旦)将展开激烈的斗争,然后在地上建立以基督教为首的"义人"统治的新秩序,恶人受永刑,最后实现新天新地。由于这一愿望迟迟未能实现,一些神学家乃陆续对此信念和《圣经》所记载耶稣讲述的上帝王国(天国)的意义提出各种新解释,或用各种方法推测救世主再临的日期,由此形成一派专门的学说,即"千禧年论"。"千禧年论"又分前后两派。千禧年前论认为基督再临前,世上罪恶横流,灾祸频生,有"敌基督者"出现,然后基督再临,战胜敌基督者,信徒复活或被接升天,实行千年统治,千年后"撒旦"复被释放,再猖獗一时,此后才有最后审判,撒旦和一切恶人被打入地狱受永刑。"千禧年后论"则主张先有千年太平的黄金时代,在此期间,撒旦被锁,福音传遍天下,然后基督又再降临,善恶死人都将复活而受上帝的最终审判,实现新天新地。虽然正统神学家大多不赞成对末日审判究竟何时到来加以臆测,但仍有不少人基于"千禧年论"而热衷于基督复活日期的猜想和推算。除基督教和犹太教外,其他宗教也有明显的"千禧年论"的成分,如琐罗亚斯德教、印度教、佛教等。它们的说法很相似,难以让人觉得是纯属巧合。从历史的脉络来看,上述所有宗教的"千禧年论"可能实际上来自同一根源,即古希伯来启示文学(约2500—3000年前流传于今巴勒斯坦、以色列一带具有神秘色彩的民间文学），甚至可以追溯至更早的小亚细亚和近东一带的闪米特系宗教（约3000年以前）的若干民间性传说。① 不管怎样，"千禧年学说"到了巴布时期，似乎变成了一个揭示宗教殊途同归，共同等待一位先知降临的混合体学说。

在历史上，伊斯兰教宗教派别之争的一个焦点问题就是宗教继承权的问题，这也是伊斯兰教分裂的主要原因。逊尼派把伯克尔（Abu-bakr）、欧麦尔（Umar）和奥斯曼（Uthman）看做是人们选举的穆罕默德的真正继承人，哈里发是信仰的捍卫者和保护者，可以选举产生，不具有灵性的力量；什叶派则认为前三个哈里发伯克尔（Abu-bakr）、欧麦尔（Umar）和奥斯曼（Uthman）实际上都是篡夺了领导权，第四位哈里发阿里才应该是合法继承人。伊斯兰教先知穆罕默德曾经这样说过：我是知识之城，阿里是门。在什叶派看来，阿里是沟通信众和先知之间的一道门，地位仅次于先知穆罕默德，应被看做是第一个合法继承人。于是，什叶派宣称，伊玛目是穆斯林世界的仅有的精神和世俗的合法继承人，是通过神谕而不是通过任何形式的授权而确定的，阿里才是第一伊玛目。布朗博士对这一点解释说："逊尼派的哈里发仅仅是外在的、看得见的信仰的保卫者，而什叶派的伊玛目是神圣启示的继承者，赋予了所有的完美和精神的才能，所有的信仰的人都必须服从他，他的智慧是超人的，他的话语是权威的。"②伊玛目具有完美的品德、灵性的

---

① 李绍白：《人类新曙光——巴哈伊信仰》，澳门：新纪元国际出版社2001年版，第251—253页。

② Wanden Mathews, La Farge, "The Relation of the Báb to the Traditions of Islam", in The Baha'i World: A Biennial International Record, Volume Ⅲ, 1928 - 1930。

力量和绝对的权威,不能通过选举产生,是被命谕的。在历史上,什叶派穆斯林曾连续出现了十二个伊玛目①,但前十一个伊玛目都死于非命,不是被毒死就是被杀死。为了避免这种情况出现,第十二个伊玛目穆罕默德·马赫迪在很小的时候就隐遁了。什叶派相信他永远都不会死,他一直活在一个神秘、神奇的地方,被信仰的追随者所环绕着。当时机成熟,地球充满非正义,信仰处于绝望时,他就会回来,以马赫迪(得道者或救世主之意)的身份降临人间,推翻异端,光复真正的伊斯兰教,并征服全世界,建立普遍的和平和正义,开辟幸福的"新千年"。

伊斯兰教和基督教世界都在企盼救世主的出现。在 19 世纪初的波斯,有两位影响较大的神学家,那就是谢赫·艾哈迈德·阿赫萨伊与其门徒和继承人赛义德·卡义姆·拉西提,他们宣讲一种与什叶派正统信仰大相径庭的教义。人们称此派的追随者为"谢赫派信徒"。这些谢赫派信徒不是照字面字义来理解《古兰经》,而是深究其"寓意"。他们宣称,穆罕默德指定的使者和继承人"伊玛目马赫迪"即将复临。② 这种教义吸引了众多的人,掀起了一种期待的气氛。这与现代欧洲和美国的一些基督教

---

① 阿里·伊本·塔里卜(600—661 年);哈桑·伊本·阿里(625—669 年);侯赛因·伊本·阿里(626—680 年);阿里·伊本·侯赛因(658—713 年);穆罕默德·巴齐尔(676—743 年);贾法里·阿斯·萨迪克(703—765 年);穆萨·卡齐姆(745—799 年);阿里·里达(765—818 年);穆罕默德·塔基(810—835 年);阿里·哈迪(827—868 年);哈桑·阿斯卡里(846—874 年);穆罕默德·马赫迪(868—?)。

② 对该教义的新近研究可参见拉夫提(Vahíd Ráftí)的 *The Development of Shaykhí Thought in Shí'I Islam* 和科尔宾(Henri Corbin)的 *En Islam iranien;aspects spirituels et philosphiques* 第四卷。

派——如米勒派①（即基督复临派）的情况相似，他们也是在那个时候热切地等待着基督的复临。② 当巴布宣称，他就是那个隐遁了一千年的"十二伊玛目"马赫迪时③，波斯及整个伊斯兰世界都被震惊了！

"在这些'千禧年运动'中，最激动人心的一幕出现在伊朗，主角是来自设拉子城的一个青年商人（历史上称为巴布）及其教义。从 1844 年到 1863 年，波斯的所有阶层都被卷入一场希望与激动的风暴之中，因为巴布振聋发聩地宣告：上帝之日已临近，他自己就是伊斯兰教经书中许诺将出现的那位圣使；人类正处于一个见证人类生活的各个方面被重新建构的新纪元。"④

第二节　伊斯兰教哲学思想
及其对巴布的影响

伊斯兰教哲学包括《古兰经》中的哲学思想以及苏非、穆尔太齐赖、艾什尔里、伊斯玛仪、精诚兄弟社以及后来的照明学派等派别的哲学思想。其中，对巴布影响较大的是《古兰经》哲学、照明派哲学、伊斯法罕学派哲学和苏非派哲学。而谢赫学派的一些神

---

① 参见克罗斯（Whitney R. Cross）的 *The Burned-over District* 和布朗（Ira V. Brown）的"Watchers for the Second Coming, the Millenial Tradition in America"，载 *Mississippi Valley Historical Review*，Vol. 39, No. 3, 1952, pp. 441 – 458.

② 参见威廉·哈彻、道格拉斯·马丁《巴哈伊信仰——新兴的世界宗教》，苏逸龙、李绍白译，澳门：新纪元国际出版社 1999 年版，第 7 页。

③ 巴布在 1844 年 5 月 23 日宣教，当时正值伊斯兰教历的 1260 年，而传说中的第十二个伊玛目穆罕默德·马赫迪是在伊斯兰教历 260 年开始隐遁，之间恰好相差 1000 年。

④ 澳门巴哈伊：http://www.macaubahai.org/intro.aspx? cat=18。

学、哲学思想则直接对巴布宗教思想产生了重要影响。

一、《古兰经》的哲学

《古兰经》是伊斯兰教的"圣先知"穆罕默德在长期吸取犹太教、基督教的基础上形成的,所以在伊斯兰教的创立中,本来就有其他外来思想的影响,而且主要是宗教方面的影响。严格说来,《古兰经》主要是一部宗教经典而非哲学专著,但在《古兰经》中却经常涉及宗教和哲学共有的一些问题,如理智和认识、思维和存在、现象和本质、真理和谬误、空间和时间、创造和被造等等。①

《古兰经》对天地的形成,天地的结构,日夜的交替,风的变化,海的奇事,人类创造的奇迹,理智与认识的区别和发展,人类对万物的选择和利用,如对无机物、动物、植物等的利用,以及提高人类的物质和文化的生活水平等方面的内容都有十分广泛的阐述。围绕着这部《古兰经》,思想家们展开了各种讨论,并由此产生了各种不同的派别,表现出不同的哲学观点。②

巴布的早期著作主要就是进行对伊斯兰教经典《古兰经》的评注工作。如巴布宣教的第一部经典《伽瑜姆勒·阿斯玛》(Qayyumu'l-Asmá),就是用阿拉伯语对《古兰经》第 12 章《优素福》(又译作《约瑟章》)的注解。巴哈欧拉后来在亚格达斯经中曾给予极高评价,认为它是"巴比启示"期间"第一部、最伟大、最有力"的书。著作包含 9300 多诗节,分成 111 章,每章是一个评论。

---

① 蔡德贵:《当代新兴宗教巴哈伊教研究》(修订版),人民出版社 2006 年版,第 227 页。

② 同上书,第 229 页。

巴布在对《古兰经》的注解中,继承了其中的一些重要哲学思想,并在伊斯兰教的宗教文化根基上阐释了他对《古兰经》文本的独特见解。

对此,罗伯特·斯特克曼(Robert Stockman)曾说:"巴布评论《古兰经》时有一个独特的方面是,对于文本的意义,他不是逐句逐句地也不是逐字逐字地来解释,而是一个字母一个字母地解释。巴布用这种方式把《古兰经》的一小段甚至能阐释成厚厚的一本书。当然用这种方法来评论《古兰经》,在伊斯兰教中并不是全新的做法,但是巴布所达到的程度却是惟一的。""巴布通过对《古兰经》的评论,在一定程度上掩盖了他的声明。由于对于《古兰经》的评论是备受尊重的,而且巴布是运用古文学的形式来写的,所以这一切通常不容易被人认为是先知所为。(巴布)通过对《古兰经》的评论,作为宣扬他的地位、界定他的神学、阐述他与传统伊斯兰教什叶派教义的根本区别的主要途径。"①

二、照明派哲学对巴布思想的影响

公元7—11世纪,在伊斯兰教中兴起了一个神秘主义派别,即苏非派,该派反对理性主义,被伊斯兰教视为异端派。大约在9—13世纪,苏非派中又出现了一股神秘思辨的哲学思潮,被称为照明学派,苏哈拉瓦迪、伊本·阿拉比就是这种神秘主义哲学的著名代表。

（一）苏哈拉瓦迪

苏哈拉瓦迪(al—Suhrawardi,1153－1191),全名绥哈布丁·

---

① Robert Stockman, Some Notes on The Báb, Collection: Article unpublished, Bahai Library online: http://bahai-library. com/collection. php? collection = Article _ unpublished.

叶海亚·苏哈拉瓦迪。波斯伊斯兰教苏非派学者、哲学家,伊什拉基教团的创建者,被尊称为"照明派长老"的波斯神秘主义哲学家。他出生于波斯北部津赞城的苏哈拉瓦迪村,早年曾在伊斯法罕师从苏非派著名学者学习经训、教法和苏非学理,信奉逊尼派教义。苏哈拉瓦迪通晓阿拉伯文和波斯文,对亚里士多德的哲学和伊斯兰教各派的学说均有研究,还精通琐罗亚斯德教德经籍和教义。因他的神秘主义理论中有泛神论倾向,曾遭到逊尼派学者的反对。但他仍在布道中坚持己见,并著书立说宣传自己的学说,被指控为"异端"。1191 年,苏哈拉瓦迪被以异端罪处死。虽然苏哈拉瓦迪并不是热诚的什叶派信徒,但他的著作和思想对什叶派产生了重大的影响。他在波斯的地位堪称为什叶派宗教思想的宗师,许多什叶派哲学家都对他的著作加以评述而阐述自己的学说,如波斯柏拉图派的带头人沙姆斯·丁·沙赫剌祖里、古托卜·丁·设拉子(1237—1311)等。

苏哈拉瓦迪的宗教哲学思想深受亚里士多德哲学和琐罗亚斯德教光明与黑暗之说的影响,力图调和哲学与宗教,用哲学思想来论证苏非神秘主义。在苏哈拉瓦迪的代表作《照明的智慧》一书中,他系统地阐述了"真主之光"的学说。认为真主是惟一的最高存在,万物的质产生于知,它没有客观实在性,真主是"终极之光",真光是宇宙万物的本原,宇宙万物是由不同程度的光与暗而构成,世界一切事物均源于这一绝对之光的不断照明。苏哈拉瓦迪集中研究乐"有"与"无"两个概念,认为"有"(即存在)是单一的连续体,它的最高发展阶段是纯净之光(即真主),各中间阶段是光与暗的混合体,具体事物是真主之光的显现,表现形式是有,而实质是无。人获得真光的照明,就能获得知识和真理。人的认识过程是真光对人之灵魂照明的过程。人的灵魂具有先天的光明,能摆脱愚昧无知。人生的目的是寻求脱离世俗的道路,通过苦行功修,净化灵魂,得到真光的照明,达到精神升华,求得两世幸福。他去世后其追随者组成伊什拉基教团,奉行其学说。云游传教的努尔巴克赫希派也尊他为祖师。他的"真主之光"学说对伊本·阿拉比有一定影响。

伊本·阿拉比继承了苏哈拉瓦迪的学说,发展了神智论的照明哲学。17世纪波斯什叶派内兴起的伊斯法罕学派和18世纪的谢赫学派都受到照明学派的影响。因此,研究巴布宗教思想应追溯到苏哈拉瓦迪的照明学派。

(二)伊本·阿拉比

伊本·阿拉比(Ibn al-'Arabī,1165－1240)是著名的阿拉伯神秘主义哲学家。早年就学于塞维利亚和休达,深受两名女苏非的影响。1194年他到突尼斯。1201年赴麦加朝觐,接着游历伊拉克和安纳托利亚,最后定居大马士革。伊本·阿拉比将思辨的苏非主义发展为系统的神秘主义理论体系,归结为"存在的单一"。他的主要著作《麦加的默示》和《智慧的珍宝》,通过伊本·法里德、阿塔尔、鲁米等人传遍伊斯兰世界,为整个苏非派的发展提供了理论框架。他死于大马士革。被后人尊为"大长老"和宗教复兴者。他将伊斯兰教中非系统的重要神秘主义教义编入自己的思想理论体系,使伊斯兰神秘主义思想成为一种较成熟的哲学。其哲学思想主要有以下两方面的内容。

1. 存在单一论

伊本·阿拉比致力于调和哲学和神学的关系,试图用神秘主义的思辨哲学来回答人们长期争论的一些问题。他提出存在单一的思想,认为整个存在是惟一的,万有的存在是造物主存在的表现。只有真主安拉的存在是真实的存在,而世界的存在则是虚幻的存在。安拉的存在是绝对的,是万有的本原。而宇宙万物的存在则是相对的,这表现在它们在对安拉的认识中是永恒的存在物,但作为安拉的外部形式,它们又是暂时的非存在物。无所谓"无中生有"的创造,世界与安拉是互为表里的。本质与属性之间,即安拉与宇宙之间,本无差别,安拉和外部世界是一个东西。安拉既是超越宇宙的,又同时存在于宇宙万物之中,安拉的超然存在和内在性是人得以认识安拉的实在性的两个方面。安拉虽然是绝对的超然的"有",但安拉又具有隐和显两种自我存在的形式。当安拉处于隐的状态时,现象世界的宇宙万物以固有的"原型"潜在于安拉的认识之中,从那里流出来,即依据其"原型"显现为相对的、现实的存在,但将来还要流回到安拉那里去。所以宇宙万物虽然殊异多样,只不过是安拉的显现与外化。这样,伊本·阿拉比由神秘主义走向了泛神论,既提倡"除了神外,无物存在",同时又肯定"万物是真主"。①

2. 关于"完人"的思想

伊本·阿拉比认为,安拉不仅在万物中显现,也在人中显现。人是安拉以自身的形象显现的,是安拉在宇宙的代理。但不是每个人都能体现安拉之道,只有先知才能体现安拉之道,而穆罕默德居于众先知之首,因而是完人。完人是反映安拉一切美德的缩影,具有安拉的一切德行与本质,因而也是宇宙的理性原则,是世界的原因。人可以通过自身认识安拉,因为人都是安拉的显现。人在安拉的显现状态中即可认识安拉,但这种认识必须借助于一个向导,即内心的光明。伊本·阿拉比具体描述了他自己认识安拉本体的神秘过程:"富有灵性的想象力终于在我的形体内产生如此

① 蔡德贵:《阿拉伯哲学史》,山东大学出版社1992年版,第347—348页。

力量,使我得以看到我所敬仰的一个具体的、真实的、超想象的神明形体。这犹如天使哲布勒伊来曾具体出现在先知面前的情景一般。起先我无勇气注视此神体。神体对我说了话,我聆听了并理解了……当时不论是站着还是坐着,不论是在走动时或休息时,我都目不转睛地凝视着此神体。"①认识安拉是为了爱安拉,同时也被安拉所爱。伊本·阿拉比将爱分为三类:神性的爱、精神的爱和自然的爱。神性的爱是纯粹精神的爱,爱者只有精神而无躯体;自然的爱是躯体的爱,爱者只有肉体而无精神;精神的爱兼有精神和躯体。② 因此,神性的爱是最高尚的爱,通过这种爱,可以摒弃一切肉体的欲望而专注于精神,达到一心向主的最高境界。可见这种完人思想最终还是要人与安拉融通为一,这是其泛神论思想的进一步发展和必然的结束。伊本·阿拉比的神秘的爱和照明哲学的思想,对后来的神秘主义有很大的影响。③

　　巴布对于苏非哲学是相当了解的。"巴布熟悉苏非主义或者说伊斯兰教的神秘运动。尽管苏非主义向来被(博学的)什叶派乌玛们所反对,但是苏非派的著作在波斯流传已久,并且苏非派的一些教义在伊朗也被普遍传播。在设拉子,巴布曾以熟知苏非的知识而著名,然而巴布并没有用专门的苏非术语。"④但苏非哲学特别是伊本·阿拉比的单一论和"完人"思想对巴布还是产生了

---

　　① 拉赫玛杜拉:《伊斯兰教中的神秘主义》,联合国科教文组织《信使》杂志1981 年 10—11 期合刊。

　　② 金宜久:《试论苏非派的哲学思想》,《外国哲学史研究集刊》(6),上海人民出版社 1984 年版。

　　③ 蔡德贵:《阿拉伯哲学史》,山东大学出版社 1992 年版,第 348—349 页。

　　④ Robert Stockman, Some Notes on The Báb, Collection: Article unpublished, Bahai Library online: http://bahai-library. com/collection. php? collection = Article_unpublished.

一定影响,我们可以在巴布对上帝存在及显圣者的论述中看到苏非哲学的影子。这个问题将在后面的相关章节加以探讨。

三、伊斯法罕学派哲学

伊斯法罕学派是近代伊朗什叶派的一个宗教哲学学派,因以伊朗伊斯法罕为中心,故得其名。由于受苏非派照明学派(al-Ishraqiyyah)的影响,在神智知识上有所发展,故又称神智哲学学派。该学派为穆罕默德·巴基尔·阿斯塔拉巴迪(Muhammad Baqir Astarabadi,? – 1631)所创,代表人物包括穆拉·萨德拉(Mulla Sadra,约 1571—1640)、艾布·卡西姆·阿斯塔拉巴迪(? —1640)、穆拉·大不里齐(? —1669)、穆拉·穆哈辛(? —1680)等。该学派的思想源自 12 世纪末被处决的苏非思想家苏哈拉瓦迪(1154—1191)的思想,主张将启示和传述的知识(即《古兰经》、圣训)与源自理性的知识(即亚里士多德和伊本·西那哲学),通过直觉体验的神秘知识(即苏非神秘主义)结合在一起,但尤为强调源自安拉之光的神秘知识。通过著述和收徒,影响日强,逐渐形成系统的神智学、宇宙观和苏非修炼道程。其基本宗教哲学观点包括:

将灵魂观念与伊本·西那哲学的宇宙观相结合,以 14 个"纯洁灵魂"(即穆罕默德、法蒂玛和什叶派的 12 个伊玛目)代替"能动智慧"(Active Intelligences),作为存在的本体论的根源;相信在可认知的理性世界和可感知的感性世界之间,存在一个独立的形象世界,认为存在高于本质,故以存在为形而上学的根本原理;相信运动的观点,凡属存在之物皆在不断的变化之中,由弱至强,不断完美至尽善尽美;相信万物的差异和个性系由灵魂品级的高低所决定,而灵魂是不朽的,复生即人的灵魂的升华。

穆拉·萨德拉(Mulla Sadra,约1571—1640)是伊斯法罕神秘哲学光照学派的重要代表人物。他出生于设拉子一个什叶派学者世家。幼承家学,受传统的伊斯兰教育。曾一度在库姆经商,后到伊斯法罕师从什叶派著名长老巴哈丁·阿米里和米尔·达马德学习。他通晓经训、教义、教法、哲学、文学,掌握阿拉伯语和波斯语。在该地清真寺和宗教学校任教,从事研究和著述。他一生7次到麦加朝觐,后在巴士拉逝世。他著有教义学、哲学著作多部,最著名的是《旅程》(一译《真主的见证》),是一部宗教哲学著作,后在什叶派穆斯林中广泛流传。他还对《古兰经》、库莱尼的《宗教学大全》和伊本·西那的《治疗论》作过注释及评论。后世伊朗学者称他为"伊朗历史上最伟大的哲学家"、"伊朗伊斯兰文化复兴运动的代表人物"。

穆拉·萨德拉认为世界(包括自然和人类)是真主之光照的创造之物,真主之光是万物的永恒根源,真主之光是无限的,世界万物及其变化是真主无限光明的各种表现。在解释自然界的起源时,指出除真主和他的真知(即永恒的灵知)外,地球、星辰、万物等,既有永恒的根源,也有暂时的根源。他认为"自然"是一切事物的质,也是一切运动的因,因此自然是永恒的,成为永恒存在体与受造物之间的永久链环。他认为人的灵魂借助精神升华,才能达到与安拉的合一。真主之光赋予人以先天的灵知是最高的知识形式,它弥补人后天的缺陷,使人成为"完人"。在教法上,他认为除依据《古兰经》、圣训外,还可应用类比、公议等推理方法制定教法律例。他还认为,伊斯兰教在每一个时代,都会出现一个复兴者,他们具有渊博的知识、独到的见解和绝妙的宗教洞察力。应以这些贤哲的学说思想为指导,组织伊朗的伊斯兰文化复兴运动。他的学说曾遭到什叶派正统学者的责难。

关于神、人与知识的存在问题，穆拉·萨德拉主张，知识构成宇宙显现本身的本质，并且也是拯救灵魂之门或渠道。同所有其他神智派一样，知识和存在，或者说，知者和被知者，本质上是相同的，即事物的存在与安拉关于它们的知识同一。安拉认知自己的本质，而"他"的存在和本质是同一的，"他"同时是知者、知识和被知者。就纯理智或完全脱离质料的形式而言，智慧与可知的两者是一样的。但在下述两种情况下有所差异：虽然智慧的知识同一于它们的存在，却不同于它们的实质，因为它们的存在超越于它们的实质；而与此相反，安拉的知识等同于"存在"和实质两者，因为安拉的实质即是"他"的存在。穆拉·萨德拉还反对逍遥派哲学家们的这样一种观点：安拉的有关事物的知识是事物的形式在安拉本质上的投射；另一为照明派所承继的逍遥派观点也遭到驳斥，即安拉的知识是安拉本质中所具有的事物的形式。为进一步解释，穆拉·萨德拉运用了神智派所用的象征譬喻镜子，将安拉的本质喻为一面镜子，安拉实际上是通过默想寓于其自我本质中的这些形式或意象看到了万物的形式和本质，并使万物进入存在。由于一切生物的形式，无论是普遍的还是特殊的，都反映在其本质中，所以安拉具有宇宙中每一粒子的知识。①

四、谢赫学派的思想

19 世纪上半叶，当巴布运动在伊朗蓬勃兴起之际，伊朗的十二伊玛目派社团内部共有三个学派。一度颇有影响的阿赫巴尔学派相当于什叶派内部的"圣训派"，因思想上偏于保守，影响渐衰；正在兴起的主流派乌苏勒学派，思想较为开放，主张以《古兰经》、

---

① 王家瑛：《穆拉·萨德拉伊斯兰哲学思想》，《回族研究》2005 年第 2 期。

逊奈、公议和理智为四大法源,通过对伊斯兰教法的解释,为社区的一般信众提供指导;而谢赫学派在对教义思想的解释上则独树一帜,它是在伊斯法罕学派"神智学"运动基础上发展起来的。①由于巴布曾属谢赫派成员,因此弄清谢赫学派的基本思想观点,无疑会有助于人们了解巴布及巴比教信仰的思想渊源。

谢赫学派由伊斯兰学者谢赫·艾哈迈德·艾哈萨伊(Shaykh Ahmad al-Ahsa'I,1753－1826)在伊朗创建。它是从十二伊玛目派内部分化出来,在伊斯法罕学派学说基础上发展而成的一个新学派,其教义思想有别于什叶派的十二伊玛目派和苏非派。

该学派的基本教义主张包括:

信仰安拉。认为信仰的宗旨在于追求真理,求知者与认知的对象之间有某种相似性,才能达到真理,既然人与安拉之间没有相似性,因而人不能认知安拉的本体。相信安拉的意志为创造的根源,源自安拉的知识分为两类:与安拉的本体密不可分的基本知识和安拉创造过程中产生的创造知识,由此又形成安拉两种不同的属性。

信仰诸先知。认为先知是介于人与安拉之间的中介,先知与安拉之间没有相似性,人与先知之间亦没有相似性;但先知不仅是安拉选定的传达天启的使者,而且是才智超群、品质优秀的典范,其高尚的精神境界远非苏非"完人"可以达到。

信仰伊玛目。相信源自安拉意志的第一个造化物是"穆罕默德之光",由此光产生"伊玛目之光",继而产生"信士之光",以至无穷,故伊玛目为安拉创造世界的工具和最终原因,世人只能通过

---

① 吴云贵:《从〈确信之书〉看巴哈伊教的渊源》,《世界宗教研究》2004 年第 2 期。

伊玛目这一中介,理解安拉及其恩典。

关于世界的本性。相信在物质世界与精神之间存在着一个中间世界,称为"原型形象世界",它是世界的本原;认为现实物质世界的一切事物,在原形世界皆有其对应物,皆源自原形世界,故人有两个身躯,一个存在于物质世界,一个存在于原形世界;进而认为,隐遁的第十二代伊玛目并非隐居于世人莫及的两座伊玛目城(十二伊玛目派之说),而是居住在远离尘世的原形世界,虔诚的求知者虽不能面见,仍可通过虔修,获取伊玛目的神秘知识。

关于信仰的基础。什叶派以信安拉、信先知、信死后复生、信伊玛目、信安拉主持正义为信仰的"五基"或五项原则。谢赫学派对此提出修正,认为信安拉与信安拉主持正义实为一项原则,称为"安拉的知识",而信死后复生为信先知的一部分,应予合并。又在保留什叶派三项原则的同时,增补了信隐遁伊玛目的代理人①,统称为"信仰四基"。

谢赫学派认为,关于认知真主,存在着两类知识:一类是基本知识,一类是被造的新知识,这种知识就是实际存在的知识。有关真主本质的基本知识,人类不能认知,伊玛目才是接近这种知识的"门"(巴布),唯有通过伊玛目的中介,人类才能认识真主。关于诸先知,他们认为,先知不仅仅是受真主派遣传达启示的使者,他们还具有超凡脱俗的德性和特殊超常的能力,常人不论怎样苦行修炼、净化心灵,也不可能达到先知的高尚品位。他们相信,源自真主意志的第一个造化物是"穆罕默德之光"(An-Nur al-Muham-

---

① 谢赫学派认为,有一个不同于苏非"完人"的虔诚、博学的"完全什叶"作为隐遁伊玛目的代理人,向世人传授伊玛目的知识。

madiyyah），由此光产生诸伊玛目之光，信士之光，以至宇宙万物。因此，伊玛目是真主意志的体现者，发挥作用的创造动因。如果他们不存在，真主就不会创造任何事物。由此而言，他们是真主创世的工具，宇宙万物存在的初因。他们具有真主赋予中介的创造力量，产生了整体的创造行为，但自身没有或不具备任何力量，仅仅是转达真主的意旨，唯有真主的意志才是创造的根源。

关于世界的本性，他们认为宇宙由三个世界组成，一是精神世界，二是物质世界，三是介乎两者之间玄妙的"原型"世界。物质世界的一切事物都源自精神世界，但需间接经过"原型"世界；一切事物皆有相应的"原型"存在于另一世界。因此每个人也有两个身躯：一个由可见的临时元素组成，死后在坟墓中融解；一个在临时元素化为尘末时继续存在，玄妙而不可见。在末日审判时，并非肉体复活，而是其妙体接受审判，然后按其行为去天国或下地狱。他们进而认为，隐遁的伊玛目并非肉身隐居于世人莫及的某地，而是生活在"原型"世界。虔诚的圣者可以通过神秘主义的方式获取伊玛目的旨意，代行伊玛目的功能。在基本教义上，谢赫学派修改了什叶派十二伊玛目派"五项支柱"的教义。什叶派教义以真主独一、众先知、死后肉体复活、诸伊玛目和正义为五项支柱，谢赫学派则认为，真主独一和真主主持的正义实为一项，称"真主的知识"。而死后复生要作修正，并入众先知之中。在合并和保留上述三项后，他们提出第四项"完美的什叶派人"，即与隐遁伊玛目交通信息的世间代理人。谢赫学派在人类通过特殊的中介接受伊玛目旨意的学说上，超越了十二伊玛目派的教义框架，到19 世纪与什叶派的宗教领袖经常发生冲突，一度受到迫害，但其教义理论却为巴布派的产生铺平了道路。此外，谢赫学派教义中的救世主义倾向反映了18 世纪伊斯兰教社会思潮的一个方面,说明在政治衰微、社会动乱中的民众所产生的宗教渴望。在萨维王朝之后,隐遁伊玛目的代表,也即民众主要的代言人,已不在政治体制之内而在其之外,这就为动员民众支持或参加大规模反对派运动埋下契机,使乌苏勒学派的胜利所蕴涵的现实政治意义进一步得到加强。从此,伊斯兰教的宗教权威成为伊朗王权的一个制约因素。[1] 谢赫学派在伊朗宗教哲学史上占有重要地位,因在一系列教义、教理原则上不同于自视为正统的十二伊玛目派,后来被斥为"异端"而受到压制,19 世纪以后渐衰。该派思想曾对巴布教派产生重要影响。

关于谢赫学派对巴布的影响,罗伯特·斯特克曼(Robert Stockman)这样说过:巴布在小时侯曾被送到一个当地老师谢赫·阿比德(Shaykh'Ábid)那里接受教育,大约有六七年的时间。由于谢赫·阿比德属于谢赫派成员,于是他建议像巴布这样家庭出身的孩子应该接受伊斯兰教谢赫派的教义。[2] 关于巴布早年所受的教育情况,尽管学者们有一些不同的看法,然而,有一点是非常清楚的:他曾经被送到学校,学习过一些宗教方面的知识。[3] 巴布曾到伊拉克什叶派圣地纳贾夫和卡比拉朝谒,深受谢赫学派领袖赛义德·卡义姆·拉西提(Sayyid Kazim Roshti,1797－1843)学说的影响,成为该派的信徒。后来在设拉子谢赫学派的传教中心,研究

---

① 参见周燮藩《什叶派伊斯兰教在伊朗的历史演变》,《西北第二民族学院学报》2006 年第 3 期。

② Robert Stockman, Some Notes on the Báb, Collection: Article unpublished, Bahai Library online: http://bahai-library. com/collection. php? collection = Article _unpublished.

③ 很多巴哈伊学者认为,巴布是一个先知,他所受到的宗教教育与他后来的"启示"没有什么联系。

谢赫派创始人谢赫·艾哈迈德·艾哈沙仪(Shaykh Ahmad Al-Ahsai,1753－1826)的著作,并从事该派的宣教活动和著述工作。1843年,谢赫学派著名毛拉穆拉·侯赛因(1813—1849)从卡比拉抵达设拉子后与巴布结识。巴布渊博的宗教知识和善于论辩的口才深得穆拉·侯赛因钦佩,穆拉·侯赛因后来成为巴布的第一个门徒。赛义德·卡义姆去世后,巴布遂被推举为谢赫学派的长老。①

关于谢赫学派对巴布思想的影响,伊朗裔英国学者穆坚·莫曼(Moojan Momen)在他的《什叶派伊斯兰教导论》中明确予以肯定。他认为巴布发展了谢赫学派关于"妙体世界"的论点,强调第十二代伊玛目的"复归"不是伊玛目自身同一肉体的再现,而是一位新人的"光临",此人也即伊玛目在妙体世界的"原型"。② 巴布把宇宙划分为"上帝的世界"、"显圣者的世界"以及"创造物的世界",与谢赫学派把宇宙分为三个世界也有些相似。正因如此,莫曼认为,谢赫学派的学说为巴布运动铺平了道路,否则巴布不会有如此众多的追随者。③

第三节　如何看待巴比教及巴哈伊教与伊斯兰教的关系

在巴哈伊信仰里,巴布不仅是巴哈伊教的先驱,而且是这一宗教的创立者之一,他和巴哈欧拉一起被称为巴哈伊教的创始人。

---

① 参见蔡德贵《巴哈伊教》,《世界宗教文化》2001年第2期。

② Moojian Momen, An Introduction to Shii Islam, Yale University Press, 1985, p231.

③ 参见吴云贵《从〈确信之书〉看巴哈伊教的渊源》,《世界宗教研究》2004年第2期。

根据巴哈伊教的观点,巴哈伊信仰起始于 1844 年的巴布运动,巴比教是巴哈伊信仰的前身,也即巴哈伊教的初期阶段。但我们也清楚地看到,巴哈伊教特别是它的初期形式巴比教是在伊斯兰教的土壤中脱胎出来的,它与伊斯兰教有着复杂的渊源关系。对此,蔡德贵先生在《当代新兴巴哈伊教研究》一书中指出:"巴哈伊教是在巴布教派的基础上产生的,而巴布教派宣布脱离伊斯兰教,所以巴哈伊教绝不是伊斯兰教,这已为埃及逊尼派伊斯兰教法庭的判决结论所证实:巴哈伊教是一种完全独立于伊斯兰教之外的新宗教,因此,正如佛教徒、婆罗门教徒或基督教徒不可被看做穆斯林一样,任何巴哈伊教信徒,都不可被看做穆斯林,而任何穆斯林,亦不可被看做是巴哈伊信徒。应该确认:巴哈伊教是一种新兴的世界宗教,而非伊斯兰教的一个教派或分支,但它又与伊斯兰教有联系。"[1]

在继承伊斯兰教一些思想的基础上,巴布试图通过宗教改革来寻求当时伊朗社会和伊斯兰教如何摆脱困境的出路。按照伊斯兰教的说法,安拉让第 12 伊玛目于 874 年(回历 260 年)隐遁,但他一直奇迹般地活着,直至安拉答允他再世的日子。在此期间,隐遁伊玛目(即马赫迪或救世主)是通过被拣选、任命的代表(被称为"巴布"Báb,门之意)与教徒取得联系,来沟通他和信徒的交流。这些代理人在隐遁伊玛目与教徒之间起着中介作用,是与隐遁伊玛目联系的惟一渠道。据称,他通过"四个门"[2](即四位代理)与

---

① 蔡德贵:《当代新兴巴哈伊教研究》,人民出版社 2001 年 9 月版,第 52 页。
② 这四个门分别指的是奥斯曼·阿慕里(Uthman al-Amri),其子阿布·加法尔·穆罕默德(Ab Jafar Muhanmmad)、侯赛因·本·鲁赫·诺伯赫特(Husayn ibn Ruhan-Nawbakhti)和阿布·哈桑·阿里(Abu'l-Hasan-Ali)。

他的信徒联系,主持教务,称为小隐遁时期。这四个门相继出现,每一个门都是由前一个门在获得隐遁伊玛目认可之下被委任的。但是当941年传到第4个门(第四任代理人)阿布·哈桑·阿里(Abu'l-Hasan-Ali)时,根据隐遁伊玛目的旨意不再指定新的代理人。从此隐遁伊玛目与教徒之间的联系中断,开始了无代理人的大隐遁时期(从941年迄今),传说要等一千年后马赫迪才会重临人间。在大隐遁时期,隐遁伊玛目与教徒不再有直接联系,但他仍然是"时代之主",统治着人间事务。从这个意义上可以看出,伊斯兰教的"门"指的是隐遁伊玛目的代理。尽管什叶派与逊尼派有重大分歧,但是整个伊斯兰世界都期待救世主的降临,这一点是相同的。伊玛目和最后一个门都不曾指定继承人,这就意味着以后的信仰事务完全得靠上帝的帮助了。或早或迟,一个或几个显示者将会现世,他或他们会是"伊玛目马赫迪"或"卡义姆",将再一次成为传达"神圣旨意"的直接渠道。[1]

然而在大隐遁期间,什叶派内部的领导权成了人们必须面对的大问题。研究宗教律法的"乌里玛"[2]们试图扩大和巩固他们在社会上的权利和影响,他们利用传统的权威来渐渐填补了这个空缺。为了使他们的权威合法化,这些教士们把自己界定为地球上联系隐遁伊玛目的一般代表。18—19世纪由于乌苏勒[3]学派在伊斯兰教什叶派的胜利,"乌玛"的权利迅速膨胀。乌苏勒学派,是

---

① 威廉·哈彻、道格拉斯·马丁:《巴哈伊信仰——新兴的世界宗教》,澳门:新纪元国际出版社1999年版,第5—6页。

② "乌里玛",意为"有知识者",是伊斯兰宗教学者的总称,泛指宗教学者阶层,尤指精通经注学、圣训学、教义学、教法学等学科的有威望的学者。

③ "乌苏勒",阿拉伯文Usul的音译,意为"根源"、"原理"。

十二伊玛目派的教法学派,强调穆智台希德①为隐遁伊玛目的代理人,有资格就教法问题进行"创制"和解释,回答一般信众提出的各种问题。他们提出每个时代都有才智超群的穆智台希德,所以一般信众尤应服从当代者的决断。②因此,根据乌苏勒学派的教义,真正的知识仅仅属于隐遁的伊玛目,但是他不在时要根据专门的法理学者的合法推断,其臆断才是有效的。由于这些学者们受过专门职业性的教育,由高级的立法学者颁发授予给他们证书,允许他们做出独立的判断,并希望每一位什叶派信徒在法律问题上遵循一个特定的宗教学者。这种观念也鼓励在什叶派学者中形成一个共同的等级制度,就像教皇的职权那样,有一个集权中心。"几个世纪以来,伊斯兰教的教士限定并决定个人和团体生活的各个方面,甚至包括个人所关心的最小细节。由于人们被要求仅仅通过乌里玛所拥有的这些专门知识,才能正确理解这些法律,使教士这些'精英'的作用和权威变得根深蒂固。因此乌苏勒学派教义的盛行和它的集权化使乌玛的权利膨胀到前所未有的程度。"③权利的膨胀势必使其走向腐败。伊斯兰教什叶派被国王宣布为伊朗国教,它的高级阿訇当时拥有很大势力。他们同国王和世俗封建主勾结在一起,不仅占有巨大地产,控制国民教育,还有审理有关宗教、财产、婚姻、交易等民事诉讼的特权,还利用宗教的权威为所欲为,掠夺和压迫广大的穆斯林群众。这导致伊朗社会的各种矛盾大大激化。在本质上,神职人员的这种权威是通过尽

---

① "穆智台希德",阿拉伯文 Mujtahid 的音译,意为"勤奋者",是教派内公认的权威学者,在处理法律和神学问题时,有权根据教法原则提出个人的意见。

② 金宜久:《伊斯兰教词典》,上海辞书出版社 1997 年版,第 232 页。

③ Naider Siaedi, Gate of the Heart—Understanding the Writing of the Báb, Wilfrid Laurier University Press, 2008, p16.

力保持并捍卫过去神圣传统的方式来确立的。在当时保守的宗教势力笼罩下,任何的宗教和社会的改革都是不可能的。

在这种情形下,巴布于 1844 年宣布,他就是那个通向隐遁伊玛目之"门",人可以通过他去了解隐遁伊玛目的旨意。在神学的意义上,巴布的这个声明对伊斯兰教神职人员的权威给予很大的挑战。接着,巴布又进一步声称自己是直接通往上帝之"门"、通往真理之"门",他就是独立的先知,即上帝的显圣者、原点(即万物的起点)。这一声明俨然表明一个新宗教的确立,也昭示着继穆罕默德之后还有新先知不断出现。巴布不过是继穆罕默德之后的新时代的先知和使者。这实际上是对伊斯兰教"封印先知"论的否定。巴布明确声称,巴比教在真正意义上是与以前的信仰不同的。可以看到,他所建立的信仰直接和正统的伊斯兰教相对立,人们不能不把他明确当做一个新兴宗教①的先驱。巴布最具有革命性的教义是先知的继承性,他保留了伊斯兰教信仰中穆罕默德是拥有普遍知识的化身之教义,但是还有更重要的修饰:他主张最初的原点被映照在不同先知的内心,这些先知是一个继承一个,而穆罕默德只是其中的一个。这里,巴布已经改变了崇拜的规则。如果穆罕默德满足他那个时代的需要,那他就不会满足下一个新时代的需要,也不会再具有新规则所表达的以上帝的名号所赋予的富有、仁慈、怜悯等神圣特征。② 因此,伊斯兰教的真主和犹太

---

① 新兴宗教是一个宗教学上的分类用语,指近代(约 19 世纪末期以后)所创立的宗教派别。并与基督教、伊斯兰教、佛教等传统宗教相区别。蔡德贵先生在《当代新兴巴哈伊教研究》一书中将巴哈伊教称为新兴宗教。

② 参见 Wanden Mathews, La Farge, "The Relation of the Báb to the Traditions of Islam", in The Baha'i World: A Biennial International Record, Volume Ⅲ, 1928 - 1930.

教的耶和华以及基督教的上帝一样,都是同一个神,穆罕默德和摩西、耶稣一样都是上帝在特定时代派到世上的先知,摩西和《旧约》、耶稣和《新约》、穆罕默德和《古兰经》都是不同时代的产物,曾代表不同时代的上帝之启示。而今,穆罕默德和《古兰经》时代已经结束,巴布就是代替这一旧时代而出现的新先知。在巴布时代,人们将在上帝的旗帜下建立一个"正义王国",一切高级阿訇和贵族的特权将被取消,所有的信徒都是平等的,人们互相爱护,和谐相处,共同生活在一个幸福的国度里。

诚然,如果巴布没有使伊斯兰教的一部分融入进自己的新宗教,他的新教义将不会有深远和持久的影响。实际上,巴布继承了伊斯兰教的一些教义和传统,然后又给他的新教义注入了新时代的活力,才使他的新教义有如此深远的影响。他通过声称第12伊玛目的重新出现,给神职人员注入了新的观念,通过改变穆斯林世界的崇拜规则从而进行了一场暴风骤雨般的宗教改革。在此基础上,一个新的宗教诞生了!

巴布本人建立了一个清晰且独立的信仰——巴比教,他的追随者又称为巴比教徒。这个宗教有自己的教义、经文与社团组织,并在历史上留下了自己不可磨灭的痕迹。对此,巴哈伊教经典著作中如此说:"巴孛的伟大主要不是因为他作为这个超验启示开路人的神圣命定地位,而是因为他已被授予了一个独立宗教创始人的权利,并能出色地运用这独立先知的权杖,在这一点上过往先知都无法与之匹敌。"[1]

按照巴哈伊教的教义,巴布同历史上那些伟大宗教的创始人克里希那、摩西、琐罗亚斯德、释迦牟尼、耶稣基督、穆罕默德一样,

---

[1]　http://www.bahai.cn/history/the-bab.html.

都是上帝的使者,代表上帝在地球上宣示了一个新的宗教。巴布一方面肯定了历史上那些主要宗教的合理性,另一方面他又批判性地考察了历史上那些主要宗教的种种弊端,并决心剔除这些弊端,从而创立一种适应现代生活和未来社会的新型宗教。在这个意义上,巴布可以说是世界近代史上一个伟大的宗教改革家。

巴布教派试图对伊斯兰教进行改革,并最终彻底与伊斯兰教脱离而成为一新的宗教。它否认伊斯兰教法所规定的宗教功课与教律,尤其是提出伊斯兰教的功课要改革,主张简化宗教仪式,认为礼拜、斋戒、净礼都可以简化进行。礼拜不必在规定的时间和地点进行,取消伊斯兰教的集体礼拜聚礼,只在举行葬礼时规定一些必要的集体仪式。这样就把一日五时礼拜和七日主麻日以及净礼全抛弃了,礼拜寺也就没有存在的价值了。斋戒不需要 30 天,只用每年最后一个月的 19 天即可。巴布认为 19 是表示神性和圣性统一的数字,是安拉本体的数量反映。他把一年分为 19 个月,每月定为 19 天,还把宣教团的人数也规定为 19 人。巴布教派还否定伊斯兰教圣地麦加的地位,把巴布本人的出生地定为圣地;在宗教戒律方面,巴布教派也提出了一些改革措施。该教派严禁教徒饮酒、赌博、乞讨,严禁向乞丐施舍,严禁任意伤害人命、破坏社会秩序和违犯社会公德的行为,废除妇女戴面纱和男子不许穿丝绸和佩戴黄金首饰的伊斯兰教习俗。

巴布教派还提出对当时不平等的社会制度进行改革,提出要坚决废除封建特权,实行财产公有,承认贸易和签订合同自由。允许对余欠贷款征收利息,政府不强迫信徒交纳赋税。只许商人和朝觐者外出旅行或航海。取消一切刑法,对犯罪者只罚款。主张男女一律平等,不仅有同等的财产继承权,而且男女均可以离异和再婚。号召教徒建立一个没有压迫、没有剥削、人人平等的正义王国。保障人身自由,保护私有财产以及保护商人利益的内容等。
这是巴布教派的总理想,从社会改革角度的理性思维看有一定的
合理性,从宗教角度看,已出了宗教改革的范畴,走上了变教道路。

巴布教派所提出的这些主张,为巴哈伊教教义的制定创造了
条件。虽然巴哈伊教教义与巴布教派的教义有所不同,但由于巴
哈伊教是在巴布教派的基础上产生的,且《白杨经》也是巴哈伊教
的经典之一,地位仅次于巴哈欧拉的《亚格达斯经》等著作。从某
种程度上来说,巴哈伊教与巴布教派的基本教义是一致的。在巴
哈伊教看来,巴比教(巴布建立的信仰)的成立与巴哈伊教的成立
是吻合一致的——当巴哈欧拉在1863年宣布他就是巴布预言的
那位显圣者时,巴布和巴比教信仰的目的得以实现。巴哈欧拉后
来也说,巴布就是"他的通报者,也是他伟大启示的预言者,使
得……他的光芒从地平线上照耀出来"。①

巴哈伊教主张先知是一体的,都是上帝在这个世上的代表,是
上帝的具体表现,而上帝则是整个宇宙的中心。人类是上帝所有
创造物中最高贵和最完善的,有永恒的灵魂,灵魂脱离肉体后会以
新的形式独立存在。巴哈伊教主张万教归一,天下人皆为兄弟,强
调社会伦理,不重视甚至否认宗教仪式,主张废除种族、阶级和宗
教偏见,最终目标是全世界各国都放弃民族独立和国家主权的原
则,最终取消国界,世界语应作为世界通用语言,用它来建立统一
的世界议会,实现世界大同。②

"巴哈伊信仰是一个真正独立的宗教。虽然它孕育于伊斯兰
教,确切地说,它的初期形式——巴比教,从一开始,巴哈伊信仰本

---

① http://www.bahai.cn/history/the-bab.html.
② 参见蔡德贵《巴哈伊教》,《世界宗教文化》2001年第2期。

身就具有自己独立的信仰体系,既不是某一宗教(特别是伊斯兰教)的修改,也不是某一宗教的变更发展。这一点为世间所公认。"①英国历史学家阿诺德·汤恩比曾经这样写道:"巴哈伊信仰与伊斯兰教、基督教和其他被承认的世界宗教一样,是独立的宗教。巴哈伊信仰不属于某个宗教的派系,而是一个单独存在的宗教,具有与其他被认可的宗教相同的地位。"②俄国文学家托尔斯泰也说:"巴布的教义由伊斯兰教背景产生,它通过巴哈欧拉的训导,已逐渐地发展开来,现在显现于我们面前的是一个至高至纯的宗教教义。"③

综上所述,巴布思想受到了来自东西方的各种宗教文化,特别是伊斯兰教文化的影响。他从人类精神遗产中汲取了营养和鼓舞,吸收并融合各种思想来源,使其成为他自己宗教思想的有机组成部分,并创立了一个新的宗教,形成了一个独立的宗教思想体系。伊斯兰教对巴布的影响无疑是很大的。然而,他也间接或直接受到其他宗教的影响。如巴布在监狱里曾研读并公开讨论基督教经典《圣经》。英国医生科米克(Cormick)见证了这一点,并认为巴布的教义与基督的教义是相似的,戈比诺、布朗等学者也对此表肯定的态度。巴布自己也认同这一点,他认为自己的教义无论是精神上还是目的上,都与基督的教义是相一致的,而基督也是为

① 李绍白:《人类新曙光》,澳门:新纪元国际出版社2001年版,见序言第2页。

② 汤因比1959年8月12日致土耳其伊斯坦布尔的N.康特博士的信,发表于1959年11月出版的第141期《英国巴哈伊杂志》第4页,转引自威廉·哈彻、道格拉斯·马丁著《巴哈伊信仰——新兴的世界宗教》,澳门:新纪元国际出版社1999年版,见导言。

③ 转引自邵基·阿芬第《号召寰宇》,马来西亚巴哈伊总灵体会1992年版,第6页。

他的出现铺路,他的著作中也曾经引用过基督教的话语。① 巴布知悉世界各大宗教,包括犹太教、基督教、琐罗亚斯德教、伊斯兰教等,他把各个宗教的伟大先知,如摩西、耶稣、穆罕默德都看做是同一个上帝派来的使者;他几乎熟知所有宗教的经典,包括《旧约》、《新约》、《古兰经》等,将它们同样看成是上帝不同时期的启示。在巴布身上,我们看到了东方和西方不同宗教文化的独特结合。可以说,影响和形成巴布宗教思想的文化渊源具有多样性,这也决定了巴布宗教思想的多样性和包容性。

---

① 参见蔡德贵《当代新兴巴哈伊教研究》(修订版),人民出版社 2006 年版,第 276、285 页。

第三章 "渐进性天启"论:巴布宗教思想的理论基础

巴布在以往犹太教、基督教、伊斯兰教等宗教"启示"论的基础上,进一步阐述了他的天启宗教观,提出了他的"渐进性天启"理论。他认为在每一个时代上帝都派给人们一位新先知,通过先知上帝向人们传达自己的"启示"。这种"启示"是连续不断的,没有开始,也没有终结,是一个渐进性、动态的发展过程。宗教的演进也是动态的、不断自我完善的过程。

第一节 "启示"与宗教

"启示"的英文为 Revelation,其意义是:"隐蔽之物之揭发"(A Drawing back of the veil)或"阻止人的视线或知识之障碍物的移动"。因此启示可以定义为:"先前隐秘或不为人所知之事物之揭发"(The Manifestation of formerly obscure, Hidden or unknown things)。一般来讲,启示可分为神为的、人为的(Divine and human revelation)两种。神可以把不为人所知之事物或人根本无法知道之事物加以揭发或透露;人也可以把原先不为他人所知之事物加以揭发或透露。神透露隐秘之物的方法很多:神可以亲身直接把

隐秘之物告诉人;也可以借着其他受造物,譬如先知与圣贤们;神
也可以借着某种神奇的方式直接把新知识灌输给人。因此大体而
言,神为的启示(天启)可以定义为"神对人说话"(Locutio Dei Ad
Homines)。①

在传统的观念中,天启宗教主要指的是亚伯拉罕诸教,又称亚
伯拉罕宗教或沙漠一神诸教,包括犹太教、基督教和伊斯兰教三大
宗教。

犹太教认为亚伯拉罕和摩西是先知,他们直接受命于惟一神
上帝雅威(雅威的拉丁语名称为"耶和华")。上帝通过摩西和以
色列人订立约定《十戒》,只要以色列人遵守约定,只崇拜惟一上
帝,上帝将保佑以色列人。信仰上,犹太教只承认"旧约"《圣经》,
不接受圣子论以及三位一体,他们并不认为耶稣基督是他们的弥
赛亚(救世主),并继续等待弥赛亚的来临。雅威与他的选民以色
列人在西乃山上建立的盟约以及律法,就是犹太教作为启示宗教
的核心。

基督教认为神的启示可以十分清楚地溯源到亚伯拉罕,他就
是上帝对人类一连串的启示之始。而上帝启示的最高峰出现在耶
稣身上,基督徒相信耶稣就是上帝给予人类最终极、最完全的自我
通传。而上帝在耶稣基督身上的终极启示就是基督宗教作为启示
宗教的根源。基督教认为犹太人违背了上帝和以色列人订的约
(即旧约),所以派他的儿子耶稣作为弥赛亚(救世主)以自己的生
命为人类赎罪。上帝不仅仅与以色列人而且与全人类订立了"新
约"。

伊斯兰教认为,真主安拉在人类悠长的历史中曾经派遣过许

———————————

① 参见曾仰如《宗教哲学》,台湾商务印书馆1986年3月版,第271—272页。

多先知的口发言。亚伯拉罕、摩西、大卫王、尔撒(耶稣)都是先知,穆罕默德是安拉选出的最后一位先知,即所谓"封印至圣"。"旧约"和"新约"都是安拉赐予的经卷,后赐的经卷对以前的经卷进行修正和补充。《古兰经》是安拉发出的最后一部经卷,由天使吉卜和里(伽百利)念诵,穆罕默德听写下来,是众经中最权威的。伊斯兰教不接受圣子论,和基督教的三位一体论。基督教认为耶稣就是弥赛亚,从而把耶稣神化,导致犹太教无法接受。《古兰经》分114章,是伊斯兰教法律、宗教、文化和政治的基础。

可以看出,作为天启宗教,犹太教、基督教、伊斯兰教有不少相似点。如这三个宗教有着共同的源头,均发源于中东沙漠地区;都是一神宗教,信仰一个神灵,尽管它们的称谓不同;三大一神教也都把耶路撒冷看做自己的圣地。而上帝"启示"的经典"《旧约》"、"《新约》"、《古兰经》则分别也是它们信仰的核心,在三大宗教看来,它们信奉的经典是"天启"的,因而是神圣的,是永恒的真理,不需要改变里面的内容,哪怕是一个字母。

第二节 巴布的"渐进性天启"论

"渐进性天启"[1](Progressive Revelation)在巴哈伊教词典中解释为:神圣启示是没有终结、连续不断的。此概念是建立在这样一种信仰基础上:过去所有伟大的先知指的是上帝在每一启示期,根据不同时代的需要而在不同阶段派遣的显圣者。[2] 在巴布思想中

---

① 渐进性天启,也有学者称之为进步性天启、革命性天启等。

② Wendi Momen ed. A Basic Baha'I Dictionary, George Ronald, Oxford, 1989, p186.

始终贯穿着"渐进性天启"这一原则,后期巴哈伊教更加明确了这一原则的重要性。邵基·阿芬第(Shoghi Effendi)把这一渐进性的宗教启示看做是巴哈伊教的中心原则:"宗教的真理不是绝对的,而是相对的。神圣启示是一个连续的、不断进步的过程。世界上所有伟大宗教在起源上都是神圣的,它们的基本原则都是完全一致的,它们的目的都是相同的,它们的教义只是同一真理的不同方面,它们的功能是相互补充的,它们的差异仅仅是教义中非本质方面的体现,它们的使命代表人类社会在灵性演化中相继不同的阶段。"①

巴布在以往犹太教、基督教、伊斯兰教等宗教"启示"理论的基础上,进一步阐述了他独特的宗教天启观。他认为,虽然世界各大宗教对神的称谓不同,但都来自同一个根源,都是同一个上帝所启示。神灵本身是统一的,无论是"耶和华"、"安拉"还是其他什么称谓,并不能因为各宗教给予不同的名字而有多重意义,其实都是指那惟一、独一至高的上帝,各宗教本质上都是来自同一神圣的根源。他并不专属任何宗教,那惟一的上帝自始至终都与人类在一起。巴布在《名号经》中说:

> 自从你真诚地遵守上帝过去的宗教,你理应遵守他此后的宗教,因为每一个宗教的演进都来自上帝(危险中救助者,自我存在者)。②

---

① Shoghi Effendi, Summary Statement 1947, Special UN Committee on Palestine, From Baha'I Ocean Research Library.

② The Báb: The Book of Names ⅩⅥ. 18, Selections from the Writings of the Báb, Haifa: Bahá'í World Center 1976, p66.

在巴布看来,每一个宗教皆为上帝的下一个更伟大的宗教演进之步骤。在巴布到来之前,曾存在过七个启示宗教,这七个历史上伟大的宗教是具有经典、先知和历史文明者,它们是:

> 塞比安教:先知不详。约于公元前五千年;
>
> 印度教:先知为克里西那。约于公元前二千年;
>
> 犹太教:先知为摩西。公元前一三三零年;
>
> 袄教:先知为琐罗亚斯德。约于公元前一千年;
>
> 佛教:先知为释迦牟尼。公元前五六零年;
>
> 基督教:先知为耶稣基督。公元元年;
>
> 伊斯兰教:先知为穆罕默德。公元六二二年。①

每一个先知都是独特的,他们有着不同的名称、各自的任务和一段时间的限制。然而,对于各先知及其教义之间所存在的种种差异,巴布并不认为这表示了其重要性的不同或他们的启示有什么本质上的不同。各先知只是分别启示了同一个真理的不同方面,反映了同一个上帝的不同侧面,并且适应了不同时代人类的不同需求而已。实际上这些宗教原则和法规,都出自同一神圣的本原,是同一光源所发射的光芒。所不同的是由于它们所传播的时代各有不同的环境与需要而形成的。巴布说:"真正的知识是上帝的知识,这不是通过别的而正是通过承认每一个启示期上帝的显圣者而获得……然而,这并不意味着一个人不应该赞扬以前的宗教启示,更不意味着如果这样做(赞扬以前的宗教启示)是绝不

---

① 威廉·西尔斯:《释放太阳》,澳门:新纪元国际出版社1997年版,附录7,第246页。

能接受的。因为当人到达 19 岁时,理应为他被孕育为胚胎的日子表示感恩,如果胚胎不存在,他怎么能达到现在这个阶段呢? 同样,宗教也是如此,如果亚当时代的宗教不存在的话,宗教信仰就不会达到现在这个阶段,因而考虑到宗教的发展,是没有结束的。"①

巴布认为,每一个阶段的启示都不能否认前一个阶段的启示,都应承认以前启示的真理,这是一个不断发展的理论。举例而言,如果那些期待着耶稣之应允实现的人们,被保证上帝使徒穆罕默德之显现的话,则无人会偏离耶稣之话语。同理,在《白杨经》原点(巴布)的天启期间,如果人人皆获保证,这是上帝之使徒预告的那同一位受应允之"马赫迪"(受引导者)时,则《古兰经》的信徒无一会偏离上帝之使徒穆罕默德的训诲。同理,在上帝将要显现者之天启里,可见同样道理;因为如果人人皆受保证:他就是《白杨经》原点所预言的那同一位"上帝将显现者",则无人会偏离他而去。②

宗教天启本质上被看做上帝在不同时期不同的显现,这成为渐进性天启的原则。巴布在波斯文《白杨经》中,把这一原则作为所有宗教的普遍真理,是理解宗教征象与神圣历史的钥匙。因此上帝不同的显现是统一的,上帝启示的宗教是一体的,都是上帝"原初意志"的启示。每一次上帝的显现都是过去其他所有显现的回归,在《七个证明》的开头,巴布解释到:原初意志的第一次显现出现在亚当时期,然后依次是诺亚时期、亚伯拉罕时期、摩西时

---

① The Báb, The Persian Bayan Ⅴ, 4, Selections from the Writings of the Báb, Haifa: Bahá'í World Center 1976, p89.

② The Báb, The Persian Bayan Ⅸ, 3, Selections from the Writings of the Báb, Haifa: Bahá'í World Center 1976, pp. 110 - 111.

期、耶稣时期、穆罕默德时期、《白杨经》时期,上帝使之显现的他
(指下一位显圣者)①的时期,以及他之后其他先知的时期等。因
此由上帝的使徒说出话语的内在意义是:"我是所有的先知",因
为每一次显现像是同一个太阳、也将永远是同一个太阳发出的
光辉。②

　　巴布把各种宗教解释为神圣之光与人类的接受能力之间相互
作用的结果。然而人类的接受能力随着时间改变而改变,根据社
会和文化的动态发展而进步。巴布解释到,宗教的种子从亚当时
代就被孕育了,但是,就像人的能力不断进步一样,上帝的宗教也
是不断进步的。摩西和《律法书》、耶稣和《福音书》、穆罕默德和
《古兰经》,就是各个时代的先知和经典,并因时代嬗递而依次替
代。到了巴布时代,人类可以理性地发展,并为接受"神圣统一"
之殿堂发出的灿烂之光做准备;但是如果没有这神圣之光,他们会
被迷失在无限的争论中。正是在这个时代,由于上帝的神圣慈悲,
他派遣巴布来启示心灵的殿堂,使真正宗教之奥秘来统一相互冲
突的观点所带来的混乱。③ 巴布在《白杨经》中也明确表明:宗教
的启示没有开始,也没有结束。他说:

---

　　① 在波斯语的《白杨经》中巴布涉及三百多次("Him Whom God shall make
manifest")"上帝使之显现的他"这一称呼,且在阿拉伯语的《白杨经》涉及70多
次。根据巴哈伊的教义,上帝将要显现的他(Him Whom God shall make manifest)
是暗示或指代下一位显圣者——巴哈欧拉。

　　② The Báb,The Seven proofs,Selections from the Writings of the Báb,Haifa:
Bahá'í World Center 1976,p126.

　　③ The Báb, Sahifiy-I-Adliyyih, pp. 5 - 7,转引自 Naider Siaedi,Gate of the
Heart—Understanding the Writing of the Báb,Wilfrid Laurier University Press,2008,
p228。

所有在它之前的天启之目的乃是为穆罕默德——上帝之使徒——的来临而铺路。这些天启（包括穆罕默德之天启）接着以卡伊姆〔Qa'im，伊斯兰教所允诺要来者，即巴孛——译者注〕所宣示的神圣启示为目的。而作为这个神圣启示之基础的目的，也与在它之前的那些启示一样，同样地是为了预告他——上帝将使之显现者——的信仰之来临。接着，这个信仰——上帝将使显现者的信仰——又与所有在它之前出现的神圣启示一起，把那个注定了要继承它的神圣显示作为它们的目的。并且再以后出现的，也会象它之前的所有神圣启示一样，为那个将随它之后出现的神圣启示铺路。真理之阳的升降过程将如此无穷无尽地继续下去——这个过程没有开端，也将没有结束。①

巴布认为，他的天启与以往的宗教天启兼容，并且代表着上帝不变之信仰，于过去及未来都是永恒的。在他以后还会有更进步的天启到来，以满足时代的需要，并且没有终结，他不是最后一个上帝的使者。就像上学的过程，儿童们在小学各年级以及升入中学和大学时的不同阶段被授予越来越复杂的知识。人类也是如此，一步一步地接受一系列神圣使者的"教育"。在每个时代，上帝之圣使的教义并不是符合于我们每一个自身的知识水准，而是适合于我们集体的成熟水平。②

---

① The Bab，波斯文《白杨经》，转引自邵基·阿芬第《巴哈欧拉之天启 新世界体制之目的》，澳门巴哈伊出版社1995年版，第28页。
② Naider Siaedi, Gate of the Heart—Understanding the Writing of the Báb, Wilfrid Laurier University Press, 2008, p228.

巴布说,在历史的进程中,与人类不断进步的接受能力伴随而来的是不断发展的上帝的启示。由于人的灵性的演化(精神的发展)是没有结束的,就不可能有神圣启示的结束,也不会有一个最终的宗教、一个灵性真理的总的启示。巴布的这种动态的、历史的发展观为人们在努力理解宗教、文化和社会时所面临的一些困难提供了一把钥匙。因此所有纯洁神圣的信仰均是上帝永恒宗教的一部分,并将永远持续不断。没有一个宗教是独有的信仰,或者是来自伟大上帝真理的最终启示。每一个宗教在它出现的时代里均是真实的、美丽的、正当的。对该时代而言它是惟一的真理,但却是上帝独一的、伟大的、不断演进的、永无止境的宗教之一部分。虽然通过的发言人(信使)有很多,但上帝只有一个。

内德·赛义迪(Naider Siaedi)认为,巴布在这样一种方式上来解释宗教和启示,超越了宗教的传统主义(或保守主义)与后现代观念的界限。因为传统主义(或保守主义)的方法忽略了宗教在历史进程中的不断发展而把宗教设想为静态的过程,因而这种观点往往会把历史上特定天启的特定律法和教义固定化,并把它们提升到永恒不变的地位,使宗教成为社会发展的障碍,甚至为暴力提供一种辩护;而后现代的方法却忽略了对宗教神圣性的思考,降低了宗教的功能,从而仅仅把宗教看做是一种人类文化并加以践行。这种相对论的观点导致了任何启示是不相关的、相互冲突的解释,以致无法相比较和连贯,宗教对社会也不再具有任何道德力量或仲裁作用。无论是宗教保守主义还是后现代的观念,其片面性都在于把神圣的启示设想为静态的过程。保守主义者把他们自己的宗教看做是最终的天启,否认下一个天启的可能性。而后现代主义则把宗教看做现存的习惯和人的传统观念,仅仅承认人类对天启的解释上有改变,而不能看到天启本身是一个动态和进步的力量。因此,后现代的意识形态认为,以前的宗教信仰者不需要接受以后在世上所出现的任何神圣意志的表达。在巴布著作中,我们已经看到,宗教被看做神圣之光与现阶段人类灵性与社会发展之间的相互作用的结果,被看做是动态的、历史上特定的实体。从这一点来看,如果所有的宗教代表同一个上帝的渐进性启示,那么所有的宗教都是有效的、真实的,因为它们事实上都是一个,是同一个实在。在最复杂的表达中,在所有先知和宗教的统一的原则中被意识到这种神圣统一。① 每一个先知用不同的名字在不同的时代出现,带来不同的律法和教义,促进灵性文化和文明的进步,巴布认为这个过程没有开始、没有结束,否则就是否定上帝会不断地给予人类以神圣恩典。

第三节　宗教的演进是动态的、不断自我完善的过程

在巴布的著作中,宗教指的是上帝的显圣者即先知所带来的教义,如克里希那、摩西、耶稣、穆罕默德等先知创立的印度教、犹太教、基督教和伊斯兰教等,这实际上是上帝在不同时期通过不同的先知对人类的不同启示。因此这些宗教都源自于同一个上帝,本质上都是上帝的同一个宗教。巴布对宗教的理解显然与"渐进性天启"观是紧密相关的。在他看来,人类的接受能力在不断进步,上帝会随着人类的进步,在不同的时代,派遣新的先知来教导人类,使其文明得以不断进步发展。宗教的演进是动态的、不断自

---

① Naider Siaedi, Gate of the Heart—Understanding the Writing of the Báb, Wilfrid Laurier University Press, 2008, p244.

我完善的过程。

宗教的演进犹如一棵树的成长。在克里希那的教义中,我们可看到"种子";在摩西的教义中,我们可看到"胚芽";在琐罗亚斯德教的教义中,我们可看到"树干";在佛陀的教义中,我们可看到"树枝";在耶稣的教义中,我们可看到"小枝";在穆罕默德的教义中,我们可看到"树叶";在巴布的教义中,我们可看到"花";而在巴布之后的另一个新先知的教义中,我们可看到"果实"。巴布认为,上帝启示的宗教没有开始也没有结束,每一个阶段都是在上一个阶段基础上实现的,也是实现下一个阶段的铺垫,没有任何一步是独有的。任何一步都不比另一步更伟大,没有任何阶段是最终的,即使是"果实"的阶段也不例外。"果实"是"种子"的成就,它是一个循环的终止,但从"果实"中将再带来另一个伟大循环的"种子"。巴布在《白杨经》中讲到,对于人来说,最好不要抄下整本《白杨经》和其启示期间所写的全部的著作,而是记下其中的一部分。因为当下一个显示者到来时,除了他的著作外几乎所有的一切都会被废弃。如果任何人只是铭记"真正信仰"所启示的其中一个字母,他的报偿将比铭记过去启示期间所写的神圣著作会更大。同样继续下去,从一个启示上升到另一个启示,认识上帝知识的发展过程就像没有开始一样,也不会有结束。①

其实,巴布在波斯语《白杨经》的一开始就讨论了宗教启示的"开始"与"回归"问题。由于神圣的启示是统一的,从"原初的意志"(Primal Will)产生,在复活之日又回归到这一原初意志,同时

---

① Edward Granville Browne, A summary of the Persian Bayan Ⅶ, 13, Selections from the Writings of E. G. Browne on the Babi and Baha'i Religions, George Ronald, 1987, p391.

也是新启示的开始。尽管原来的天启被新天启所废除,但新天启同时也是过去天启的实现与提升,在这里废除与提升是统一的。一般看来,拒绝新的宗教就是对原来宗教的肯定,然而与人们通常所认识的恰恰相反,拒绝新的宗教并不代表着肯定原来的宗教,而是阻止人们去认识它的天堂、去提升它。每一圣书都渴望通过所启示的下一部经典来提升它,这样才能以更完整的形式来显现它自身。任何一本经典的追随者如果拒绝下一部经典,都会带来其经典和启示者的悲痛。巴布认为,除了下一个显圣者之外,《白杨经》没有其他目标。因为除了他——那下一个显圣者,没有人能来提升或废除这本书。

由于"废除"与"提升"从一般的词义理解上存在着自相矛盾的关系,巴布创造了"irtifa"这一术语,意思是既"废除"又"提升",融合了这两个词的意思。每一宗教启示既废除又提升了原来的天启,同时又是原来的启示在完美状态下的一种回归。也许我们可以据此能够理解为什么巴布把"完美"作为他神学思想的一个重要原则。巴布认为,每一事物的"天堂"①是它在自我实现中达到成熟与"完美"的一种状态。他以树为比喻来表达这一概念:每一天启是种植在人心的一粒种子,它会长成大树并获得它的"完美",其"完美"是产生果实的状态,就像灵性发展的一个更高的状态一样,这时信仰就要达到天堂的境界。种植树的神圣培育者回来收获果实,这时的果实是新宗教天启的最初信仰者,伊斯兰教之树的第一颗果实是第一个活着的字母穆拉·侯赛因。巴布解释道:

---

① 巴布把"天堂"看做是事物所能达到的自身最完美的一种境界。有关巴布"天堂"一词的含义可参见第四章"天堂与地狱"部分。

在没有达到完美之前,复活之白日不像神圣天启的黑夜,而像种植的一棵树,复活之日正是收获果实的时刻……在那圣美的宝座中,"真理之树"①注视着上帝在所有人的心、智、灵魂、身体里种植的那棵树。当他见证那"神圣统一"的花园之树准备收获果实之时,他便会更新他的天启。②

也就是说,在基督显现的时代,其福音之树已经被种植,但还不完善,直到穆罕默德时代才能到达其完美;……当《古兰经》之树被种植完,直到1270年之后下一个宗教启示的出现,才能达到它的完美。③

巴布也运用其他比喻来反复表达这一原则。如他认为宗教就像人发展的不同阶段,从孩子到成人,虽然是不同的阶段,但都是指同一个人。成人时期是以更成熟的形式对孩童时期的实现,因而我们不再以一个人早期发展的阶段去识别他。这一比喻隐含着:新的宗教启示不仅仅是过去启示的延续,还是过去启示发展的更成熟的阶段,后一个阶段是对其早期阶段更完全意义和成熟形式的实现。④

为了更好地理解巴布的宗教演进思想,在这里把它与西方哲学中黑格尔的宗教思想进行比较是有益的。黑格尔哲学代表西方哲学的一个转折点,主要因为他强调把现实本体(reality)的动态

---

① "真理之树"指的是上帝之显圣者。

② The Báb, Bayan 6:13, 转引自 Naider Siaedi, Gate of the Heart—Understanding the Writing of the Báb, Wilfrid Laurier University Press, 2008, p277。

③ Edward Granville Browne, A summary of the Persian Bayan 6:13, Selections from the Writings of E. G. Browne on the Babi and Baha'i Religions, George Ronald, 1987, p383.

④ Naider Siaedi, Gate of the Heart—Understanding the Writing of the Báb, Wilfrid Laurier University Press, 2008, p277.

本质看做是一个辩证的过程。在黑格尔那里,实在被看做对立的统一,统一的每一个方面包含在其自身的对立面中,当两方面的对立被融合起来时,他们就会在更高的实体中实现统一。在他的宗教研究方法中,黑格尔也把他的辩证的方法应用到宗教的历史领域。他把宗教的历史设想为一个辩证过程,这个辩证过程分为三个阶段:第一个阶段,是崇拜绝对的实在,采取的形式是对自然现象的崇拜;第二个阶段是崇拜上帝,上帝是宇宙的创造者,被当成绝对的精神,完全反对物质的特性。然而,在黑格尔看来这两种方法对宗教来说都是不够的,他把最后一个阶段假定为基督教的阶段。在这个阶段,上帝和世界是统一的,并且信仰者发现上帝在世界上是普遍存在的。在黑格尔看来,基督教是宗教发展的最高峰,表现出人性和神性的统一。黑格尔对基督教的泛神论解释,根据在于上帝的"人性化",相信上帝会被赋予肉身,因而人类与上帝、大自然与造物主被当做同一个实体。在这个阶段黑格尔明显地把对立体融合起来,逐渐辩证地展现出宗教真实(真理),并达到顶点,达到一种神圣的自我意识。把我与神在我自身中统一起来,在神之中认识我自己,在我自身之中认识神。这样通过"敬拜"使"我"与"神"的统一得以实现。黑格尔认为宗教是精神有意识地进行自我实现和提升,这是人从有限过渡到无限的过程,也是人将神的意志转变为人的自我意识,并合二为一的过程。对黑格尔来说,宗教的历史就是精神自我实现的历程。

尽管巴布没有阐述黑格尔的著作,但是他的作品实际上表达了黑格尔涉及的同一个问题。黑格尔认为宗教的发展是一种历史的、变化发展的过程,并且试图超越精神与物质领域的对立。这两个问题巴布都进行了阐述。然而,不像黑格尔在最终解决辩证法的问题上终止了历史的动态发展,巴布认为宗教的真理是动态的过程,没有终结,甚至认为"巴布启示"所代表的真理只是目前灵性发展阶段的一部分,与人类的接受能力是有关的。因而巴布的著作介绍了一个动态的历史发展的连续性,避免了把历史看做一个终结的静态过程。上帝的显圣者的确代表着现象界上帝的启示,但不像黑格尔的理论,把显现的原则当做历史的终结和宗教进步的终结。巴布认为显现的原则不是宣扬精神演进的终结而是神圣启示的永恒复兴或革新。每一宗教都能够理解宗教天启短期内的演进过程,但是却不能看到宗教的启示向前(过去)或向后(将来)是无限延伸的。任何一种宗教都是过去所有宗教的灵性的继承,渐进性天启是一个永恒发展的进程,只要有人类,上帝就将继续派他的使者来引导人们不断进步。① 黑格尔的理论取得积极的作用是他把上帝融入到现象界的层面,但对于巴布来说,这样一个泛神论概念并不是一种进步意识。况且黑格尔辩证法一个典型的断言是:人类趋向于选择与其实体相关的类型,然后把他们提升到上帝这一实体的层面。在巴布看来,任何理性地去理解绝对神秘的声明都是自身的一种禁闭,尽管心的层面超越了智的有限性,这也不会当做一种理解上帝本质的方式,而只是在现象世界的层面来理解上帝启示。

第四节 巴布不同时期之 "启示"的渐进性

巴布在不同时期,先后发布了有关"门"、"伊玛目"、"先知"

---

① Joseph Sheppherd, The Elements of The Bahai Faith, Great Britain Element Books Limited, 1992, pp. 66 - 67.

的不同声明,对人们进行启示。这也常常成为一些学者们疑惑不解的问题。有些人认为这是前后矛盾的说法,表明了巴布思想体系的不协调性。还有一些学者设想,巴布在不同时期宣扬不同的声明,正反映了巴布思想是不断改变或不断演化的,并在巴布的大脑中不断改变自己的地位。[①]

内德·赛义迪(Nader Saiedi)在《心之门》中提到,巴布声明是一个连续性、渐进性的过程:在巴布启示期前三年(1844年5月—1847年5月),巴布声称自己是通向隐遁的十二伊玛目之门;然而,在他生命的最后三年(1847年5月—1850年7月)巴布宣称他的真正地位不仅是十二伊玛目即卡义姆本身,并且是一新先知,是上帝的新显圣者,他能带来新律法,传扬一本新的圣书。[②] 他认为,在伊斯兰教什叶派信仰的背景下,由于他们坚持"封印先知"的有关信仰,所以任何有关先知身份的声明与异端一样会被处罚,甚至被判处死刑。因而在这样的环境中,巴布一下子声称自己是第12伊玛目甚至是新先知身份是根本不可能的,无非被视作是假的或亵渎神灵的行为。在很多人看来,巴布毕竟是一个温和、体面的商人,有知名的父母与出身,怎么可能是隐遁一千年的伊玛目呢?并且巴布没有显示任何迹象来证明他就是传统中所期待的那位允诺者。如果他公开宣布他的卡义姆的地位,即使巴布有充足的理由,他也会迅速被判处死刑,更不要说宣布是先知的地位了。[③] 不少

---

① 参见威廉·哈彻、道格拉斯·马丁《巴哈伊信仰——新兴的世界宗教》,澳门:新纪元国际出版社1999年版,第8页。

② Naider Siaedi, Gate of the Heart—Understanding the Writing of the Báb, Wilfrid Laurier University Press,2008,p83.

③ 参见 Naider Siaedi, Gate of the Heart—Understanding the Writing of the Báb,Wilfrid Laurier University Press,2008,p87.

的学者把这一做法看做是"塔基亚原则"①,认为这是巴比信徒避免引起冲突的方法,并采用逐渐揭开真理的策略。巴布本人也没有反对这一做法,因为在宣布使命的第一年,他的身份并没有暴露给那些希望转变伊斯兰教信仰而跟随他的人。有关他声明的确切特征是模糊的,至少根据他自己后来的阐述是这样的。他制造了一个不断进步的声明渐渐展示出来,为了避免引起人们的暴乱,"巴比的传教士们培养了这样一种艺术方法,来渐渐显示他们的教义给那些潜在的改宗者,隐藏了他们教义的本质,直到他们认为时机成熟为止"。② 历史学家尼古拉斯认为,巴布在他整个传播福音的使命中,都不得不做得"像一位医生对待儿童一般,他必须将苦药用糖衣裹起,以争取年幼的患者的合作。但是,与巴布打交道的人,都有比耶稣时代之犹太人更迷信者所持有的偏见。因此,假如耶稣在相对之平静环境中传教,仍须采用寓言方式的话,那么巴布则须将他的教义从神圣真理的滤器中一点一滴地显示出来。因为,他是在抚育人类,引导人类,努力不使其受到惊吓,并缓慢而又坚定地指导人类迈出走上正道的第一步。一旦人类能独立前行,便能达到自太初以来即为其择定的目标"。③ 因此根据巴布后来的遭遇,我们可以看出巴布没有直接揭示他的真实地位是非常明智的。

事实上,巴布在1844年5月23日,就向穆拉·侯塞因明确无

---

① 塔基亚,阿拉伯文 Taqiyya 或 Takiyyah 的音译,原意有"谨防"、"自卫"之义。在伊斯兰教中,是指为躲避宗教迫害而隐瞒内心信仰、在一定时间内放弃某些宗教习俗或仪式,否认真实身份的一种做法。

② Peter Smith, The Babi and Bahai Religions From Messianic Shi'Ism To A World Religion, Cambridge Universitypress, 1987, p36.

③ 尼古拉斯:《波斯白杨经》序言,第3—5页,转引自威廉·西尔斯著《释放太阳》,澳门:新纪元国际出版社1997年版,第25页。

误地显示了自己是人们长久期待的"隐遁伊玛目"的复现。① 由于在当时特殊的信奉伊斯兰教的伊朗国度,为了避免社会的稳定和信仰的发展受到强烈的阻止与冲击,而没有公开向人们声明。他提出的一系列的声明,并不是在其头脑中逐渐"孕育发展而成的",而是留有一定的时间和空间渐渐公开他的声明,让人们逐步接受。

在巴哈伊教看来,巴布的这些声明应该根据渐进性的原则,根据不同背景来理解。如果巴布立即公开声称是伊玛目马赫迪或先知的话,他将会遭到强烈反对。而通过使用巴布这一称号,他可以通过这样一个较小的声明,然后带给宝贵的时间来增强他的运动,渐渐得到更多的支持。巴布本身也承认他是渐渐地把他的声明公布于众的,这样才不会导致社会出现太大的冲突或震荡。② 可见,"渐进性天启"是巴布宗教思想的理论基础,也是人们揭开整个巴布思想奥秘的一把"钥匙"。

① 参见威廉·西尔斯《释放太阳》,澳门:新纪元国际出版社 1997 年版,第 15 页。

② Amelia L. Danesh, Some Reflection on the Different Meaning of the Word Bab, The Journal of Bahai Studies 1989－1990, Volume 2, Number 3.

第四章 巴布的上帝观

有关上帝的阐述是任何宗教思想的核心问题。巴布对上帝概念的理解和界定独具特色。他继承了伊斯兰教、基督教等传统宗教的一神论因素,又在一神的基础上融合了各大宗教的思想,并赋予了新的内涵。巴布认为,上帝是惟一的存在,是造物之主、宇宙法则的制定者,是至高至善的救世之主。宗教的第一和首要的条件是认识上帝,但人类无法直接认识上帝,那么就需要一个中介,这个中介就是上帝派到世上的先知,即上帝的显圣者。人类只有通过认识先知才能认识上帝。

第一节 上帝是惟一的存在

上帝问题在宗教学家那里是个神学问题,而在哲学家那里,则成为一个形而上学问题,在形式上也转变为终极存在的问题。在巴布那里,上帝及其显圣者有不同的称呼,如"神圣统一"(the Divine Unity)、"原初的意志"(the Primal Will)、"原点"(the Primal Point)等,这些称谓已显示出巴布叙述的上帝不仅是一个宗教化的上帝,在某种程度上也具有哲学化的成分。

就像谢赫学派一样,巴布也把整个宇宙分作"三个世界",最高的是"上帝的世界",其次是"显圣者的世界",最后是"创造物的世界"。① 创造物的存在是依赖于显圣者的,显圣者的存在又要依赖于上帝,而上帝则是万物存在的本原。作为上帝和创造物之间的显圣者即先知的地位,是至关重要的。巴布正是从显圣者的理论开始,进而得出上帝是惟一的存在之论断。为了这一特殊目的,巴布使用了伊本·阿拉比及其教派的存在单一论及完人思想中所涉及的内容和表述方式,运用伊斯兰教神秘主义的哲学语言来表达他自己的宗教图景。伊本·阿拉比存在论的主要目标之一是阐述作为完人的先知的地位。考察其完人思想将为理解巴布思想提供一些理论背景。

对于伊本·阿拉比来说,由于上帝存在是单一性或惟一性的,因而存在仅仅属于上帝,只有上帝才是真实的存在,其他事物的存在则是虚幻的存在,尽管它们也的确存在,但他们的存在与上帝自身单一的存在,不可能是任何真正意义上的两种存在。因此所有存在的事物都是惟一存在——上帝的显现,因为存在是一体的,所有的事物在一定程度上都是分享存在的"一"。世界上被显现的各种事物体现了存在的不同程度,它们被描述为一个从高到低的本体论结构。尽管伊本·阿拉比的门徒们对于存在的层次也有分歧,如有的分成五个层次,有的分成六个层次。但重要的是存在的层次被保留着,如精神层面,灵魂层面,身体层面和神圣层面,并以完人的出现达到顶点。② 伊本·阿拉比还在《智慧的珠宝》中进一

① Huschmand Sabet, The heavens are Cleft Asunder, George Ronald, Oxford, 1975, p77.

② Todd Lowson, The Structure of Existence in the Báb's Tafsír and the Perfect Man Motif, Bahá'í Studies Bulletin, 1992. 2.

步简述了他的有关"完人"理论和先知穆罕默德的真理。他认为，安拉不仅在万物中显现，也会在人中显现。人是安拉以自身的形象显现的，是安拉在宇宙的代理。但不是每个人都能体现安拉之道，只有先知才能体现安拉之道，而穆罕默德居于众先知地位之首，因而是完人。完人是反映安拉一切美德的缩影，具有安拉的一切德行与本质，因而也是宇宙的理性原则，是世界的原因。① 值得注意的是，这里的完人包括所有的存在层面，从而也提供了他们交流的方式。完人是上帝与世界的媒介，是万物看上帝的一面镜子，也是上帝看创造物的眼睛；只有通过完人，世界才得以存在，被赋予知识。

与伊本·阿拉比相比较，巴布则把完人称之为上帝的"显圣者"。"从无始之初，到无终之结，总是有完美的显圣者存在。这里我们所说的'显圣者'并不是指每一个人，而是指的'完人'。"② "上帝种种美质、恩典和属性的光辉是由完人——那独一无二的、上帝之显圣者的实质放射出来，其余众生只能惠受一线光明，但那至高显圣者却是这太阳的明镜。"③"要认识上帝之实质是不可能、也是不可及的，然而认识上帝显圣者就是认识上帝，因为其恩典、其光辉及其神圣之特性都在他们身上体现出来了。所以，人只要认识了上帝的显圣者，就认识了上帝本身；如果他忽视对神圣显圣者们的认识，他便失去了对上帝的认识。由此可断定并证明显圣者乃是上帝之恩惠及其种种表征和美质的中心。"④

---

① 蔡德贵：《阿拉伯世界的伊斯兰宗教哲学》，《济南大学学报》（社会科学版）2002 年第 1 期。

② Abdu'l-Baha, Some Answered Questions, Bahá'í Publishing Trust, Wilmette, Illinois, 1987, p197.

③ Ibid, p222.

④ Ibid, p222.

然而,各个层面的存在是一个存在的自我显现的过程,它们在宇宙中被安排在各自的位置上自我显现。超出本体论的这种显现,就是非存在,除非在上帝的大脑中先验地存在。为了取得真正的存在,它们根据各自的能力而获得一种存在的方法,就是通过对上帝的爱和取得上帝的知识来获得存在。在巴布的早期著作《对黄牛章的评论》(*Commentary on the Surih of the Cow*)中,主要阐述了关于伊玛目或先知人物及灵性保护制度等问题。① 此著作涉及的话题广泛,而关于存在的结构这一主题已经被挑选出来,特别是关于显圣者(完人)的论题显然是非常重要的。巴布认为真正的存在仅属于上帝,但是由于先知和伊玛目与上帝的特殊关系,他们在一定程度上是存在的。只有忠诚于上帝的显圣者即先知和伊玛目,普通人才获得存在。他说:

> 他(上帝)是无与伦比者,既不能通过灵性的直觉也不能通过各种证明来直接获取他的知识,因为除他之外万物都是非存在。他是上帝,无人能和他在一起,他是他自身。因此他

---

① 巴布首先于 1844 年声称自己是一个伊斯兰教天启的焦点。很久以来,人们认为巴布的第一本主要的著作是他宣教时的 Tafsir surat Yusuf 或 Qayyum al-asma。该书是对古兰经第十二章的评论,主要涉及建立巴布的弥赛亚权威。尽管很长,但不是对其教义的系统陈述。其方式和内容围绕古兰经的资料,是一个新宗教到来的有力证明。但在 Todd Lawson 看来,巴布所作的第一篇主要的著作的确是对古兰经的评论,但和 Qayyum al-asma 具有明显的不同特征,这本著作名是 Tafsir surat al-Baqara,是对古兰经前两章的评论,仅仅以手稿的形式存在,甚至比 Qayyum al-asma 对教义和信仰的阐述还要明确,对于阐明巴布思想的本质有巨大的价值。巴布开始这个更早的著作是由于他的老师、谢赫派领袖 Sayyid Kazim Rashti 启发而写的。这部著作的中心问题是关于伊玛目或先知人物及灵性保护制度。

怎么能够被不存在者所认识呢？然而他在一定可能性的范围
内，在可能发生的世界，通过先知和伊玛目来认识。除了伊玛
目外，上帝的仆人和创造物对这种知识的认识是没有区别的，
他是通过其征象或标志被见证的。①

　　从这里可以看出，巴布认为，只有先知和伊玛目才是连接非存
在的世界与真正的存在界之间的媒介，是神圣保护的承载者，通过
这种灵性的权威，普通人才能获得相应的存在形式。并且获得这
种存在的程度与一个人承认伊玛目权威的程度成比例的。他强
调，人们对伊玛目的权威越忠诚，他们各自存在的程度就越大。

　　在西方哲学的传统中，从柏拉图到黑格尔，存在着把世界一分
为二的做法。如何分割世界、如何命名以及如何解释被分割的两
个世界之间的关系，每个哲学家都有自己的思路。但是从总体上
看，超验世界与生活世界的分割是普遍的致思之路。在此思维架
构的影响下，以往很多的哲学家或神学家都认为，神圣之物、上帝、
理念居于超验世界，世俗的人与事组成日常经验世界与科学世界。
上帝的超验世界与人的世俗世界是隔绝的，前者是后者的意义源
泉或根源，后者是前者的摹本或创造物。而在巴布这里，上帝作为
惟一的实在，是一种最高的绝对存在。而且，这一作为存在的本体
论特质不仅仅是上帝的内在特征，而且是上帝所独有的。除了终
极存在外，别无所有，别无存在。人和其他造物在多大程度上存
在，是根据其认识上帝、认识显圣者的程度来定的。

---

　　① The Báb, Baq 10，转引自 Todd Lawson, The Structure of Existence in the Báb's Tafsir and the Perfect Man Motif, Studia Iranica. Cahiers Ⅱ, 1992, p87.

第二节　上帝是造物之主、宇宙法则的制定者

在巴布看来,上帝是万物存在的本源,世界上万物的产生都可以推及到终极原因和最初源头,即造物主——上帝。他说:

当如此说,上帝是主,万民皆是他的崇拜者。

当如此说,上帝是真实者,万民皆臣服他。

这是上帝,你的主,你将回归于他。对上帝还有任何怀疑吗? 他创造了你以及万物。万千世界之主就是他。①

主(上帝)乃是受崇拜的,他的手乃是统权之源。他,凭着他命谕之圣字"有",创生他所愿意创生的一切,于是,一切便有了。迄今,他乃是权威之力量,且今后这仍是他的。通过他的命谕之效力,他乐意让谁获胜,谁就获胜。确实,他乃是威力者,全能者。在天启之王国和造物之王国以及其间的任何王国里,所有的荣耀与主权都属于他。诚然,他乃是有力者,无比荣耀者。自古以来,他一直是勇往直前的力量之源,而且,将永远如此。他确实是力量与威权之主。天上、地上以及天地间的所有王国都属于上帝,而且,他的威权高于一切。地上、天上及其间的一切宝藏都是他的,而且,他真确地是万物的见证者。他乃是所有居于天上、地上以及天地间的一切之创造者。他乃是所有居于天上、地上以及天地间者的报应

---

① The Báb, Selections from the Writings of the Báb, Baha'I World Centre, Haifa, 1976. p153.

之主,而且,真确地,上帝之惩罚是迅速的。他为天上、地上及天地间的一切制定了法则。真确地,他乃是至高的保护者。他掌握着天、地及天地间一切的钥匙。凭着他的喜好,通过他的命谕之力量,他赋赐天资。确实,他的恩典包容一切,而他乃是全知者。①

在巴布看来,上帝创生一切,所有造物皆源于上帝。因此,上帝是万物之源,宇宙之父,万父之父,世界的创造者。作为造物主的上帝是独一无二的。在整个宇宙中,包括所有居于天上、地上以及天地间存在着一个统一的秩序和法则。包括日月星辰在内的宇宙万物都服从和遵循着这一法则,失去了这一法则的支配,世界便无法存在。上帝是宇宙法则的制定者和执行者。而事实上,上帝本身就是法则,支配和统治宇宙的这一法则就是上帝。上帝时时处处存在,统治着万物,他既是自然世界的精神法则,又是精神世界的自然法则。

巴布进一步认为,自然法则是上帝的意志和力量,它维护着世界的和谐与秩序。在巴布看来,自然法则只不过是上帝力量和意志的运行方式。正是基于这一信念,巴布非常重视食物疗法。巴布曾经说过,巴哈之民必须把医学发展到极高的水平,他们将利用食物来治疗疾病。食物疗法的基本原理是:假如人体内某种成分出现了不平衡,改变了它与整体之间适当的相对的比例,就将不可避免地导致疾病的袭击。比方说,假如淀粉质不适当地增加,或者糖分降低,疾病就会乘虚而入。医术高明的医生,其职责就是确定

---

① 巴哈伊世界中心编辑部:《神圣辅助的力量》,澳门:新纪元国际出版社1994年版,第12—14页。

病人体内哪些成分减少了,哪些成分增加了。一旦弄清这些情况以后,他就必须开出一张食疗方,让病人进食含有适当分量病人所缺成分的食物。以此为病人的身体重建必要的平衡。病人身体的组成成分一旦再度平衡,疾痛就可消除。食疗的旁证是:其他动物从来不曾学习医学,也未研究过病理学或药理学,更不懂治疗之道,即使如此,当某只动物得病时,大自然就会引导它走到草地或沙漠里的某棵植物那里去,一旦把那棵植物吃下,动物的病就消除了。对这种现象的解释是:比方说,动物身体内的糖分减少时,根据自然规律,那动物会极渴求一种含糖分丰富的植物。这样,出于自然的迫切需要,即动物的食欲,在那一大片上千种不同的植物当中,动物找到了那种含糖分极高的草吃下。如此,构成动物身体的至关重要的物质平衡又重新建立起来,该动物就摆脱了疾病。①

巴布认为,作为宇宙法则的制定者,上帝乃是伟大仁慈的医师,只有他才能给予人类真正的治疗。而对于那些崇拜、信仰上帝的造物们,上帝也会时时眷顾他们的:

> 诚然,我是上帝,除我之外无上帝,除我之外之一切皆是我的造物。当如此说,崇拜我吧,我的造物。我造生你,养育你,保护你,爱你,提拔你,仁慈地拣选你作为我自身的显现,使你能够按照我所命定的背诵我的言辞,并号召任何我所创造的人加入我的宗教,即荣耀与崇高之圣道。②

---

① 参见阿布杜巴哈《阿布杜巴哈著作选集》,澳门:新纪元国际出版社 2004 年版,第 136 页。

② The Báb, Selections from the Writings of the Báb, Baha'I World Centre, Haifa, 1976, p158.

一切造物皆源于上帝，也只能通过上帝才得到实现其自身存在。只有通过上帝，万物才得以生存。

第三节 上帝是至高至善的救世之主

在巴布那里，上帝是全智、全能的最高主宰。他说："上帝啊，你是受崇拜的，你是天、地及天地间之一切的创造者。你是拥有最高权力的主，最神圣者、全能者、全智者。"①"他是受赞美与荣耀的，是天上、地下及其间万物至高的主。当如此说，诚然，万物都回归向他，而他凭其令谕引领任何他所喜悦的人。当如此说，全人类都恳求他的祝福，而他是超越于一切受造之物。他诚然是最荣耀的、伟大的，最受爱戴的。"②

对于巴布来说，上帝是最高至神，无处不在，无所不包。他说："主啊！凭着你的命谕，通过天上、地上及天地间之神兵天将，你致使你所愿者获胜。你乃是拥有最高主权者，是永恒之真理，是无敌的力量之主。"③这个最高至神是一种无形的力量，神秘莫测，无法描述，独一无二。这一为人所见的神秘精神能为人的本能所感知，但不能为人所完全理解。人的理智无法知晓这个最高至神，他在人的理智的触及和掌握之外。

上帝也象征着至善。我们周围的一切永远在变化、在死亡。

① 巴哈伊世界中心编辑部：《神圣辅助的力量》，澳门：新纪元国际出版社1994年版，第14页。
② The Báb, Tablet to the First Letter of the Living, Selections from the Writings of the Báb, Baha'I World Centre, Haifa, 1976, p 9.
③ 巴哈伊世界中心编辑部：《神圣辅助的力量》，澳门：新纪元国际出版社1994年版，第14—15页。

但同时,在这一切变化的下面,有一个恒久不变的活生生的力量,将万物凝聚在一起,创造、消融、再创造。这个无形的力量或精神就是上帝。这个力量不是至恶,而是至善至慈,因为在死亡之中,生命在持续,在非真理之中,真理在持续,在黑暗之中,光明在持续。因此,神是至善的化身,是生命、真理、光明、仁慈。巴布说:

> 在祈祷时必须独处一室的理由是,你乃可全神贯注于上帝的怀念,你的心在任何时候为他的圣灵所激励,而不是被面纱隔离于你最钟爱者之外。勿以你的唇舌之言语赞扬上帝,而心却没有转向那崇高的荣耀之顶峰,转向那灵交之焦点。因此如果碰巧你生活在复活之日,你的心之镜将朝向他——真理之曙星,只要他的光芒一发射出来,其光辉就会反射到你心里。因为他是一切善之源,万物也回归于他。[①]

> 你(上帝)仁慈的赐福包围了天上、地上的创造物,你的宽恕超越了整个创造界。你有主权,创造与启示的国度都握在你的手里。你的右手握着一切创造物,掌握着宽恕的准则,你按照你的意愿宽恕你的仆役。的确,你是永远宽恕的、博爱的。[②]

> 啊! 我的上帝! 通过你的恩泽保护我们免于堕入违犯你圣意的错误中,并赋予我们切合你的圣意的事物。通过你的恩惠,充分的赐给我们、祝福我们,原谅我们的所作所为,洗清

---

① The Báb, The Persian Bayan Ⅸ, 4, Selections from the Writings of the Báb, Baha'I World Centre, Haifa, 1976, pp. 93 - 94.

② The Báb, Prayers and Meditations, Selections from the Writings of the Báb, Baha'I World Centre, Haifa, 1976, p178.

我们的罪过,仁慈的宽恕我们。①

　　我的上帝啊! 你崇高的本质,远远的超越了任何人所寻求的仁爱与恩惠;你至高的荣耀,远远的超越了任何人所寻求的馈赠与慈悲;你太高尚了,远远的超越了任何人所祈求你的仁慈的供养及慈爱的眷顾;你的荣光太过圣洁了,远远的超越了任何人能祈求你的祝福之雨及你的天恩。你对整个天地间的国度赋有多重恩惠,你的荣耀无可测量、无可比拟。②

　　我的主啊! 我向你寻求庇护,全心贯注在你的一切征兆。主啊! 无论家居或旅行,从事事业或工作,我都全心地信赖你。赐我充分的援助,使我能自立于一切事物,你的慈悲是超乎一切的。主啊! 如你所愿,赏赐我并使我满足于你所注定给予我的一切。你是拥有绝对权柄,统领一切的。③

　　巴布认为,上帝是救世之主。他说:"除了上帝,还有谁能解除困难呢? 当如此说:赞美归于上帝! 他是上帝! 万人都是他的仆役,万人也遵行他的吩咐!"④祈求上帝的帮助,上帝就会为我们解决一切困难。同时上帝还给予我们战胜困难的信心、力量和勇气。危机和胜利是辩证的,巴布这样激励他的门徒:"不要在意你们的懦弱与缺陷,把你们的目光注视在主——你们的上帝,那全能者之无敌力量上。在过去,难道他不曾使表面上无依无靠的亚伯

---

①　The Báb, Prayers and Meditations, Selections from the Writings of the Báb, Baha'I World Centre, Haifa, 1976, p178.

②　Ibid, p187.

③　《巴哈伊祷文》,澳门:新纪元国际出版社2000年版,第5页。

④　同上书,第105页。

拉罕战胜了尼禄的部队吗？难道他不曾使仅以一根木棍为伴的摩西击败了法老及其军队吗？难道他不曾为那位在人们眼里贫穷而卑微的耶稣建立起超越了整个犹太民族之联合力量的权势吗？难道他不曾使野蛮而好战的阿拉伯部落归顺于他的先知穆罕默德神圣而具有变革性的戒律吗？在他的圣名下奋起吧，你们要完全信赖他，并坚信最终必将获得胜利。"①

在巴布看来，当人们在困难、无助、没有信心时，当人们需要寻求安全的港湾时，就要求助于上帝的慈善与恩赐，还是要回归于上帝。"人类来源于上帝，并将回归于他。全人类将要在他面前接受审判，他是复活、重生及报应之日的主，而他启示的话语即是真理。"②

第四节　认识上帝之道

巴布在阐述有关宗教的基本原则与教义的问题时指出：你应当知道宗教的第一与首要条件是认识上帝，在承认他神圣统一中获得圆满；反过来，在欢呼他神圣与崇高之圣所、至高威严之地，乃圣洁于一切属性时，必然到达其完美的境界。③ 在巴布看来，人类被上帝创造的目的就是认识上帝——我们的创造者。如果人类认识了上帝，生命的意义才能得以显现。上帝赋予人类的智慧和仁爱，就是为了让人类能领悟到他的存在、他的荣耀。

① Shoghi Effendi, The Dawn-Breakers, Bahá'í Publishing Trust, Wilmette, Illinois,1996,p94.

② The Báb,Selections from the Writings of the Báb,Baha'I World Centre,Haifa, 1976, p157.

③ The Báb, The Seven Proofs, Selections from the Writings of the Báb, Baha'I World Centre,Haifa,1976,p117.

　　然而,巴布认为,人类却又无法直接认识上帝。因为上帝的无比伟大和至高无上,人类无法凭自身的想象所形容,也无法凭自身的力量去企及。就像地球上的生物依赖太阳一样,太阳给予我们光和热,也就给予了我们生命。假如失去了它的光辉,世间一切生命都将不复存在。可是,我们也不能太接近太阳,不能一直走向它,否则,我们将被灼伤甚至焚毁。上帝无限无形无体,人有限有形有体,倘若以有限去度无限,以有形去度无形,以有体去度无体,那自然是不可能的。① 巴哈伊学者陈丽新女士认为:"由于我们对事物的认识,即使是对被造物的有限的事物的认识,也只是对其特性而非对其本质的了解,当然就更无法在本质上领悟那无限的神圣实质即上帝之存在了。"②

　　巴布眼中的上帝是如此之伟大,以至无法为人类完全认知,或描述出完整和准确的形象,所以巴布对于上帝常常使用一些称号,如"全能者"、"全智者"或"至爱者"等。对于这样一个至高无上的上帝,人的认识是不能达到的,因为上帝的地位太高超,是赋予理解力者之手所不及;上帝的内涵太深奥,是人的心智与领悟之河所无法流溢的。③ 上帝的话语之最深层意义是超越、独立于言语之外的,所以上帝的话语也是人们不能完全理解的。根据巴布的观点,上帝的话语是含义丰富、无穷的,尽管在许多伊斯兰教传统说法中提及上帝的诗节有多重意义,甚至根据以前的记载包含了

---

　　① 李绍白:《人类新曙光——巴哈伊信仰》,澳门:新纪元国际出版社 2001年版,第6页。

　　② 蔡德贵主编:《东方著名哲学家评传·西亚北非卷》,山东人民出版社 2000年版,第536页。

　　③ The Báb, Prayers and Meditations, Selections from the Writings of the Báb, Baha'I World Centre, Haifa, 1976, p195.

7700 种内在含义。但巴布认为由于人们缺乏见证真理的能力,所以才会对上帝话语的理解有这种限制,其实《古兰经》字母的含义远远超过这个数字,就像原子的数量是无穷的。① 此外,上帝的话语不仅是多样的,而且还是多层次的,根据人们的理解水平不同,对上帝话语理解的层次也是不同的。即使是同样的字母和单词组成的话语,由上帝的显圣者说出还是由普通人说出是不一样的。个人的灵性地位(这种灵性地位是由个人对显示者的认识为条件的)决定了个人对上帝话语的理解水平,只有显示者对上帝话语的理解是多样性的,而普通的人无法完全理解上帝话语的多重内涵。在伊斯兰教中有一个经外传说阐述了上帝话语的不可知性:过去启示期所有经文的要义都可以在《古兰经》中找到,而《古兰经》本身的要义又在开头一章中,该章的要义又体现在第一节经文中,第一节经文整节的要义又包含在第一个字母 B 中(阿拉伯文的第二个字母的下面有一个点),包含在该字母中的全部内容又浓缩在它下面的那个点上。这似乎是在表明,圣言在本质上是超凡的,远远超出了人的理解范围。而巴布启示了卷帙超凡的圣典,对其中的单个字母也进行了解释,论述了内在的意义。例如在评论《古兰经》中的时光章(103 章)时,他用了多达 3000 节经文来解释该章中第一个字母 V 的意义。②

可见,作为"隐秘"的上帝,他是不可认识、无法描述并远离他的创造物的,人类永远也无法直接面对他,只能对他超越的本质遥

---

① Naider Siaedi, Gate of the Heart—Understanding the Writing of the Báb, Wilfrid Laurier University Press, 2008, p61.

② 阿迪卜·塔赫扎德:《巴哈欧拉启示录》第一卷,曾佑昌译,澳门:新纪元国际出版社 2006 年版,第 36 页。

表敬意。而就上帝"显现"的方面来言,他又是可以并且愿意被人类所认识的。那么人类是如何与上帝相遇的?上帝又是怎样显示其恩威、实现其意志的呢?巴布认为,必须要有一个能沟通人类与上帝的中介者,这便是先知。先知被认为是上帝意志的显示者,他们使人类与那不可知者、那神圣的本体产生联系,他把上帝的指引与光辉送给人类。正如巴布所说:"在这个存在的世界,除了经由认识那神圣实体之黎明者(显示者)外,人们永远无法认识上帝。"[1]"上帝拣选其显圣者传达他的旨意:我造生你,养育你,保护你,爱你,提拔你,仁慈地拣选你作为我自身的显现,使你能够按照我所命定的背诵我的言辞,并号召任何我所创造的人加入我的宗教,即荣耀与崇高之圣道。"[2]

在一篇书简中,巴布在列举"上帝将使之显圣的他"(指下一位显圣者)的能力、特性和崇高地位时说,在他将要显圣的日子,任何人都有可能被认定为上帝的先知,一个从无始之始至无终之终的先知。他还说,除了通过"上帝将使之显圣的他"以外,上帝的意志永远不会得到实现。[3]巴布在《白杨经》(Ⅷ.19)中向人们阐述了认识上帝之显示者的重要性,他指出:

就像《白杨经》原点的显示那样,有些人每天从晚到早都在忙于崇拜上帝,以至于当真理之辰星就要接近启示的天堂

① The Báb,The Seven Proofs,Selections from the Writings of the Báb,Baha'I World Centre,Haifa,1976,p117.

② The Báb,Selections from the Writings of the Báb,Baha'I World Centre,Haifa,1976,pp.158-159.

③ Adib Taherzadeh,The Revelation of Baha'u'llah V2,George Ronald Publisher,1987,p182.

之顶点时,他们还没有离开祈祷的地毯。如果他们中任何人曾听到背诵上帝的奇妙诗文进入他的耳朵,他将会大喊:为什么你使我从我的祈祷中回来呢?被蒙蔽的人们啊,如果你提及上帝,为何却把自己封闭而拒绝那点亮心中崇拜之光的人呢?如果他以前没有启示这样的劝告:"真确地使你提及上帝",是什么促使你忠诚于上帝呢?你将向何处祈祷呢?

无论什么时候你提及上帝的显示者,你难道仅仅确定只是提及了上帝。你应该用同样的方式倾听《白杨经》的诗节并且承认它的真理,只有这样所显示的上帝的诗节才会受益于你,否则你从中会得到什么呢?因为你从生命的开始到结束使自己拜倒在对上帝的崇拜中,度过所有的时间来回忆上帝的恩惠,而不相信上帝在不同时代所启示的解释者,你能想象到这些行为将会有任何的收获吗?另一方面,如果你相信他,全然的承认他,他就会说:我已经接受了你,你用整个的生命来崇拜我。这样你才能确实去真正的崇拜他。

履行这些行为的目的是上帝可以仁慈的接受他们,只有通过接受他的启示者,这样才能被上帝神圣地接受他们。例如,如果上帝的传道者可以把神圣的祝福给予他,上帝才能真正的接受他。否则这个人只能沉浸在自私的欲望中,而不会达到上帝的尊前。同样任何行为被《白杨经》的原点所接受,就能被上帝所接受。因为就象在世俗的世界没有其他的方法达到上帝的尊前一样,无论什么信息都要通过上帝的启示者来传达。①

① The Báb,The Persian Bayan Ⅷ,19,Selections from the Writings of the Báb, Baha'I World Centre,Haifa,1976,pp.80-81.

在《七个证明》中,巴布这样教导他的门徒们:"你已经询问到关于宗教的基本原则和它的条例:了解宗教第一和首要的条件是要了解上帝的知识。认识他的神圣统一达到极点,达到他神圣和尊贵的神殿,他卓越的、最高权威的宝座,就会被赋予他所有的神圣的特征。在这个世界上你要了解上帝的知识只有通过神圣统一的黎明(显现者)的知识才能达到。"①

需要指出的是,巴布这里的先知与其他宗教的先知有所不同。在许多宗教中,先知有两种:一种是非常杰出、优秀的虔诚宗教徒,如约翰、易卜拉欣等,只具有人性,不具有神圣的特征;另一种先知则能带来新的宗教和启示,如穆罕默德、释迦牟尼等,不仅具有人性还具有神性,被称为独立先知。这种先知身份从根本上区别于人类历史上那些伟大的思想家与哲学家。没有人能够自行"成为"上帝的显圣者,先知都是上帝所特选的。上帝的旨意通过他们而转达给人类,人们只有通过先知才得以与上帝沟通,并感受到上帝的慈爱。于是,只有从先知身上,人类才能找到上帝与人的联结点。巴布这里的先知是专门指能带来新启示的独立先知,被认为是上帝意志的显示者,他们使人类与那不可知者、那神圣的本体产生联系,并把上帝的指引与光辉送给人类。可以说,巴布所说的先知即是上帝在这个世界上的化身和体现,是将人类引向上帝的惟一途径。因此为了与其他宗教经典中提到的先知有所区别,巴布称先知为上帝的显圣者。在巴布著作中,先知、上帝的显圣者、上帝的显示者、原点、应允者、救世主等都是一致的,实际上是指同一个概念,只是在不同的环境中涉及。

---

① The Báb, The Seven Proofs, Selections from the Writings of the Báb, Baha'I World Centre, Haifa, 1976, p117.

但是在现实世界中,由于人们认识能力的有限,往往不能看到上帝显示者之本质。所以,当上帝派遣的每一位显圣者到来时,总会遭到世人的反对和拒绝。正如巴布在《白杨经》里所说:

> 既然人类是在他(上帝)的神性与权力之象征的荫庇下而创造,他们总是倾向于走巍然而崇高的道路。由于他们失去了有辨别力的眼睛而未能认知他们的钟爱者,他们未能在他尊前显示出温顺与谦逊的态度。因此,从他们生命的开始到结束的整个过程里,总是一直在为遵循前一个宗教所制定的律法而虔诚的敬拜上帝,在他神圣实体之尊前躬身,向他的崇高本质表示顺从。然而当上帝新的显圣者显现之时,他们却都将视线转向自己,因而把他拒之门外,因为他们幻想地视他为他们中的一分子,这种比拟是远离上帝之荣耀的。诚然,那威严的存在者类似于太阳,他的话如同其光芒,而所有信徒,如果真正信仰他的话,皆如反射太阳的明镜,他们的光因此只是一种反射。①

不能认识上帝的显圣者,显然是人的悲剧。巴布在《白杨经》中说:

> 如果他(上帝的显圣者)出现了,而你却沉迷于冥想之中,这对你将是无所裨益的,除非你以他启示的话语提及他的圣名。因为在新的启示来临时,你的祈祷对象仍是他——上

---

① The Báb,The Persian Bayan Ⅶ,15,Selections from the Writings of the Báb, Baha'I World Centre,Haifa,1976,p92.

帝之纪念者①。至于现在你所呈现的祈祷,乃是《白杨经》之原点(即巴布)所命定的,而他将在复活之日灿烂发光,是《白杨经》之点所奉祀的内在实体——一个比以前更强有力的、无可测度的启示。②

　　赞美归于上帝,他使我们在复活之日认知上帝的显圣者,因此我们可以获得生存之果实,不会失去到达上帝尊前的机会,因为这的确是我们创造的目标以及我们可能表现的每一道德行为背后的惟一目标,这是上帝赋予我们的恩惠。诚然,他是最慷慨的、仁慈的。你当知道,如果你有坚定的信仰,就能成功地做到这点;然而,你不能达到信仰坚定之境界,尽管你没有意识到,由于你的私欲的面纱所阻碍,你将停滞在狱火中。在他的显现之日,即使你从事正义的行为,没有谁能把你从狱火中拯救出来,除非你真正相信他。如果你认识了他的真理,如上帝圣书上所记载,每一件美好与顺心之事将会降临于你,你将因此欢欣于至高的天堂,直到下一个复活之日为止。③

　　显然,所有的先知都代表上帝圣道,但每一位显圣者都有不同的地位和使命。他们的差别与受造物的世界有关,也与受造物的局限性有关。人类的社会是一个时代紧跟着另一个时代而发展的。一个时代总要被另一个新时代所代替。在巴布看来,每一个

---

①　上帝之纪念者:指以前的上帝显圣者。

②　The Báb,The Persian Bayan Ⅸ,4,Selections from the Writings of the Báb, Baha'I World Centre,Haifa,1976,p94.

③　The Báb,The Persian Bayan Ⅸ,3,Selections from the Writings of the Báb, Baha'I World Centre,Haifa,1976,p110.

新的时代到来时,上帝都会派一个使者给人类带来新的启示。而
这时以往的先知已经完成了他的历史使命,将由新的先知来开始
一个新时期。追随和服从新的上帝显圣者,才能认识上帝。

第五章　巴布的宗教人生哲学

"我从哪里来？要到哪里去？"既是一个哲学问题，也是一个宗教问题。这个关于人之生与死的问题，从古希腊的哲学家们开始就一直被深深地思考着，它也正是宗教所要解决的问题。古往今来，思想家们对于人生的思考不外乎以下几个方面：人从何而来？包括人的起源、人在宇宙中的地位等问题；人是什么？包括人的本性、人的本质等问题；人生的目的和归宿何在？包括人生价值、理想境界，当然还包含着对死亡问题的思考等。本文拟从以下几个方面来考察巴布的宗教人生哲学思想。

第一节　人性论

人性论讨论的是关于人的本性的问题，如人生来是善的还是恶的。一般说来，宗教在人类起源问题上主张神创论。世界上绝大多数宗教认为，神创造了宇宙自然，创造了人类和世界万物。如，基督教认为，上帝按照自己的意志，在七天之内创造了天地万物，并根据自己的形象创造了人。《圣经》里说："神就照着自己的形象造人，乃是照着他的形象造男造女。"（《圣经·创世记》1∶27）伊斯兰教认为，真主用血块和泥土创造了人。《古兰经》说："他用泥创造你们……"(《古兰经》6:2)，"他曾用血块创造人"(《古兰经》96:2)。巴布说：

> 他(上帝)是创造者，是一切生物的泉源。①
>
> 人类来源于上帝并将回归于他。②
>
> 诚然，我是上帝，除我之外无上帝，除我之外之一切皆是我的造物。当如此说，崇拜我吧，我的造物。③
>
> 上帝已经把万物的统一之灵赋予给人类的灵性。因而如果一个信仰者坐在一片土地上，那片土地的灵变得安静、快乐；而一个非信仰者坐在那里，那片土地的灵则变得不安。④

巴布对基督教、伊斯兰教有关上帝根据自己的影像造人的观点显然是认同的，但又赋予了自己的新意。人与动物的区别，就在于人是上帝按照自己的影像造出来的。在巴布看来，人是上帝的影像，这种影像并非指外貌，而指上帝的本质特性，如公正、仁爱、忠贞、诚实、慈悲等。因此，上帝的影像是指上帝的美德，人理应成为上帝神性之光的器皿，从而形成上帝的影像。"上帝之种种完美与神圣美德，都反映和启示于人之真谛里，就像太阳之光芒照射在一个光洁的镜子上被完全璀璨地反射。因此，同样的，圣美之品

---

① The Báb, Selections from the Writings of the Báb, Baha'I World Centre, Haifa, 1976, p211.

② Ibid, p157.

③ Ibid, p158.

④ Edward Granville Browne, A summary of the Persian Bayan 5:4, Selections from the Writings of E. G. Browne on the Babi and Baha'i Religions, George Ronald, 1987, p362.

质与特征也从一颗纯洁的心灵深处闪耀出来。这就是人乃上帝最高贵之创造物的一个证据。"①

按照很多基督徒的说法，虽然人类始祖亚当是上帝按照自己的影像创造出来的，最初具有神的属性、与神处于一种和谐的关系之中，但后来亚当经不住诱惑违背上帝的神圣诫命，偷食了禁果，犯下了"原罪"。自此，人类就失去了本来所具有的上帝的影像和"原始的公义"，败坏了人类最初的善良本性。因此在基督教看来，人是有罪的，人的现实本性是恶的。

综观中外伦理思想各流派，没有任何思想家或学派会忽视对人的本性问题的研究，对此问题的解答便成为他们各自的思想体系的出发点。古今中外的人性观点虽然很多，但大致可分为四种观点：性恶论、性善论、有善有恶论、无善无恶论。就世界范围内影响较大的伦理体系而言，基督教伦理在西方社会生活中占主导地位，儒家伦理则在中国和一些周边国家起着主导作用。前者的人性论以"原罪说"作为思想基础，后者则主要建立在"性善论"的观点上。②

儒家认为人性是善的。孔子说："天生德予余"(《论语·述而》)、"性相近，习相远"(《论语·阳货》)。孔子认为人的德性是天生的，并且人的本性原本是差不多的，只是由于和外物的接触，才渐渐跟本性远离，各不相同了。孟子发展了这一学说，认为相近的性，就是人生来具有的共同的天赋禀性。他说：

---

① 阿布杜巴哈 1912 年 4 月 30 日在美国伊利诺斯州芝加哥亨得尔大厅"促进有色人种全国协会"第四界年会上的讲演；《巴哈伊》，澳门巴哈伊出版社 1992 年版，第 51 页。
② 虽然荀子主张人性是"恶"的，但从儒家学派的主流观点来看，无疑认为人性是善的。

　　恻隐之心,仁也;羞恶之心,义也;恭敬之心,礼也;是非之
心,智也。仁义礼智,非由外铄我也,我固有之也,弗思耳矣。
(《孟子·尽心下》)

　　孟子认为仁、义、礼、智为向善之性,就是人的本性。但他明确
指出,口、目、耳、鼻、四肢的感官享受,属于自然性,并不是人的本
性。他说:

　　口之于味也,目之于色也,耳之于声也,鼻之于味也,四肢
之于安佚也,君子皆不谓性也。(《孟子·尽心下》)

　　如果说儒家对人性的认识是趋向于"善"的话,那么基督教则
倾向于"恶"。基督教所谓"原罪"的教义即是说,罪恶的根源在人
自身之中,人由于摆脱不了自我中心,因而有罪。其"罪"(sin)不
是法律、社会意义上的违法犯罪,而是指人由于以自我为中心或沉
溺于物欲当中不能自拔,以至于在精神上陷于无限痛苦的一种内
心状态。这是与生俱来的"原罪",是邪恶的根源,正是这种罪,造
成了世间深重的苦难,人类必须为此承受苦难和痛苦。在人性论
方面,巴布和儒家的观点有些相似,认为人的本性是善的。对于基
督教有关原罪的理论,巴布是不能接受的,他也不认为人生来就是
有罪的。巴布和后来的巴哈伊思想家们都认为,既然人是由上帝
所创造的,由于上帝是至善完美的,当然不会把恶的本性赋予人
类,所以,人的先天本质是善的。关于创造人类的问题,正如巴哈
欧拉所认为的,"所有的人都是按上帝规定的性质而被创造的,上
帝是护卫者、自在者。个人的潜能只有借助于你的意志力才能显
现出来。你的行动便能证明这一真理。举例来说,《白杨经》是上

帝对人类的禁戒。在那部经典中,上帝依照他的意愿,命定某些事物为合法的事物,并通过他的至高权能禁止他认为该禁止的事物,那部经书已证明这一点,难道你不能见证吗? 然而,人类却故意违反他的律法。这种行径应归咎于上帝,还是归咎于他们自己呢? 你必须公正地判断。一切善行都源于上帝;一切恶行都出自人类自己”。① 在巴布著作中令人注目的一点是:他很少用 bad、evil 等表示邪恶的词,而常用非善(non-good)、非神圣(non-divine)等词。这表明在巴布这里,二元论原则已经被“精神的实体”、“没有绝对的恶”等一元论原则所代替。② 这一原则与以后的巴哈伊信仰体系所体现的原则是一致的。在巴哈伊教看来,由上帝的神圣意志启示给人类的品质是善的,恶是对善的缺乏。即使在巴哈伊的文学著作中也很少用魔鬼(devil)和撒旦(Satan)等之类的词,被巴布和巴哈欧拉称为“魔鬼似的”(devilish)惟一的事物是指影响人类的低级本性,因为它使人的所有的能量都是为了各种欲望的满足。③

　　在巴布看来,人的本性是善的,恶是不存在的,只是缺少了善的美质。对于这一点,巴布和后来巴哈伊教的代表性思想家都做过很多的阐释,认为那些理性的真实,比如人的一切高尚品质和可赞的完美都是纯善的、存在的,恶则是它们的不存在。所以无知是缺乏知识,谬误是缺乏引导,健忘是缺少记忆,愚笨则是缺少良好的感悟。这一切都并不真正存在。同样的,“感性的真实也绝对

　　① 巴哈欧拉:《巴哈欧拉圣典选集》,澳门:新纪元国际出版社 2006 年版,第149 页。

　　② Huschmand Sabet,The heavens are Cleft Asunder,George Ronald,Oxford,1975,pp.76.

　　③ Ibid,p76 - 77.

全是好的,恶只是由于它们的不存在。就是说,眼瞎是缺乏视力,耳聋是缺乏听力,贫穷是缺乏财富,疾病是缺乏健康,死亡是缺乏生命,虚弱是缺乏体力。尽管如此,还是会有疑惑出现。如蝎子和毒蛇都是有害的,它们是善的还是恶的呢?它们不都是存在的生命吗?对,蝎子对人来说是恶,蛇对人来说也是恶,但对它们自己却不是恶,因为它们的毒液是它们的武器,它们用毒刺来保护自己。只是由于毒液中的元素与我们不合。就是说,因为这些不同的元素之间有对抗性,才成了恶;而事实上对于它们自身,一切都是善的。以上论述概括起来就是,某物对他物而言也许是恶的,但在其适当的极限之内,它同时也可以不是恶,于是可以证明并没有恶存在;上帝创造的一切,都是善。恶仍是虚无,故死亡是生命之不存,当人不再有生命时,他就死了。黑暗是光明之未现,没有光明时,才是黑暗。光明是存在的,但黑暗并不存在。财富是存在的,然而贫穷并不存在。因而所有的恶显然都可归于不存在。善是存在的,恶并不存在"。①

第二节 人生的理想与价值取向

作为一个宗教思想家,巴布所提出的人生理想,都是以神人关系为背景的,在这一背景中,上帝是人的创造者、主宰者、裁判者,也是至高至善的化身。巴布认为,这种理想人生境界的首要特征就是人对上帝的虔信和服从,人生的追求和目标在于认识上帝,接近上帝,即对至善的追求。这是一种发自内心深处的对

① 阿博都巴哈:《已答之问》,澳门:新纪元国际出版社 2004 年版,第 237—238 页。

上帝的崇拜。只有这样,才能达到一种接近上帝的理想状态,即"天堂"。正如阿布杜巴哈所指出,"人的最终完善境界是对上帝的绝对服役"①。巴布说:

> 主啊,你的圣名是荣耀的,你实际上是我的上帝、我所至爱者,我须以你为避难所。你是我的主,你是拥有我者,我须寻求你的保护。你实际上是我的主人、我的圣堂,我须逃向你。你的确是我的宝库,我渴望的目标,我须祈求你。你实际上是我最高的热望、我至高的渴慕,我须在你面前恳求你。除了热望你天庭的恩泽以外,一切希望都已受挫;除了通向你的祝福之门以外,每一扇门都已阻塞。我的主啊,我祈求你,你是最辉煌的光辉,每一个灵魂都谦卑地臣服在你的光辉下……这光辉使火萤成光、使死者生、使难者易。我祈求你以这伟大的神奇光辉,以你至高主权的荣光,通向你的恩惠,把我们改变成你所拥有的属性。力量之主啊,使我们成为你的光辉的源泉,并且仁慈地赐福我们符合你的尊贵的事物。因为主啊,我已向你高举祈求的双手,我已发现你是我的保护者,我已把自己付托于你。主啊,我已完全信赖于你,凭着你我才能得以强大。②

> 我的上帝啊! 除了你以外,没有任何人能减轻我心灵上的痛苦。我的上苍啊,你是我最高的热望。我的心除了你及

---

①　威廉·哈彻、道格拉斯·马丁:《巴哈伊信仰——新兴的世界宗教》,澳门:新纪元国际出版社 1999 年版,第 116 页。

②　The Báb, Selections from the Writings of the Báb, Baha'I World Centre, Haifa, 1976, pp. 179 – 180.

你所眷爱者之外,不与他物结合。我严正地宣称,我的生与死都是为了你。真确的,你是无以匹比的,你是独一的。①

巴布的人生态度是建立在坚定的宗教信仰之上的,认为上帝会给人们荣耀和力量。在巴布短暂的人生中,经历了无数的困苦和磨难,但他始终保持着坚定的生存信念和乐观的生活态度,主要原因就是他有着虔诚的宗教信仰。对他来说,信仰高于生命,神性的追求高于一切。因而,信仰上帝是巴布对待生活的第一要义。同样,他也时刻要求他的门徒们坚定对上帝的信仰。他说:

> 你的信仰应当坚若磐石不可动摇,应能抗衡暴风雨并安然度过每一个灾难,莫要让愚人的责难阻碍你实现自己的目标。因为,你是第一个离开上帝之居所并为他受苦的人。若你在圣途中遭人杀戮,那么,你当铭记,你会得到很高的报酬,善美的赠礼将惠赐于你。②
> 切莫顾忌你的弱点和本身的脆弱,将你们的目光盯在主无敌的威力上,盯在全能的上帝无敌的威力上……以主之名奋起,将你们的信心托付给他,并对最后的胜利坚信不疑。③

凭着这些话语,巴布鼓舞了众门徒的信心,鞭策他们履行肩负的任务。一般来说,宗教的人生理想更加强调精神价值,从而轻视

---

① The Báb, Selections from the Writings of the Báb, Baha'I World Centre, Haifa, 1976, p204.

② 威廉·西尔斯:《释放太阳》,澳门:新纪元国际出版社 1997 年版,第 20 页。

③ 同上书,第 21 页。

物质需要,强调节制世俗欲望甚至实行禁欲主义和苦行生活。但巴布在重视灵性发展的同时,并不轻视现实的物质生活。在现世中,巴布主张人们通过信仰积极地去寻求一种高尚的灵性生活,同时,也应该争取正当的物质需要的满足。在《名号经》中,巴布说:

> 　　有许多人一生中以丝袍装扮自己,他们却脱掉神圣引导与正义之袍,穿上狱火之衣;有许多人一生中以棉衣粗布装扮自己,而由于他们被赋予了神圣引导与正义之袍,他们真实地以天堂之衣修饰,讨神之喜悦。在上帝的眼里最好结合两者,即以神圣引导与正义之袍来装饰自身,如果你有能力负担的话,再穿着精致的丝绸就更好了。否则,你至少不能以不正当手段而是要遵循虔诚与美德。①

很显然,巴布虽然认为人们应注重灵性的提升与精神的发展,但他同时也认为物质生活是必不可少的。当然,承认现世的物质的需求并不是贪欲。巴布思想并不像其他一些宗教那样一味地宣传追求来世的幸福,而轻视现世的生活。如基督教宣扬,为了赎罪,人们必须忍让服从,忍受世间的种种苦难。特别是中世纪的天主教,则完全反对人类世俗的合理欲求,倒向了一种僧侣式的禁欲主义。也正因如此,基督教成为一种以对上帝基督和天国的信仰作为根本宗旨的宗教,使人们的目标投向了"彼岸世界"。而巴布及后来的巴哈伊教思想家们与儒家的入世思想倒有相似之处,都赞成合乎人性的世俗生活,主张对人们的世俗生活和物质需要给

---

① The Bab, Selections from the Writings of the Bab, Baha'I World Centre, Haifa, 1976, p148.

予充分的关注。当然,巴布的人生哲学也丝毫没有轻视那种灵魂对现实世界的超越精神。

第三节 人生的归宿

一般的宗教都认为,死亡是人的肉体生命的结束,但并不是人生的终结。肉体有生死,灵魂却是不死的。所以很多宗教都有对人死后的灵魂、天堂、末日审判等的宣扬。巴布著作中一个重要的部分,就是他对末日复活、天堂、地狱、死亡、灵魂、末日审判术语的阐释。他认为,复活指的是当真理之阳(上帝)的一个新的显示者出现时,那些沉睡在无知、放纵和贪欲的坟墓中的人,其灵性的觉醒。末日审判是指新显圣者出现时,通过接受或拒绝他的启示,绵羊从山羊中分开。因为绵羊听到了牧羊人的声音,并且跟随着他。天堂是一种认识上帝、爱上帝的快乐,是通过上帝的显示者之启示,一个人死后能得以进入上帝之天国并得到永生,从而获得最完美的境界。地狱是由于没能认识上帝,因而不能达到神圣的完美境界,从而也失去了永恒的恩惠。他明确宣称上述术语如果离开了这些规定就没有真正的意义,现在所流行的关于身体的复活、物质的天堂和地狱及与此相似的东西等仅仅是一种想象的虚构。他教导人类,死后会有生命的存在,并且来世之趋向完美的进程是无限的。[①]

一、死亡与灵魂

与很多宗教一样,巴布认为,人是由灵魂和肉体两部分组成

---

① 参见 J. E. Eslemont, An Introduction to the Bahai Faith: Baha' u'llah and the New Era, Baha'I Publishing Trust, Wilmette, Illinois, 1970, pp. 20 − 21。

的。人的死亡只是肉体的死亡,灵魂是不死的。每个人都拥有一个独特的、理性的灵魂。在此生,灵魂与肉体相关联,犹如太阳之于地球,它赋予肉体以活力,是一个人的真正自我。虽然灵魂无法用物质的仪器来测度,却可以通过每个人的个性特征而表现自身。灵魂是爱与同情、信念与勇气及其他诸如此类的"人性"品质的核心,而仅仅把人看成一种动物或一架复杂的生物机器是无法解释这些品质的。

在对待灵魂与肉体的关系上,巴布特别关注人的灵魂,推崇人的精神生活,主张人们应追求精神快乐,并表达出了向神性靠拢、皈依上帝的思想。巴布把精神能力的发展看成是人类生存的终极和根本目的,因为这种精神能力将永生不灭。而肉体的能力,无论多么重要,都不过是昙花一现。灵魂不是像肉体那样由元素构成的,它也就不会分解,即不会死亡。灵魂及其能力是永生的,人类必须致力于发展自身永生不灭的精神能力。在这一点上,巴布与传统宗教思想是一致的,但是与传统宗教思想又有所不同。因为他认为,重视灵魂并非贬低肉体能力,也不意味着肉体和精神能力之间水火不容;相反,人们要学会正确使用肉体能力来帮助精神的成长和发展。巴布在《白杨经》中谈到肉体与灵魂的关系时说:

> 既然人的躯体是内在心灵殿堂(灵魂)的寓所,无论前者(躯体)发生什么都会被后者(灵魂)所感知。事实上,由于欢心之事引起的喜悦,还是痛苦之事引起的悲伤都是人心灵的殿堂(灵魂)而不是外在的躯体本身所感知的。既然心灵殿堂(灵魂)所建造的根基是人的躯体,上帝命定躯体在一定程度上尽可能保护灵魂,因此(人的躯体)没有什么可以引起厌恶的。心灵殿堂(灵魂)把外在的躯体看做它的寓所。于是

如果后者受到尊敬,好像前者也是应当受到尊敬的,反之亦同理。因此,已经被命定的事实是,死亡的躯体应该受到终极的荣耀与尊敬。①

在这里,巴布强调注重精神与灵性的追求,灵魂高于肉体。同时,在阐述肉体与灵魂的关系时,他又强调肉体与灵魂并重。人死后灵魂在另一个世界存在与发展,然而,肉体也应该受到尊敬,"死亡的躯体应该受到终极的荣耀与尊敬"。在《论语·为政》第五节中,孔子也说过:"生,事之以礼;死,葬之以礼,祭之以礼。"意思是说,对待一个人(特别是父母长辈),当他活着的时候要以礼相待,在死后也要好好地安葬、祭祀,以礼对待他的躯体(尸体)。比较来看,巴布和孔子一样,都主张善待和尊敬死亡的躯体。"巴布在《白杨经》上规定,死者应被装在用水晶或磨光的石料做成的棺材里埋葬于土中。守基·阿芬第在一封由他人代写的书信中说明,这条规定的意义在于向人的遗体表示尊重,因为遗体'曾由于人的不朽灵魂而尊贵'。"②

巴布殉道后,其遗体一直被其追随者珍藏,唯恐落入敌人的手中,辗转几十年,直到最终安放在以色列的卡梅尔山上,并修建了巴布陵墓,每年都有成千上万的巴哈伊信众去朝拜。

二、天堂与地狱

关于天堂与地狱,佛教、伊斯兰教、基督教等传统宗教都有大

① The Báb, Selections from the Writings of the Báb, Baha'I World Centre, Haifa, 1976, p95.
② 巴哈欧拉:《亚格达斯经》,澳门:新纪元国际出版社 2007 年版,第 174 页。

量的描绘。

佛教设置无数的地狱，其中的八万四千小狱，即"孤独地狱"，位于大地上面，在山间旷野之中，水上树下等处。"近边地狱"，位于世界边界之外。"八寒地狱"，通常说是极度寒冷的地方。最主要的是"八热地狱"，位于南瞻部洲下面，有的说是地层下二万里深处的地球中心，有热锅火湖烧炙受报者。地狱之王是阎罗王，手下有十八判官和成千上万的差役，内设有法庭以审判受报者，并由鬼卒分掌处置。①

基督教的地狱之说主要来自耶稣在《新约》中的叙述和《启示录》的描述。按照基督教普遍说法，地狱"最凄惨，最痛苦，是世上的言语无法形容的可怕地方"，是"黑暗的无底坑，有不死的虫和不灭的火焚烧，使人昼夜永远受痛苦"，是刑罚魔鬼、关押犯罪的天使以及"恶人受永刑之处"。此外，部分基督徒宣称，不信基督教而不能获得"救赎"者，都要被扔在地狱的火湖里受永刑。一些基督徒认为人必须永远信仰基督教，克制欲望，尊敬上帝，才能不被打入地狱。

另外，这些宗教对天堂的描绘却是无比美好、令人神往的。可以看出，一些宗教对天堂的描绘中，虽有灵魂的升华，但从另一方面看，也有很多的是物质上的富足，这里几乎能够满足人的所有物质上的欲望。无论绫罗绸缎、锦衣玉食、珠光宝气，还是美女如云，往往会成为一些人特别是眷恋物欲的人信仰上的动机。

巴布也承认天堂、地狱是存在的，他说：

　　　　天堂者，能认识及敬爱造物主，而自修完善，俾死后得进

---

① 方立天：《佛教哲学》，长春出版社 2006 年版，第 109 页。

天堂,而享永久之道也。地狱者,不认识造物主,不能修到完善之境,而失却天恩也。至于物质之天堂,地狱等,都是虚妄的想象而已。①

　　天堂乃是他(上帝)的喜悦之获得,永恒的狱火乃是他的公义之审判。②

在巴布那里,"天堂"并非一种实体的存在,只是一个比喻和模拟。因为天堂并非一个物质的地方,而是超越时空——一个灵性的世界。天堂可以看做是接近上帝的一种状态,地狱则是远离上帝的一种状态。每一种状态都是个人在灵性方面努力发展或是缺乏发展的自然结果,灵性进步的钥匙就是跟随上帝显示者所指之道。一个人只要按照上帝的启示和旨意办事,对上帝忠诚,做上帝的仆人,就可以获得幸福,死后进入天堂;反之,违背上帝的意愿,不执行上帝的旨意,就会死后进入地狱,从而远离上帝。所以,天堂与地狱并不是灵魂所居住的地方,而是灵魂所处之状态的名称。

可以看出,巴布认为,人们对上帝的信仰,不能出于对天堂美景的向往,也不能出于对地狱恐怖的惧怕而去信仰,一切应出于对上帝的虔诚,这是一种发自内心深处的对上帝的崇拜。真正巴比的行为动机一定是纯粹的爱,不希望获得回报,也不是害怕惩罚。巴布说:

　　崇拜上帝的方式是:如果你的崇拜导致你陷入火坑,你也

---

　　①　参见爱斯孟《新时代之大同教》,台湾省大同教出版译述委员会 1970 年版,第 11 页。

　　②　The Báb,Selections from the Writings of the Báb,Baha'I World Centre,Haifa,1976,p158.

不应改变你的崇拜；同样，如果你的报偿是天堂的话，你也应坚持下去。如此也唯独如此，才是适宜崇拜惟一真神的方式。如果你因为畏惧而崇拜他，这将不适合他尊前之圣洁天庭，也不能被视为你献身于他存在之一体性之作为。或者如果你的着眼点是天堂，你带着这个希望崇拜上帝，你将使上帝的创造成为与他同格，尽管天堂受人渴望是个事实。

地狱与天堂皆要躬身屈服于上帝尊前。合乎他本质之崇拜方式是因他的缘故而崇拜他，而不是害怕地狱或盼望于天堂。

尽管崇拜者献出真诚的崇拜时，他将被救出火坑，进入上帝的喜悦之天堂，然而这不应该成为他的行为之动机。然而，上帝的恩宠与恩典永远按他不可测度之智慧的急需而流溢。

最受接纳的是具有最大之灵性与光辉的祷文，冗长之祷告从未为神所喜爱。祷文越超然纯净，在上帝尊前愈受接纳。①

因此，要想进入天堂，需要借着上帝的爱，借着超脱，借着神圣与圣洁，借着诚实、纯洁、坚韧、忠诚、乃至生命的牺牲，方可达到。

值得注意的是，在巴布那里，不仅人类，地球万物都有各自的天堂与地狱。巴布认为，所谓的天堂是所有"存在物"在其各自的状态或地位中所达到的自我实现和完美的最高境界；地狱是指被剥夺了完美的自我实现的境界。因此在巴布那里，不仅人类而且所有的其他被造物都有其各自的天堂和地狱。这一界定改变了人类（信仰者）认识所有事物的态度，包括自然界、人类文化的各个

---

① The Báb, Persian Bayan Ⅶ. 19, Selections from the Writings of the Báb, Baha'I World Centre, Haifa, 1976, pp. 77－78.

领域,具有深远的意义。人类作为现实世界中最高的存在,被赋予独特的责任,在他们的权限内可以确保所有的被造物获得它们各自的天堂。《圣经》上说,人类是通过上帝的想象而被创造的,处于统辖上帝的其他创造物的地位。巴布把人类与其他被造物之间的这种关系看做是人类不断完善与进步的责任之一。这种原则在巴布的《白杨经》中经常被表达:

> 无论谁拥有对事物的统辖权,你一定要提升他们达到最完美的境界,以至于它们不会被剥夺它们自己的天堂。例如,由几条优美的线条所点缀的一张纸的天堂就是:通过精美的设计,图案配有金色照明、装饰并优质化,使其适合于最高贵的羊皮卷,那么这张纸的拥有者就已经把它提升到荣耀的程度;如果他知道其精致的更高的程度而没有显现到那张纸上,他就会剥夺了它的天堂。既然你拥有提炼或改善它的方法,为什么阻止了其荣耀与恩泽的流溢?他将会对此负有责任。①

同样巴布又以石头和宝石为例说明万物都有其天堂:

> 没有任何被造物曾到达天堂,除非能以其完美的最高程度出现。例如水晶,其物质成分是由石头组成,它代表了石头的天堂,同样,对于水晶本身来说在天堂又有不同的阶段……只要它是石头就没有价值,但是石头内蕴涵着红宝石的潜能,

① The Báb,Persian Bayan 4:11,转引自 Naider Siaedi,Gate of the Heart—Understanding the Writing of the Báb,Wilfrid Laurier University Press,2008,p255.

如果它达到红宝石的卓越程度,它将会值多少克拉呢? 同样,每一被造物都是如此。①

巴布认为,人被上帝赋予最高的地位。然而,人的最高地位不是通过学习一般知识获得,而是通过信仰每一个启示期的上帝,并接受他的启示获得,因为在每一个国家都有博学者,他们精通各门不同的学科;同样也不是通过财富获得,因为在每一国家各个阶层的人们都会有拥有财富。②

巴布认为,上帝赋予了人统辖其他存在物的权力,人作为最高级的存在形式,有责任提升万物到达最高的境界即天堂,否则人就要受到惩罚。这里隐含着人与自然和谐相处的思想。只有人处理好与万物的关系,人和自然和谐了,才有可能达到至高完美的境界。

三、末日审判与复活

末日和复活是两个不可分割的概念,很多宗教都宣称世界末日,有学者认为世界末日即为复生日、复活日。例如伊斯兰教认为世界末日就是现世毁灭之日。末日来临时,由大天使伊斯拉菲勒吹响号角,接着大地被吹裂、众星飘摇、太阳暗淡、月亮昏暗、日月相会、世界毁灭。③ “来世”是宗教中极为重要,不可缺少的观念,传统的宗教都是建立在对超现实的另一个世界崇拜的基础上的。

---

① The Báb, The Persian Bayan Ⅴ, 4, Selections from the Writings of the Báb, Baha'I World Centre, Haifa, 1976, pp. 88 – 89.

② Ibid, p89.

③ 金宜久主编《伊斯兰教词典》,上海辞书出版社 1997 年版,第 7 页。

它们共同的认识是,人生是虚幻的,现实是不完满的、黑暗的,甚至是丑恶的。一个人对现世无能为力时,只能等待末日或来世审判。传说人在现世生活结束后(死后),将有一天复活,上帝(安拉)将把人的肉体还原,再使其灵魂复归。《古兰经》说:复活确实要来临的,毫无疑问,真主要使坟墓里的人复活起来(《古兰经》22:7),然后进行"末日审判",依据各人在现世之善恶表现,决定其永久居天园抑或坠入火狱过后世生活。① 就是说在复活之日人们将被决定其是进入天堂还是进入地狱。《新约·启示录》也记载了死人受到审判的情景:"我又看见一个白色的大宝座与坐在上面的;从他面前天地都逃避,再也无可见之处了。我又看见死了的人,无论大小,都站在宝座前。案卷展开了,并且另有一卷展开,就是生命册。死了的人都凭着这些案卷所记载的,照他们所行的受审判。于是海交出其中的死人;死亡和阴间也交出其中的死人;他们都照各人所行的受审判。死亡和阴间也被扔在火湖里;这火湖就是第二次的死"(《新约》20:11—14)。

在巴布著作中,也有不少对复活之日与末日审判的描述:

> 世俗的生命的确会结束,其间的喜乐一定会消失,不久你将会回归上帝,为懊悔之痛楚所煎熬,因为现在你就要从沉睡中起来,发现自己立于上帝之尊前,接受对你行为的审判。②

> 当如此说,世俗的生命将结束,人人将气绝,并回归上帝。

---

① 金宜久主编《伊斯兰教词典》,上海辞书出版社1997年版,第7页。
② The Báb, Selections from the Writings of the Báb, Baha'I World Centre, Haifa, 1976, p162.

他将以最精选的礼物馈赠给那些耐心持久的人们的行为。诚然，你的上帝如他所愿，按照他的命令设定了一切造物之尺度，凡遵守你的主之喜悦者，诚然是受祝福者之列。①

《白杨经》之子民啊！你应该警戒，因为在复活之日无人有处可遁。他将突现其光华并随他所愿宣布审判。只有他愿意，他可使卑下者高升，使高升者卑下，甚至如他在《白杨经》里所为一般，只有你能明白。除他之外无人能与其较量。凡他所命定者皆能实现，不会遗留任何未竟之事。②

巴布认为，在复活之日人人都要接受审判。但他对复活之日与末日审判的阐述却与其他宗教不同，包含着许多新的意义。如，他重新阐释了复活的教义，指出其不是作为历史的终结而是作为历史本身的基本内容（实质）。复活不是一个简单的、最后的事件的描述，而是联系过去、现在和未来的神圣启示，一个再现、循环和进步的过程。每一次复活都会废除以前的律法和秩序，并根据时代的发展、人类特殊的社会需要而出现一个全新的开始。在巴布那里，宗教启示不断发展这一论断转变了所有传统的类别并且赋予他们新的意义。不仅无限连续的神圣启示代替了启示的终结性，并且传统上复活之日的静态的观点变成了灵性实体的动态本质。事实上在巴布看来，复活只不过是上帝的显现及天启的连续性的另一种表达。

---

① The Báb, Selections from the Writings of the Báb, Baha'I World Centre, Haifa, 1976, p161.

② The Báb, The Persian Bayan Ⅴ, 4, Selections from the Writings of the Báb, Baha'I World Centre, Haifa, 1976, p92.

更为特别的是,巴布在解释复活概念时,认为每一个灵性天启都有它自己的历史生命,都有开始和结束。每一个天启的结束都是它自己的复活之日,结束就是一种复活,因为它也是下一个启示的开始,通过一个新的上帝的显圣者带来的天启而创造宗教。因此复活之日是指当上帝的新的显圣者在地球上出现时的这段时间。巴布在《白杨经》(Ⅱ.7)中写道:

> 本章主旨是,"复活日"意味着神的"实在"之树的"显现日",但是未见任何一位什叶派伊斯兰教教徒真正理解"复活日"的含义;相反,他们幻想着存在一个有上帝却无实在的情境。在上帝看来,并依据神秘主义经典所启示的惯例,所谓"复活日",就是从代表"神的实在之树"的他,无论什么时代也无论以何种名义显现时起,到他隐形时止的这段时间。

> 例如,从耶稣使命开始,平和安静照临其身,直到他圣化高升的时日,这段时间叫"摩西复活日"。在这一时期上帝的启示通过神的实在的显现闪耀出来,通过他的诫命,信摩西者得到奖赏,不信者受到惩罚,因为上帝为这一天所立的证言已经在"福音书"中庄严地断定了。从"上帝使徒的启示"开始,上帝的恩典就加在他身上,直到他显圣的那一天,这段时间就是"耶稣的复活日",平和安静照临其身,而"神的实在之树"却以穆罕默德之身显现,通过他的诫命,信耶稣者得到奖赏,不信者受到惩罚。从《白杨经》之树启示时起,到它消失时止,是上帝使徒的复活期,正如在《古兰经》中所预言的那样。它开始的时间是回历 1260 年 5 月(Jamadiyu'l-Avval)5 日前夕2 小时 11 分过后,即穆罕默德使命宣示后的 1270 年。这是

《古兰经》"复活日"的开始,直到"神的实在之树"消失,这段时间就是《古兰经》的复活期。当复活出现,便是万物臻于完美的阶段。伊斯兰教的完美在这次启示中达到完满。从这一次启示到它的沉落,伊斯兰圣树的果实,不管什么果实,将变得清晰可见。当上帝显圣者显现之时,《白杨经》的复活便出现了。因为今天《白杨经》尚处于种子阶段,并且在上帝显圣者显圣之时,它最终的完美方可彰显。显圣者得以显圣,目的是为了收获他所栽种之树的果实。甚至作为卡义姆(意为"必将升起者")的启示,即穆罕默德的一个后裔的启示,上帝的恩典会降临到他身上,这个启示与上帝使徒穆罕默德的启示别无二致。他的显圣仅仅是为着收获伊斯兰教的果实,而果树的种子已经经过《古兰经》中经文的语句由穆罕默德播种在了人们的心田。伊斯兰教的果实,除非忠于他(卡义姆)并且信仰他的教,才可能收获。然而,目前收到的是相反的效果,因为他在伊斯兰教的核心中已经出现,而且每个人都声称期待他(卡义姆),可是人们却将他不公正地监禁在马库山中的要塞。尽管如此,在《古兰经》中"复活日"的到来已经由上帝期许给每一个人。在那一天,所有的人将被带到上帝的尊前也就是来到他的尊前,这意味着站立在"神的实在之树"的他面前,见到他的面容。因为人们不可能站在上帝至圣本质面前,也不可能设想与他合而为一。出现在他面前目睹他的尊容这一点的可能在于来到"原初之树"面前。①

---

① The Báb, The Persian Bayan Ⅱ.7, Selections from the Writings of the Báb, Baha'I World Centre, Haifa, 1976, pp. 106 – 108.

从某种程度上可以说,在巴布的思想里,末日、复活是为人们打开了一扇门,一个崭新的开始,而不是毁灭。是旧时代的结束,新时代的开始。

第四节　实现人生理想的途径

各种宗教对于达到人生理想境界的途径和方法论述很多,如佛教认为,人们只有通过戒、定、慧三个阶段的修行,才能克服自己的贪欲和追求,跳出苦海,超脱轮回,从而进入涅槃境界。基督教有"摩西十戒",并教导人们要彼此相爱,甚至爱仇敌,才能使灵魂得到拯救等。在巴布那里,要实现理想的人生,达到"天堂"境界,就必须遵循《白杨经》中的律法,来引领自己的道德与精神行为。作为巴布启示期的母书,《白杨经》在其文本中广泛地探讨了道德哲学和灵性(精神)行为的问题,详细讨论了达到人生理想境界的途径和方法。限于各方面的条件,这里仅仅介绍其中的几个比较普遍的道德与律法原则。

一、一切为了上帝

在波斯语《白杨经》中,有关道德行为的哲学最直接的论述是巴布对"lillah"一词的解释。他把它的意思阐释为:为了上帝,遵守上帝的意志,或者是为了上帝而行动,这是指行为的内在动机。《白杨经》不断给人们提出诫命:一切行为为了上帝。就像上帝一切为了他自身、为了他的创造物一样,一个人的行为也一定为了上帝、为了上帝的创造物,这种统一的远景使这两个原则的意义相同:一种真正为了上帝的行为同时也是为了创造物的行为。如果人的所有行为是为了获得上帝的喜悦,就是可以接受的或者是受欢迎的行为。① 在《白杨经》"行为的动机"一章中,巴布创造了一个标志性的法律来表达这一原则,主要意旨就是:除非一个人的行为是为了上帝而履行,否则没有任何行为成为真正意义上的行为。正是这个理由命令人们履行任何行为的同时,都要这样说:"诚然,我的行为是为了上帝,那天上地上之主,所有看到与看不到之主,万物之主。"如果他在其心里背诵他们,他的行为将会得到报偿。②

巴布声称,这一原则适合于所有的行为,用来判明其是神圣的还是世俗的。这样的原则在《白杨经》中讨论天堂的意义时也经常提及。巴布认为,如果履行一种行为真正是为了上帝,就会获得天堂般的快乐。而且巴布强调真正的行为是行为本身的目的,一个好的行为是其自身内在的报偿。因而巴布在《白杨经》中这样说到:对于见证上帝统一体的人来说,没有比遵守上帝命谕的行为再高贵的天堂了。③

尽管几乎所有的人都相信他们的行为是为了上帝,但巴布认为,为了上帝(for God)这一概念不仅是一种主观的现象,而且是事情的一种客观状态,是通过一种纯洁心灵的实现使"为了上帝"的主观和客观意义相一致。当一种行为被上帝命令并真正所需时,这样的行为是为了上帝;因而当一个人获得上帝的喜悦时,他

①　Naider Siaedi, Gate of the Heart—Understanding the Writing of the Báb, Wilfrid Laurier University Press, 2008, p311.

②　The Báb, The Persian Bayan7:2,转引自 Naider Siaedi, Gate of the Heart—Understanding the Writing of the Báb, Wilfrid Laurier University Press, 2008, pp. 311 - 312.

③　The Báb, The Persian Bayan V 19, Selections from the Writings of the Bab, Baha'I World Centre, Haifa, 1976, p79.

的行为是为了上帝。当然上帝的喜悦也总是意味着某一时段上帝
显现者的喜悦,"为了上帝"的前提是预先假定承认某时代的显现
者,并且遵守他的诚命。在有关"行为的动机"一章,巴布在指导
信众全神贯注地背诵一诗节以表达其"行为是为了上帝"这一情
况时说:

> 除非一个人履行他的行为时承认"真理之树"(上帝的显
> 圣者),他的行为才是为了上帝……除非为了上帝,为任何人
> 而履行他的行为都是不合适的;除非为了那个时代的上帝的
> 显现者,否则不是为了上帝。同样,根据《白杨经》的经文而
> 行动、背诵其诗节的人们,应该在上帝的显圣者显现之日为了
> 他而履行你们的行为,这样才是为了上帝而行动的行为,否则
> 他们的行为将没有价值,就像他们什么都没有做一样。①

这里,巴布就像巴哈欧拉在《亚格达斯经》开篇所阐述的那
样,肯定了善的行为是与承认上帝的显圣者密不可分的。在解释
这个逻辑时巴布说,因为新显圣者就是原来显圣者本身,任何行为
不是为了新显圣者去做,也就不会为原来显圣者去做。这个神圣
的秘密从亚当时代就开始了。

在波斯语《白杨经》(6:7)中,当巴布讲到婚姻法时,也广泛讨
论了"一切行为为了上帝"这一话题。根据巴布的思想,如果男女
双方说出一句"他们的行为是为了上帝"的誓言,婚姻就变得合法

---

① The Báb,The Persian Bayan7:2,转引自 Naider Siaedi,Gate of the Heart—Understanding the Writing of the Báb,Wilfrid Laurier University Press,2008,pp. 312 - 313.

了：“真确的，我遵守上帝的意志（我是为了上帝），那天上、地下、万物之主，看见的与看不见之主，世界上所有一切之主。”在这个律法中，巴布限定了嫁妆的费用为 95 密塞坷（mithqal）①黄金，他解释 95 是“为了上帝”（lillah）一词所代表的数值，“婚姻法被上帝命定，因此所有人可以在上帝的恩惠与仁慈的庇护下去遵守，令他们瞩目的是哪些为婚姻合法的基础，哪些是仅仅‘为了上帝’一样的话语，在上帝显圣者显现之日他们将不会偏离这些话语的至高明镜，将会向上帝见证”。②

可以看到，巴布不仅把“为了上帝”（lillah）这一概念赋予历史的意义，而且还把这一道德的行为解释为与认识上帝的显示者分不开的。

二、禁止引起别人悲伤

历史学家尼古拉斯曾写道：“我们知道巴孛曾特别嘱咐，在一切人际交往之中，人们皆应持彬彬有礼及宽厚仁义之态度。巴孛嘱咐说：‘勿因任何缘由，使他人伤心，无论他是谁。’巴孛说：‘我教导我的信徒们，不幸灾乐祸。’”③

禁止引起任何人悲伤，这一原则是《白杨经》的法令中最频繁强调的。这一律法最引人注目的表达是涉及信件及所问的问题进

---

① mithqal（密塞坷）是阿拉伯重量单位，略重于 3.5 克，在《白杨经》和《亚格达斯经》上指用于各种目的的金银的重量，通常有 9 密塞坷、19 密塞坷和 95 密塞坷。

② The Báb，The Persian Bayan 6：7，转引自 Naider Siaedi，Gate of the Heart——Understanding the Writing of the Báb，Wilfrid Laurier University Press，2008，p313.

③ 参见威廉·西尔斯《释放太阳》，澳门：新纪元国际出版社 1997 年版，第32 页。

行回复的义务:

> 在这一启示中被命令:如果任何人收到别人的来信,他有义务亲自回复或让人代笔回复;的确,任何拖延则被认为是令人痛恨之事。同样,如果有人问你问题,你有义务进行回答并给予指导性的答案,这样在上帝的启示之日或许就没有人被面纱与他隔离。因此,上帝所启示的问题:我是你们的主吗?所有的回答应该是:是的。因而,回答的义务是由于这个目的而被命定的,尽管它的影响持续到存在的最后的原子。①

这一律令本身是对于互惠、关爱、责任、仁慈等(道德)规范的一个清晰的表达。然而,当我们考虑巴布对这一法令的哲学解释和目的时,我们能够明白这一法律的真正意义。这里把面对问题做出反应作为一个人的义务,其目的在于提醒人们:在圣约的所有神圣领域,对于上帝的召唤要做出反应,并认识上帝的显圣者。巴布又对这一义务在一定程度上进行了延伸,要求所有的人一定留意对万事万物做出回应,无论是对人还是对物,包括他们内在的状态:

> 任何一个有视觉的人无论在哪里都要对上帝的召唤做出回应,无论是通过写、说或者行动,行动是做出反应最有力的方式。正是由于对一个灵魂做出回应的行为而使他受到的祝福不断得到积累,因此所有的人被命定要相互做出回应,以至于达到这样的程度:如果发现一个婴儿在哭泣,任何人

---

① The Báb, The Persian Bayan 6:19,转引自 Naider Siaedi, Gate of the Heart—Understanding the Writing of the Báb, Wilfrid Laurier University Press, 2008, p321.

都应该有义务通过恰当的方式对其做出反应。同样,如果一个人无声的召唤他人,有辨别能力的人应该有义务对他做出回应。①

在这一段引言中,巴布对一切造物给予普遍的关爱是显而易见的。巴布关于婴儿的例子是因为婴儿代表最无力的状态,一个人要对所有人的召唤做出反应,特别是无力的人。不仅对"公开表达"的需要做出反应,对"未表达"的需要也要通过行动做出反应。因此巴布把最崇高的人定义为渴望对别人的任何召唤或需要做出回应的人。巴布教导人们:

> 相互爱护,你们自身的事情都会得到改进。如果你发现你们中的一个人被忧伤所缠绕,尽力帮他去除忧伤;如果你发现有人被贫穷所困,在你能力之内使其富足;如果你发现有人品格被降低,尽你所能去提升他;如果你发现有人被无知所蒙蔽,努力去教育他;如果你发现有人是单身,在你能力的范围内根据神圣法律帮助他,使他进入婚姻的殿堂;如果你发现有人苦恼,尽你所能采用一切方法带给他宁静……用注视你自己的眼睛来注视他人……如果你发现你们中有人饿了,在你的能力之内送给他食物,这样他的心就不会悲伤;如果你发现有人没有衣服,尽你所能以最体面的方式提供给他衣服。不要看你自己和自己拥有的一切,而要看上帝,是他创造了你并

---

① The Báb,The Persian Bayan 6:19,转引自 Naider Siaedi,Gate of the Heart——Understanding the Writing of the Báb,Wilfrid Laurier University Press,2008,pp. 321 - 322。

从他的天国给予你一切。①

留意你自己,不要带给任何人悲伤,因为信仰者的心总是不断靠近上帝的,而不是仅仅靠近由泥土造成的房子。在朝圣之路,如果一个人和另一个人在一起,他既不应该显示自己的发怒,也不要激怒别人,没有什么比这更重要的了,因为在上帝的眼里,在麦加朝圣时争吵是最令人憎恶的。让信仰者保持文雅、温和、宁静。上帝的房子拒绝那些人存在……在海边如果人们发怒的话,其情形是我们能想象到的,不像在陆地容易得以安慰。如果是一个商人(发怒)的话可能会停止航行,在这一宗教中最好要求他们平静,因为只要他们放弃航海,世界的秩序就会打乱。然而,在他们从事的行业中还需要信靠上帝的航海之人。无论是在海上还是在陆地,那些做善事的人上帝会给予奖励,并且加倍报酬那些疲惫行走在海上之人,如果他们在上帝的宗教里,相互爱护的话,上帝会报酬那些做的好的人。②

"禁止引起别人悲伤"这一法令是如此重要,以至于巴布命令对引起别人悲伤这一行为做出惩罚。《白杨经》(7:18)规定:如果一个人明知道会引起别人悲伤而依然去做的话,应该被给予19密

①　The Báb,Kitabu'l - Asma INBA 29:423 - 424,转引自 Naider Siaedi,Gate of the Heart—Understanding the Writing of the Báb,Wilfrid Laurier University Press,2008,p323。

②　Edward Granville Browne,A summary of the Persian Bayan Ⅳ,16,Selections from the Writings of E. G. Browne on the Babi and Baha'i Religions,George Ronald,1987,p358.

塞坷(mithqals)黄金的罚款。① 巴布宣称,上帝禁止任何人强加于其他人悲伤。这一规则也延伸至灵性社团,因此带给社团的任何成员悲伤就像带给"生命的字母"(指巴布的 18 个门徒)悲伤,而带给"生命的字母"悲伤就像带给原点(指上帝的显圣者巴布)悲伤。② 巴布不仅要求其门徒禁止使人们悲伤,而且积极寻找带给他们快乐和幸福的方式。因此,巴布在《白杨经》中指出,没有什么行为比"给信仰者带来快乐"能更好的接近上帝了,没有什么行为比"带给他人悲伤"能更远离上帝了。

三、不断提升与"完美"万物的原则

人生是灵性旅行的过程。既然一切行为都是为了上帝及为了获得上帝的喜悦而履行,那么每一个简单的行为都可成为一种认识事物的潜能并不断美化、改善世界的方式。在波斯《白杨经》中这一原则被认为是可接受行为的主要标准之一。③ 据巴布的理论:天堂与地狱适用于所有的造物,一事物的完美状态是它的天堂。在巴布著作中,"完美"与"提升"二者是不可分离的,"完美"的原则是指人类有责任尽最大努力认识到世界万物的潜能,并要求人们要保证所有的造物能达到他们的完美境界。巴布认为:

---

① Edward Granville Browne, A summary of the Persian Bayan Ⅶ,18, Selections from the Writings of E. G. Browne on the Babi and Baha'i Religions, George Ronald, 1987, p392.

② Naider Siaedi, Gate of the Heart—Understanding the Writing of the Báb, Wilfrid Laurier University Press, 2008, p322.

③ 参照 Naider Siaedi, Gate of the Heart—Understanding the Writing of the Báb, Wilfrid Laurier University Press, 2008, p315。

"没有被造物能达到天堂,除非它能以最高的完美程度出现。"①因此,无论巴比从事任何活动,无论是工业领域还是艺术领域,他们在执行其工作时,应该以可能达到的最好方式,来使万物尽可能达到最完善的境界。

就像巴布的绝对命令一样,他的灵性的实用主义原则也认为每一个人不仅应该考虑人类的利益,而且还应该考虑所有被造物的利益,因为自然界不仅被赋予灵性的意义还被赋予了道德的权利。人类只有通过驾驭大自然,而且能使大自然达到完美的境界(天堂)作为应该实现的责任,才可以认识到人类与其他被造物灵性的区别。② 任何事物都应该达到其完美的最高限度,如一个文本的天堂是这样一种境界:用无比优美的书法写在上面,并用黄金加以修饰。任何人有能力使一事物达到完美,不这样做就该受到责备。③

先知作为上帝的使者,只有他们才能引领人类走向灵性发展的道路。因此,唯有跟从他们的教义,人类才能摆脱恶的影响,而趋向于完美。这也可以说是显示者所带来的拯救。当然这种所谓"拯救",并不是像基督教中的原罪,要免除"原罪"的玷污,而是要帮助人们从低级本性的束缚中解放出来,获取灵性上的进步,使之努力趋于完美,从而得到上帝赋予我们的恩惠。同时,这种拯救并非仅来自上帝单方面的行动便能奏效的。根据巴布的思想,上帝

① The Báb,Persian Bayan Ⅴ,4,Selections from the Writings of the Báb,Baha'I World Centre,Haifa,1976,p88.

② Naider Siaedi, Gate of the Heart—Understanding the Writing of the Báb, Wilfrid Laurier University Press,2008,p315.

③ Edward Granville Browne, A summary of the Persian Bayan Ⅳ,11,Selections from the Writings of E. G. Browne on the Babi and Baha'i Religions, George Ronald, 1987,p355.

的拯救事业必须得到人类积极主动的参与,只有人类与上帝的共同努力才能使人类获得拯救。上帝纵然可以改变信仰者与非信仰者,如果人愿意成为反射上帝的明镜,即使是石头,上帝也可以改变他,甚至变成明镜。但更多因素来源于人本身,取决于其主观能动性的发挥。《白杨经》认为:惟一真神可喻为太阳,信徒可喻为镜子,镜子一放在太阳面前就反射其光,不信者好比石头,无论放在阳光下多久,也不可能反射太阳。因此,前者以放弃其生命作为牺牲,而后者做出违背上帝之事。诚然,如果上帝愿意,他有力量化顽石为镜子,可是那人仍满足于其现状。如果他希望变成一颗水晶体,上帝亦可使他化为水晶的形式,因为在那一日,无论什么能促使信徒信仰他的因素,同样也会使非信仰者信仰他。但是当后者把自己束缚在面纱里时,就像被面纱隔绝外界一样,也会阻止其信仰上帝。因此,明显如今日所见,那些转向上帝——那惟一真神的人,会由于《白杨经》而相信他,而自缚于面纱里的人,亦因此而失去机会。①

四、培养纯洁与高尚的品行

巴布经常强调“纯洁”这一概念,他认为自然资源一定要保持在最纯洁的程度。在《白杨经》中,巴布禁止空气、水、火、土等自然资源商品化。② 巴布还把洁净水这一思想提升为对自然环境的保护。在波斯《白杨经》中他写道:没有什么能比把水处于至纯状

---

① The Báb,Persian Bayan Ⅵ,4,Selections from the Writings of the Báb,Baha'l World Centre,Haifa,1976,p103.

② The Báb,The Arabic Bayan 9:11,转引自 Naider Siaedi,Gate of the Heart——Understanding the Writing of the Báb,Wilfrid Laurier University Press,2008,p315。

态而能获得上帝尊前更多的爱戴了,到达这样一种程度,以至于一个信徒应该意识到在他手里所拿的一杯水,如果已经经过了地球上的任何的不纯洁的地方,他将会感到悲伤。① 换句话说,所有的溪流、湖泊和海洋里的水都隐含着需要被净化的意思。巴布进一步认为:"从物质层面的身体到人心,一定要净化现实存在的所有层面。"②他说:

> 《白杨经》的人们啊! 不要像《古兰经》的人们那样只注重洁净他们外在的身体,而不去用"神圣统一"之水源洁净他们内在的本质,因为除了上帝的爱,没有什么能使心灵纯洁。任何水都可以被利用,当然水太少不能有效的利用或者水是脏的除外。一个洁净的事物通过水可以改变它的本质并保持纯洁。水的纯净不允许与土混合,就像富人不可能把自己提升到穷人一样,信仰者也是如此,没有什么能阻止他变得纯洁。③

巴布声称,上帝喜欢纯洁者。在上帝的眼中,没有比纯洁和洁白无瑕更受喜爱了! 上帝不想在《白杨经》的天启时期见到任何人的快乐与光辉遭受剥夺。他诚然希望,在任何情况下,人人皆以

---

① The Báb, Persian Bayan 6:2,转引自 Naider Siaedi, Gate of the Heart—Understanding the Writing of the Báb, Wilfrid Laurier University Press, 2008, pp. 315 - 316。

② The Báb, Persian Bayan 9:10,转引自 Naider Siaedi, Gate of the Heart—Understanding the Writing of the Báb, Wilfrid Laurier University Press, 2008, p315。

③ Edward Granville Browne, A summary of the Persian Bayan IV, 2, Selections from the Writings of E. G. Browne on the Babi and Baha'i Religions, George Ronald, 1987, p376.

这种纯洁装饰其内外,以至于没有任何的不一致发生在他们身上,更少见发生在别人身上。① 他说:

> 上苍眷爱那纯洁的人,在《白杨经》及上苍的眼里,没有任何事物能比真正的纯洁无瑕更值得眷爱了。在《白杨经》的教义里,上苍不欲看到任何人被剥夺了欢乐与光彩。他乐于见到任何情况下,所有人们的内外均被纯洁物所装饰,没有人使他们产生厌恶之感,且他们更不致引起别人的厌恶。②

巴布教导人们:"为了使你们准备好迎接那个伟大之日的降临,你们应当竭尽全力,以便在未来世界中,在上帝仁慈的宝座面前,我能因你们的善行而欢悦,因你们的成功而荣耀,你们纵横分散在这大地之上吧,以坚定的脚步和纯洁的心灵为他来临铺平道路吧!"③

巴布认为,为了培养纯洁高尚的品格,世人必须摒弃一切罪恶的念头,言行谨慎,才能认识并接近那纯洁及仁慈之源的上帝。他对人们说:"抑制你的舌,以免发出可能令人悲伤的话语,并祈求上帝的恩赐。诚然,他(上帝)完全认知正直之人,因为他(上帝)与那些真正相信他的仆人中之正直者同在,他(上帝)也不是不知晓挑拨离间者之行为,因为天上与地上之一切,没有什么能逃脱他(上帝)的掌握之中。"④ "只有(上帝启示的)这些言辞清晰而具有

① The Báb, Persian Bayan V, 14, Selections from the Writings of the Báb, Wilfrid Laurier University Press, 2008, p80.
② 《生活的艺术》,澳门:新纪元国际出版社 2007 年版,第 28—29 页。
③ 威廉·西尔斯:《释放太阳》,澳门:新纪元国际出版社 1997 年版,第 21 页。
④ The Báb, Selections from the Writings of the Báb, Baha'I World Centre, Haifa, 1976, p162.

决定性,是你的主慈悲之象征,以及全人类指引的源泉。它们是带给信仰者的光源;是带给那些转身拒绝它们者的痛苦之火。"①

在《白杨经》中,巴布制定了大量律法,来规范人们的行为。如他提到,除非是医疗方面的需要外,禁止人们使用鸦片、麻醉性液体或毒品等。② 另外,巴布还教导人们要实践善行。值得一提的是,巴布在《白杨经》中还多次对有关"孝道"的问题作了阐述,他说:

> 上帝的仆人在每次祈祷后,应该恳求上帝赐予慈悲并宽恕于他们父母亲。于是上帝将高举他的声音道:你为父母亲所做的要求将会得到千万倍的报偿。与上帝神交时而不忘其父母者是受祝福的。诚然,除他之外别无上帝,那全能者,最受钟爱者。③

> 我乞求你宽宥,我的上帝! 我以您所希望的,以您的仆人们趋向于您时的方式向您祈求。我恳求您洗净我的罪过以配得受您主宰的地位。原谅我、我的父母以及那些您认可进入爱您的殿堂并配得进入您崇高统治及荣耀天国的人们。我的上帝啊! 您已感召了我的灵魂。我向您恳求,除您之外别无他求,崇高及荣耀归于您。赞美归于您,因您已向我显示了您

---

① The Báb, Selections from the Writings of the Báb, Baha'I World Centre, Haifa, 1976, p163.

② Edward Granville Browne, A summary of the Persian Bayan. IX, 8, Selections from the Writings of E. G. Browne on the Babi and Baha'i Religions, George Ronald, 1987, p405.

③ The Báb, Persian Bayan VIII, 16, Selections from the Writings of the Báb, Baha'I World Centre, Haifa, 1976, p94.

自己。同时,乞求您原谅我,因我未尽责去认识您并行走在您的爱之路途上。①

巴布强调父母的权利,这样的训诫在巴布著作中经常被重申:

> 你有义务服从于你的父母,即使他们委屈了你,也不要向他们说任何怨言,不要回去他们。他们所要求的愿望,就要去服从。因为在我尊前服从于他们(父母)比你自身获得心灵的快乐能更多得到上帝的爱。
>
> 他们中任何一个为了任何理由向你发怒,你一定要以满足他们的愤怒来给予回报,不要有任何的悲伤,哪怕是一粒芥菜籽那么小的程度,这样你和他们就会永远心心相通。的确,在上帝的眼里,你父母的诚命比所有善行更有力,除非要求你犯罪反对我的旨意。寻求他们对你的满足,因为他们的快乐就是主的快乐,他的地位是尊贵的。②

当然,仅仅爱自己的父母家人是不够的,根据巴布"完美"的原则,还要把这种善行推己及人,进而把这种对自己的爱,对父母的爱,发展达到对他人的爱,对民族的爱,对国家的爱,最终达到热爱全人类,才能使一个人的品行越来越纯洁与高尚。

---

① 《巴哈伊祷文》,澳门:新纪元国际出版社2000年版,第6—7页。

② The Báb,"Fi's-Suluk Ⅱ",Collection,p459,转引自Naider Siaedi,Gate of the Heart—Understanding the Writing of the Báb,Wilfrid Laurier University Press,2008,p306。

第六章 "正义王国":宗教视野下的
社会改革蓝图

在巴布著作中,不仅阐述了其神学思想,还提出了一系列的社会改革主张。面对当时国内国际的社会危机,他提出了"正义王国"的理想蓝图,主张实行社会变革,并从社会伦理道德和神学意义上来建立以公有制为基础的所有制形式以及井然有序的社会结构,实现一种"乌托邦"的理想蓝图——"正义王国"。他所倡导的和谐正义的社会改良思想,在今天仍有借鉴意义。

第一节 社会动荡与大变革的时代背景

巴布的一生处于一个社会动荡与大变革的时期,也正值伊朗由盛而衰之际。伊朗古称波斯,在中国古代史书上被称为安息国,是个具有悠久历史的文明古国。阿布杜巴哈曾在《文明的神秘力量》一书中描述了古波斯的繁荣:"从前,波斯的确是世界的中心,它的繁荣与光辉,像黎明之光,向东西方各国散发出学问及指引之光。它的国君的盛名,传到南北两极的人民。他尊贵的王上王,使希腊与罗马的皇帝,为之谦卑失色。它的智慧使贤明者敬畏,各大洲的统治者都效法它的政体。在世界各国的眼里,波斯人是杰出的民族,大家都羡慕他们的文明与学问。他们的国家是世界科学和文学的中心,也是道德哲理的泉源。"①然而到了19世纪初,这个历史上曾盛极一时的国家已变成一个各方面都比欧洲国家落后的封建制农业国,特别是卡扎尔王朝时期(1796—1925),当西方文明如日东升时,波斯文明则出现全面的衰落,波斯王国进入它的最黑暗、最腐败的时期。伊斯兰教什叶派被国王宣布为伊朗国教,它的高级阿訇拥有很大势力。他们同国王和世俗封建主勾结在一起,不仅占有巨大地产,控制国民教育,还有审理有关宗教、财产、婚姻、交易等民事诉讼的特权,还利用宗教的权威为所欲为,掠夺和压迫人民。②

　　而当时的西方国家正在发生着一场由工业革命所带来的社会巨变之中。工业革命是指以大机器生产和广泛采用蒸汽动力为标志的产业革命,它首先开始于英国,一些重要的新机器和新生产方法都是英国发明的。就世界范围来说,这次工业革命是以英国为中心,通过新技术的传播带动后进国家,从而推动了近代工业制度在欧美先进国家逐步建立,把人类带入了"蒸汽时代"。由英国兴起的这场工业革命不仅扩展到西欧和北美,推动了法、美、德等国的技术革新,而且影响到东欧和亚洲,俄国和日本也出现了工业革命的高潮。工业革命极大地促进了社会生产力的发展,巩固了新兴的资本主义制度,引起了社会结构和东西方关系的变化,对世界历史进程产生了重大影响。它标志着世界整体化新高潮的到来,也标志着世界大动荡、大裂变的开始。

　　① 阿布杜巴哈:《文明的神秘力量》,转引自纳米尔·阿仁《破晓之光》,马来西亚巴哈伊出版社1986年版,第3页。
　　② 张桂枢:《伊朗巴布教徒起义》,商务印书馆1962年版,第4页。

从 19 世纪初开始,伊朗成为英、法、俄等国争夺的对象。1800年至 1841 年间,英国强迫伊朗订立一系列不平等条约,获得了在伊朗购买土地、建立工厂、商品免征关税等特权。英国与伊朗通商,然而从这些贸易和投资活动中受益的不是伊朗人民,而是统治阶层的一小撮人。如卡扎尔王朝向欧洲人出卖烟草等专利,以供宫廷挥霍。法国拿破仑早就想把伊朗作为远征印度的跳板。1808 年法国与伊朗签订通商条约,获得了领事裁判权。沙俄为争夺高加索统治权与伊朗曾发生两次战争,并于 1828 年强迫伊朗订约,吞并了格鲁吉亚、阿塞拜疆的大部分和亚美尼亚的一部分土地,勒索了二千万卢布,还得到许多经济政治特权。随后,美、奥等国也胁迫伊朗签订类似的条约,伊朗逐渐走上半殖民地道路。

不平等条约给伊朗带来深重的民族灾难。外国商品特别是英国商品的倾销,在 19 世纪 30 年代时,几乎占伊朗全部进口总额的90% 。这不仅破坏了伊朗的封建自然经济,而且由于商品经济的发展,地主要求以货币代替实物地租,加重了对农民的剥削。国王、总督、州长、高级阿訇为了满足其奢侈生活,公开拍卖官职并把自己的采邑出卖给商人和高利贷者,这些买到官职和采邑的人又拼命掠夺农民。外国商品的倾销使手工业者和中小商人纷纷破产,而农民遭受的剥削更加沉重。因此,随着外国资本掠夺的加剧,国内的封建剥削也日趋严重,打破了原有的土地关系,大批农民失去土地,不得不忍受地租、高利贷的残酷剥削,城镇的手工业生产者、小商人,在外来商品的倾销和冲击下也面临破产的威胁。这使得社会阶级矛盾日趋激化。

面对国内外的社会危机,当时的伊朗却被传统文化所笼罩,把古老的方式看做是神圣、永恒有效的、不可更改的东西,这阻碍了社会的发展与进步。很多宗教领袖坚持遵守古老传统和仪式,避免与非穆斯林交流与接触,拒绝任何形式的对"异教徒"的学习。[1]就像《破晓之光》中所描述的那样:"所有的观察者都同意,波斯当时是一个极弱和黑暗的国家,被腐败的习俗和顽固的思想扯得四分五裂。当政者无效率,不顾廉耻,道德败坏的例子比比皆是。上下层的官员,没有能力改革。时尚的想法是以为清高而满足,一切都守成不变,思想上的瘫痪,使一切发展行动都显得不可能。"[2]"国威不复体面,繁荣不复存在,充斥着宗教的狂热和偏激。思想之僵化,头脑之顽冥,道德之腐败,贪污之盛行,行政之无能,世风之日下,习俗之破旧,伐异之残忍,无以复加。"[3]西方世界的经济、政治、军事、科技、文化等力量的迅速提高影响了全世界,也不可避免会对伊斯兰教世界产生影响。因此西方世界与伊斯兰教世界的冲突就体现在文明的冲突上。

在巴布看来,在当时的社会背景下,要公正地治理和重建一种新的道德与社会秩序是相当困难的,所以必须用一种新的政体形式和管理形式来完全代替。而到底什么样的政体形式和管理形式才是理想的呢? 巴布在他最著名的著作《白杨经》中,除了宣传旧的教义、旧的社会制度和旧的秩序需要改革以外,另一个重要内容就是宣布要建立一个新的"正义王国"。

---

[1] 参见 Naider Siaedi, Gate of the Heart—Understanding the Writing of the Báb, Wilfrid Laurier University Press, 2008, p7.

[2] 纳米尔·阿仁:《破晓之光》,马来西亚巴哈伊出版社1986年版,第2页。

[3] 李绍白:《人类新曙光——巴哈伊信仰》,澳门:新纪元国际出版社1995年版,第241页。

第二节 巴布"正义王国"思想的主要内容

巴布在其《白杨经》中主要讨论的是"正义王国"的社会改革蓝图,他还探讨了如何实现这一理想社会的种种方法和途径。

一、巴布的社会发展观——人类社会是递进式发展的

"渐进性天启论"是整个巴布思想的理论基础,他的社会改革理想与"渐进性天启论"也是密不可分的。正是由于不同时期的宗教启示理论是相通的、有着必然的联系,并随着时代的发展而发展,所以他的社会进化理论也是如此,即主张人类社会是不断进步与发展的。巴布认为,人类社会是一个时代和另一个时代依次递嬗互代而发展的,每一个时代超越前一个时代并与之不同,每一个时代都有该时代的特殊制度与律法,旧的制度与律法由于旧时代的结束与新时代的来临而废除,代之以新的制度。① 但是,每个时代的制度与法律,不是由普通人制定的,必须是上帝通过他的显现者——人类的"先知"来制定。上帝在每一个时代都派给人们一位新先知。上帝通过先知向人们传达自己的指示。因此,巴布的新宗教从一开始就试图与现代化接轨,《白杨经》废除了一些伊斯兰教法律,宣布新圣使即将来临,他将取代穆罕默德领导一个新时代,用崇高的道德标准来挽救道德之堕落。巴布敦促自己的追随者们要从中世纪以来很少变化的思想境界里解放出来,从伊斯兰教的传统框架中解放出来,迎接新圣使的降临。

---

① [苏]米·谢·伊凡诺夫:《伊朗史纲》,生活·读书·新知三联书店 1973年版,第217—218 页。

巴布向人们呼吁,先知穆罕默德的时代已经过去了,《古兰经》与教典都已陈旧了,应当代之以新的律条,这种律条,先知就在他所写的圣经中告诉人们。他宣教说,新先知将在大地上建立新制度、新公道与新幸福。他充满信心地预言:随着时代的发展,社会将不断进步。

巴布主张学习、采用西方现代性的有益的成分。例如他鼓励与西方世界的商业往来,主张从西方的科学、艺术及基督教徒中学习先进的东西。巴布的著作中直接涉及了现代性的问题,并谈到万物的完美和改善。他曾告诉信徒"使你们所有的工艺品和工业达到完美,向福音的信徒们学习"。在当时的伊朗,一切关系到西方的问题都是很敏感的,任何学习西方文化和工业的思想和行为都会受到强烈反对。而巴布却赞扬欧洲的工业成就并促使其信徒学习西方积极的方面。鉴于西方工业与科技的进步,巴布表达了对欧洲人的赞许,他把这种工业与科技的提高和完善看做是人类内心完美的一种显现。同时,巴布还希望把他的信仰带给欧洲人,通过祈求和崇拜上帝,从精神上使欧洲人的灵性复兴,来显示出他的慈爱。①

巴布的完美原则也进一步应用来考察社会发展。他赞扬了西方物质文明的发展,但是要求社会在所有的方面的发展都要达到完美,不仅是在技术创造上还是在道德与精神方面都要达到完美。所以他反对现代性中那些阻止人类文明进步的因素,特别是物质主义的以及对道德有害的方面。他认为,西方的技术与工业的完善一定要延伸至生活的各个领域,这样世上万物都会被尊敬、有尊

---

① 参见 Naider Siaedi, Gate of the Heart—Understanding the Writing of the Báb, Wilfrid Laurier University Press, 2008, p319。

严,他们都会成为反射"神圣统一"的明镜。巴布认为,所有的人们都可以获得物质的发展,这并不是富裕和有权人特别的恩典。此外,所有的这些物质进步的形式一定要成为获得灵性化的方式,它们本身不是目的,因此它们一定伴随着内在的完善,无论是生命中物质的方面还是精神的方面都要实现其神圣美质。巴布在波斯《白杨经》中多处表达了他对物质进步与现代化的态度,认为物质的进步不仅要伴随着灵性的进步、认识上帝的显圣者还要伴随着社会正义的实现。

二、理想社会的特征:正义、平等、和谐

1. 社会正义

在巴布对理想社会的描绘中,正义是一个核心的概念。在中外思想史上,很多思想家都以不同的方式表达着自己的正义观。一般来讲,正义指的是"社会正义",是对社会体系的存在、结构及其运行状态合理与否的追问,它旨在按正义的要求去建构和变革社会关系。巴布反对贵族和乌里玛的特权,他认为正是由于世俗官吏和高级阿訇不愿放弃他们把持的政权,并凭借着过时的《古兰经》维护旧制度、旧法律,这便是人间充满了不公道与相互倾轧的原因。① 因此,必须依照《白杨经》的原理,改革旧的伊斯兰教教义,并对社会进行政治改革。巴布提出要打破不平等的社会制度,重建一个没有压迫、没有剥削、人人平等的"正义王国"。在这一王国中,坚决废除封建特权,人身自由得到保障,财产所有权、继承权均受到尊重。商业和一切交易都是自由进行的,商人有自己的

---

① 参见[苏]米·谢·伊凡诺夫《伊朗史纲》,生活·读书·新知三联书店1973年版,第218页。

权益,支取低额的商业利息不受任何限制,商业经营可以畅通无阻。此外还主张偿还债务、统一币制、便利交通等。

同时,巴布还强调社会要有崇高的道德标准,要着重于心灵与动机之纯洁,倡导教育和有益的科学。在巴布著作中,巴布不断告诫他的追随者们,彼此一定要表现出兄弟般的爱,要以礼相待,一定要培养有用的艺术和工艺,基础教育要普及化。并指出,现在是新启示的开始,女人将有更充分的自由,穷人将被享有普遍的财富,但是乞讨是应严厉禁止的。① 另外,巴布在波斯《白杨经》中讨论邮政和通信媒介时,不仅表达了他对物质进步与现代化的态度,同时还让我们看到了他对人人平等、实现社会正义思想的理解。他说:"尽管今天国王已经有了自己的特快邮递系统,但是这依然没有结果,因为穷人被剥夺了这样的服务。""除非有一天这个系统普及所有的人,王国的仆人才能获益。"②

2. 人人平等

巴布认为,在上帝面前,人人都是平等的。他宣称建立一个新的、拥有公平制度的永久的幸福王国,一切巴比教徒都是一个公社中有平等权利的一员,一切财产都将宣布公有。在将来的神圣王国里,所有高高在上的各封建主,将要剥夺他们的特权和权利,降到最微末的地位。私人所有制是剥夺别人的物权的,所以应予废除,一切财产应归公有,每人只得其中的一份。③ 压迫与排挤人们

---

① J. E. Eslemont, An Introduction to the Bahai Faith：Baha' u'llah and the New Era, Baha'I Publishing Trust, Wilmette, Illinois, 1970, p21.

② The Báb, Persian Bayan 4：16, 转引自 Naider Siaedi, Gate of the Heart—Understanding the Writing of the Báb, Wilfrid Laurier University Press, 2008, p320。

③ ［苏］米·谢·伊凡诺夫:《伊朗史纲》,生活·读书·新知三联书店1973年版,第220—221页。

的王国已到末日,而所有的人将生活在平等与幸福的神圣王国。

男女平等是巴布宗教思想中的一项重要内容。回顾伊斯兰教的历史,我们可以更多地了解穆斯林女性在历史进程中的地位变迁。汉斯·昆曾说,受过良好教育的穆斯林们都熟知《古兰经》,他们应该知道,和后出的伊斯兰教教法相比,《古兰经》更多地承认妇女们的合法地位。事实上,和伊斯兰教产生前的阿拉伯妇女相比,《古兰经》确实在很多方面改善了妇女的地位。如妇女和男子在真主面前享有同等的地位、夫妻之间需要相互理解和爱护、妇女享有拥有财产的权利等,《古兰经》还限制一夫多妻制和离婚、禁止遗弃和溺死刚出生的女婴等。在婚姻、家庭和继承权方面,在法庭上以及在所有的社会生活方面,妇女都明显地受到了歧视。不过,女性地位的下降是一个过程,直到阿巴斯王朝,面纱才开始普及,妇女们也彻底地从共同场所退了出去。[①]

巴布有一位名字叫塔赫蕾(Tahirih 意为纯洁)的门徒,是一位伟大的女诗人,伊朗女权运动的早期倡导者之一,并为了坚守自己的信仰而献出了生命。[②] 无畏而敢言的她不允许所在社会的权势阻止自己潜能的发挥。她公开宣布男女要平等,有一次在公众面前还大胆地揭掉面纱,成为第一个揭去面纱的伊朗妇女。塔赫蕾是一个令人尊敬的妇女解放的先驱和典范。她曾公开谴责不公正

① 汉斯·昆:《世界宗教寻踪》,生活·读书·新知三联书店 2007 年版,第 370 页。

② 塔赫蕾 1814 年出生在一个显要的教士家庭,原名叫法蒂米·芭拉甘妮。在当时伊朗是一位非同寻常的女性。她受过高等教育,以学识与诗歌闻名一时。1844 年,她听说了巴比教,即成为最早的追随者和最坚定的护者之一。尽管许多西方人认为,现代女权运动在同一年起始于美国,但有见地的历史学家们也承认塔赫蕾(意为"纯洁的")为最早倡导女权者之一。

地束缚了东方女性许多世纪的一夫多妻制、妇女戴面纱等陋习。她让妇女们明白:旧日的宗教赋予女性卑微的角色。她并以此来唤醒她们,使她们了解巴布的信仰所赐予女性的自由、尊重与自尊,从而赢得她们的理解与支持。在那个时候,一个女性让男人看见自己不戴面纱的脸,被认为是件很可怕的事情。可是,塔赫蕾具有远大的目光。她相信巴布的教义已经洗涤了一切固有的旧传统,女性的不平等和受奴役的日子即将宣告结束。她站在公众面前,精神抖擞,容光焕发。她高声呼唤:"我就是喇叭声,我就是吹响的号角声!"她向人们发出恳切动人的呼吁:上帝的臣民受奴役、遭屈辱的岁月已经一去不复返。① 这表明巴布的门徒渴望能完全摆脱过时的宗教法规、长老制度及旧式的传统与礼仪的束缚。塔赫蕾本人成了倡导这种新主张的先驱。

塔赫蕾是一位忠诚的信徒,一位勇敢的传教者,并最终成为一位殉道者。作为巴布最著名的门徒之一,她也是第一位为了妇女权利而殉难的女性。临牺牲前,她对押解她的人大胆地宣称:"你们随时都可以杀死我,但你们无法阻挡妇女的解放。"②英国东方学家布朗教授说:"巴孛的宗教孕育了一位塔赫蕾这样的女英雄,光凭这一点,它就已经是够伟大的了。"他接着又说"这样一位女性,在任何国家、任何时代都是非常罕见的。她出现在波斯这样的国家,的确是一桩奇事,不,简直就是一个奇迹!"③法朗西斯·杨赫斯本爵士这样叙述塔赫蕾的生平:"她的信仰是如此坚定,虽然她既富有又高贵,但为了服侍大师,她放弃了财富、子女、名望和地

---

① 威廉·西尔斯:《释放太阳》,澳门:新纪元国际出版社1997年版,第119页。
② 同上书,第123页。
③ 同上书,第124页。

位,全身心地投入传播与建立巴孛的信仰之事业之中。"①

巴布否认伊斯兰教法和当时存在的一些世俗法。对现存的社会制度,巴布提出改革的主张,强调男女一律平等,不仅有同等的财产继承权,而且男女均可离异和再婚。妇女不必戴面纱,并可以同陌生人交谈,这在当时是一大进步。当然,戴不戴面纱并非女性地位高低的真正标志。当今有许多年轻的穆斯林女性重新戴上了头巾,这可能令人感到惊奇,但这并不一定就意味着是一种落后的表现,应另当别论。因为她们特别是一些受过良好教育的年轻女性,自觉地戴上了头巾是为了和西方妇女的风格区别开来,以此来表明自己的穆斯林身份。

巴布的男女平等思想在巴哈伊信仰中得以进一步发展。巴哈欧拉说:"在上帝眼中,女人和男人是且永远是平等的。"②公开宣称女性应该拥有和男性平等的地位,这是有史以来第一次,世界上一个主要宗教的创始人对男女平等的明确无疑表述。巴哈伊圣文还阐明:若教育机会和资源有限,女孩应优先受教育;在巴哈伊婚姻关系中,无论丈夫还是妻子都没有支配对方的权力;男女能力之间若有任何表面上的差异,皆因迄今为止女性仍缺少受教育的机会。为了实践这些原则,世界各地的巴哈伊社团一直在各个领域为提高妇女地位、增强妇女能力而努力。他们探寻改善妇女受教育状况,建立促进男女平等的各种委员会,或者就妇女在社区生活中的作用发起广泛的讨论。尽管每一个国家和地区的进展速度都受到历史因素和地方传统的影响,但仍有一项标志进度的重要统

---

① 威廉·西尔斯:《释放太阳》,澳门:新纪元国际出版社1997年版,第120页。

② http://www.macaubahai.org/intro.aspx? cat=24.

计数据显示:妇女入选巴哈伊国家级管理机构的比例高于所在国家类似机构的比例。

3. 社会和谐

巴布理想社会的建立,社会正义的实现,其实质是人与人之间、个人与社会之间的关系达到某种理想状态,其核心是对各种社会关系实现和谐的要求。也就是说,使人们的权利与义务之间、付出与索取之间,以及各自的得与失之间等方面彼此均衡,以达到整个社会生活的合理有序。巴哈欧拉曾在回答一个有关聘礼或嫁妆的问题时说:"《巴扬经》上关于住在城市和乡村的人所启示的任何内容都是得到认可的,应该加以执行。然而,在《亚格达斯经》上提到(聘礼或嫁妆的)最低金额。其意图是说十九密塞坷白银是《巴扬经》上给乡村居民具体规定的金额。倘若双方同意的话,这更令上苍满意,其目的是让大家更感宽慰,在人与人之间建立和谐与团结。"[1]

人类和平是实现社会和谐、世界和谐的重要途径,著名基督教神学思想家汉斯·昆曾向人们描绘了一个现实主义的希望图景:"如果没有国家之间的和平,人类就无法存活;但如果没有不同宗教之间的和平,国家之间就无法和平共处;而宗教的和平,只有通过不同宗教之间的和平对话才有可能实现。"[2]和平的理念在巴布这里经常被强调,他说:"忠诚的信众无论什么时候听到这本书的诗节被吟诵时,他们的眼里就充满了泪水,他们的心将被他(至伟之征象)深深触动,因为他们怀有对上帝的爱,那无所不赞者,他

---

[1]　巴哈欧拉:《亚格达斯经》,澳门:新纪元国际出版社 2007 年版,第 157 页。

[2]　汉斯·昆:《世界宗教寻踪》,生活·读书·新知三联书店 2007 年版,第 324 页。

是上帝,全知者、永恒者。他们的确是至高天堂的同住者,永远居留在那里……在那里他们将遇到天堂的信仰者,会向他们不停地说出'和平'、'和平'的呼声。"①就像大多数宗教改革家一样,巴布希望对社会进行的改革是和平式、非暴力的。从巴布殉道的历史我们不难理解,他是想用牺牲个人的生命来换回社会的和平,因为他深知战争只能让更多的人流血。人们常常把巴布和耶稣相比较:耶稣被钉在十字架上,用鲜血来唤醒人们信仰上帝。与此相似,巴布在波斯的大不里士城被吊在军营中的墙上被乱枪打死,也是为了让人们相信他的圣道。关于那个时刻,历史学家尼古拉斯写道:"基督徒们相信,假如耶稣愿意,他是能轻而易举地从十字架上下来的。但是,耶稣宁愿牺牲,因为他的遭遇是命定的,是为了完成过去先知的预言。巴孛的信徒们也认为,巴孛宁愿牺牲,而且是以与耶稣相同的方式,因为他的死是为了拯救整个人类。"②关于自己的殉道,巴布说:"这奉献之血每一滴都将成为上帝强大之树苗发的种子。在这棵大树无所不包的荫护下,将聚集世上所有的种族和宗教。"③

    巴布著作中曾涉及有关圣战的问题,这也引起一些学者的争议。巴哈伊学者内德·赛义迪(Nader Saiedi)认为,巴布虽然没有取消圣战这一律法,但是很明显,他是反对战争和暴力的。例如,

① Hushidar Motlagh ed. Unto Him Shall We Return——Selections From the Baha'I Writings on the Reality and Immortality of the Human Soul, Baha'I Publishing Trust, Wilmette, Illinois, 1985, p41.
② 威廉·西尔斯:《释放太阳》,澳门:新纪元国际出版社1997年版,第188页。
③ 转引自威廉·西尔斯《释放太阳》,澳门:新纪元国际出版社1997年版,第25页。

在涉及律法的惩罚问题上,巴布没有设死刑这一条,哪怕是惩罚杀人犯,巴布只是规定给予 11000 密塞坷(mithqals)黄金的罚款。①再如,在《白杨经》(7:6)中,为了避免引起人们惊慌,禁止携带武器和利用任何强迫的方式,或者以任何骇人的装备出现在公共场合。这一部分主要阐明:一个人引起他人恐惧,这样的事情是不被上帝所爱戴的。作为上帝的仆人,理应留意他所做的一切不要引起他人恐惧。"除非必要的时间、宗教战争、适当的职业外不允许携带战争武器。"②"在上帝的法典里,是禁止杀戮生灵的……如果有谁这么做,就表明他从未遵循《白杨经》(巴孛之书及他的追随者之象征),罪大莫过于此。"③

巴布坚决禁止任何限制他人活动的行为,以及违背人们的意愿而扣押别人。他认为这是引起他人悲伤行为的一种很偏激的表达方式。巴布的律法废除了伊斯兰教传统中的一些严厉的做法,如禁止强迫他人做违背其意愿的事情、使人身体残疾、任何种类的杀人行为等,像砍断贼的手、对通奸者乱石砸死等惩罚手段。④ 在《名号经》(Kitabu'l - Asma)中巴布强调要把"温和地对待万物"作为最高尚的行为,他禁止情绪激动和愤怒,无论是在物质生活和精神生活方面,要求巴比信徒都要以最体贴和礼貌的方式对待一

---

① Naider Siaedi, Gate of the Heart—Understanding the Writing of the Báb, Wilfrid Laurier University Press,2008,p368.

② Edward Granville Browne, A summary of the Persian Bayan 7:6, Selections from the Writings of E. G. Browne on the Babi and Baha'i Religions, George Ronald, 1987,p388.

③ 《皇家亚洲协会文摘》,1889 年 10 月刊,第 12 章,第 927—928 页。转引自威廉·西尔斯著《释放太阳》,澳门:新纪元国际出版社 1997 年版,第 90 页。

④ Naider Siaedi, Gate of the Heart—Understanding the Writing of the Báb, Wilfrid Laurier University Press,2008,pp. 322 - 323.

切,这样就没有人会被他人伤害。① 从而达到人与人之间的和睦相处,实现社会的稳定与和谐。

4. 人类一家、世界大同

巴布的社会理想是实现人类一家、天下大同。"正义王国"的建立,巴布认为不仅仅局限在伊朗,也不仅仅局限在哪一个国家。他断言:随着时代前进,他的教义将传遍全世界,尽管在目前巴布教徒的神圣王国还只不过是伊朗的五个大省:阿塞拜疆、马赞得朗、波斯的伊拉克(中伊朗)、法尔斯与呼罗珊。② 根据巴布的"渐进性天启"论思想,地球上所有的人类都是同一个上帝的子民,这很容易会导出人类一家、世界大同的设想。巴布向人们宣称:

> 在上帝同一与不可分割的宗教里,你们当成为真正的兄弟,免于区别。因为诚然,上帝希望你的心成为信仰里反映你兄弟的明镜,则你可在他们身上反映自己,他们亦反映于你。这是上帝,全能者之真道。③

巴布把人类看做是一个统一的独特种族。凡是人类,无论其性别、阶层、肤色、民族、社会地位和受教育程度如何,都是上帝的子民——全人类大家庭的成员。在上帝面前人人都具有同等的权利和地位。在巴布看来,人类之所以呈现出不同的种系及特征,只

---

① The Báb,Kitabu'l - Asma INBA 29:85—92,转引自 Naider Siaedi,Gate of the Heart—Understanding the Writing of the Báb,Wilfrid Laurier University Press,2008,p323。

② [苏]米·谢·伊凡诺夫:《伊朗史纲》,生活·读书·新知三联书店1973年版,第218页。

③ The Báb,Qayyumu'l-Asma' XLVI,Selections from the Writings of the Báb,Baha'I World Centre,Haifa,1976,p56.

是造物过程形成的区分，而非本质属性上的差异，更无高低、贵贱之别。

人类一家、世界大同的设想早在人类的"轴心时代"就提出来过，如东方圣人孔子的"四海之内皆兄弟"的大同理想，西方柏拉图的"理想国"等都体现了世界大同的思想。儒家的《礼记·礼运篇》中有一段精辟的语言，概括了孔子的大同理想：大道之行也，天下为公。选贤与能，讲信修睦。故人不独亲其亲，不独子其子，使老有所终，壮有所用，幼有所长，矜、寡、独、废、疾者皆有所养。男有分，女有归。货恶其弃于地也，不必藏于己；力恶其不出于身也，不必为己。是故谋闭而不兴，盗窃乱贼而不作，故外户而不闭。是谓大同。在《理想国》中，柏拉图也设计了一幅正义之邦的图景：国家规模适中，以站在城中高处能将全国尽收眼底，国人彼此面识为度。柏拉图认为国家起源于劳动分工，因而他将理想国中的公民分为治国者、武士、劳动者三个等级，分别代表智慧、勇敢和欲望三种品性。治国者依靠自己的哲学智慧和道德力量统治国家；武士们辅助治国，用忠诚和勇敢保卫国家的安全；劳动者则为全国提供物质生活资料。三个等级各司其职，各安其位。在这样的国家中，治国者均是德高望重的哲学家，只有哲学家才能认识理念，具有完美的德行和高超的智慧，明了正义之所在，按理性的指引去公正地治理国家。治国者和武士没有私产和家庭，因为私产和家庭是一切私心邪念的根源。劳动者也绝不允许拥有奢华的物品。理想国还很重视教育，因为国民素质与品德的优劣决定国家的好坏。柏拉图甚至设想在建国之初就把所有10岁以上的人遣送出国，因为他们已受到旧文化的熏染，难以改变。全体公民从儿童时代开始就要接受音乐、体育、数学到哲学的终身教育。教育内容要经严格选择，荷马、赫西俄德的史诗以及悲剧诗人们的作品，一律不准传入国境,因为它们会毒害青年的心灵。柏拉图自称这是"第一等好"的理想国,其他的政体都是这一理想政体的蜕变。

人类历史上许许多多的思想家和杰出人物都曾经盼望建立一个美好、和平、和睦的社会,这也是当前世界各国人民的共同愿望。令人遗憾的是,源自宗教、种族、性别和社会的形形色色的偏见,破坏了人类平等与和睦相处的基础。六千年的人类文明史未曾脱离过战争、冲突、残杀和流血,可以说各种偏见是其中一个重要原因。巴布认为,只有彻底消除宗教、性别、种族和其他危害人类的种种偏见和歧视,实现全人类各个方面的完全平等,实现人类一家,才能彻底消灭战争和纠纷,建立真正的永久的安宁社会。巴布所提出的"正义王国"就是这样一个"至大和平"(巴哈欧拉语)的大同世界的设想。巴布说:

> 在任何时候及任何情况下,上帝都已完全超脱于他的创造物而独存。他过去曾经、将来也永远地怀抱着让全人类都能达到他的天堂之园的欲愿。人人都充满着和平友爱,没有人会致使别人甚至有片刻的伤感。全人类都安居在安全及庇护的发源地,直到审判日的降临,这一日就是那受上帝的促使而显现的显示者的黎明之日。①

在"正义王国"里,上帝的意旨将被普遍接受,正义将会盛行。在这种制度下,没有压迫,没有剥削,人人一律平等而幸福。实行公有制,一些重要资源,如水、空气、土地不允许商品化,因为他们

---

① The Báb,The Persian Bayan Ⅵ,16,Selections from the Writings of the Báb,Baha'I World Centre,Haifa,1976,p86.

不属于任何国家和地区，而是属于全人类。值得一提的是，在巴布运动中，巴布教徒还进行了建立"正义王国"的一些试验：

> 为了追求自由、平等和幸福，巴布教徒在自己的实际生活中废除了私有制度，实行了财产公有。粮食和其他物质都交归公共仓库，由专门选派的人员负责分配。吃的是大锅饭，妇女们再不用围着自己家里的炉灶团团转。这里有专管伙食的炊事员，吃饭排队，按钵子给食，大家兄弟般地围圆圈坐下。①

其实，巴布的大同理想在 19 世纪的伊朗并非是一项现实的社会制度，而是对人类社会演进到成熟阶段、也就是最后的阶段所呈现的完美和谐的终极状态的一种描述。虽然巴布教徒们的"正义王国"一度俨然在地上建立起来，但是由于封建统治者的镇压，这个"正义的王国"也不过是昙花一现，很快就从地面上消失了。巴布的理想愿望虽没有实现，但是人人平等、公有制、构建和谐正义的社会制度等思想，却包含着很多有价值的东西。"巴布教徒朴素的原始共产主义思想，同当时伊期上层社会的欺诈和贪婪相比，是显得多么高尚和可贵！巴布教徒的公有制思想，一直成为伊朗人民宝贵的精神财富。"②

当代学者闵家胤先生认为，巴哈伊教的创始人巴布和巴哈欧拉是马克思和恩格斯的同龄人。但巴布和巴哈欧拉远在东方的穷乡僻壤，在流放和监禁的痛苦生活中，竟然以宗教"天启"的方式

---

① 张桂枢：《伊朗巴布教徒起义》，商务印书馆 1963 年版，第 17 页。
② 同上。

宣扬了一个同共产主义社会非常相近的新的世界秩序,这是令人惊奇的。更令人惊奇的是,这种新的世界秩序在过了 150 年之后竟然为科学的最新发展重新发现和证实! ——正如 E. 拉兹洛在《人类内在的限度》一书中所说:"把系统理论应用于历史,为人类社会的分析提供了新的工具……很显然的,它的主要大纲在 19 世纪时就被波斯的一位先知预言了,他的影响力直到现在才开始为人觉察到。"①

第三节　神学与宗教基础上的"乌托邦"

"乌托邦"(Utopia)本意为"美好的地方"或者"没有的地方"。延伸为一个理想的,但又不可能完成的好事情,其中文翻译也可以理解为"乌"是没有,"托"是寄托,"邦"是国家,"乌托邦"三个字合起来的意思即为"空想的国家"。乌托邦是人类对美好社会的憧憬,它一般用来描写任何想象的、理想的社会。有时它也被用来描写当前社会试图将某些理论变成实现的尝试。巴布所描述的理想社会("正义王国")是建立在神学与宗教基础上的乌托邦。正如空想社会主义的创始人托马斯・莫尔(英国人)在他的名著《乌托邦》中,虚构了一个航海家航行到一个奇乡异国"乌托邦"的旅行见闻。在那里,财产是公有的,人民是平等的,实行着按需分配的原则,大家穿统一的工作服,在公共餐厅就餐,官吏由秘密投票产生。他认为,私有制是万恶之源,必须消灭它。而巴布这里的"正义王国"也是描绘了一个财产公有,人人平等,制度公平,全

---

① 参见闵家胤《马克思主义,巴哈伊教和一般进化论》,《国外社会科学》1991 年第 4 期。

新、幸福的"永恒的王国"。

乌托邦主义是社会理论的一种,它试图借由将若干可欲的价值和实践呈现于一理想的国家或社会,而促成这些价值和实践。一般而言,乌托邦的作者并不认为这样的国家可能实现,至少是不可能以其被完美描绘的形态付诸实现。但是他们并非在做一项仅仅是想象或空幻的搬弄,就如乌托邦主义这个词汇的通俗用法所指的一般。如同柏拉图《理想国》(Republic)向我们描绘出了一幅理想的乌托邦的画面,所显示的目的是:借由扩大描绘某一概念(正义或自由),以基于这种概念而建构之理想社群的形式,来展现该概念的若干根本性质。柏拉图认为,国家应当由哲学家来统治。柏拉图的理想国中的公民划分为卫国者、士兵和普通人民三个阶级。卫国者是少部分管理国家的精英。他们可以被继承,但是其他阶级的优秀儿童也可以被培养成卫国者,而卫国者中的后代也有可能被降到普通人民的阶级。卫国者的任务是监督法典的制定和执行情况。为达到该目的柏拉图有一整套完整的理论。他的理想国要求每一个人在社会上都有其特殊功能,以满足社会的整体需要。但是在这个国家中,女人和男人有着同样的权利,存在着完全的性别平等。政府可以在为了公众利益时撒谎。每一个人应该去做自己份内的事而不应该打扰到别人。"理想国"在当时没有也不可能实施,因为它有许多的想法都不具备实践的可能,只是柏拉图认为,他描绘的这种理想国家,即使不能达到,也还是有其用处的。因为现实的国家追求它,实际上能够使自身变得更好。正如弗兰西斯·高尔芬(Francis Golfing)在《论乌托邦的可能性》一文中所指出的:"乌托邦作家所生活的世界决定了他对于另一世界的想象。这种想象中的世界,在绝对意义上来说,并不是所有可能的世界中最好的世界。这个想象中的世界只是弥补了现实世界所缺乏的东西,然而那一切人类世界中共同具有的基本缺点例外。"也就是说,乌托邦同现实世界一样不完美,但其宗旨却是对未来理想的追求。

在某些其他的场合,例如摩尔(Sir Thomas More)的《乌托邦》(Utopia,1516),其目标则主要是批判和讽刺:将乌托邦中的善良人民和作者所处当时社会的罪恶作巧妙的对比,而借之谴责后者。只有极少数的乌托邦作者——贝拉密(Edward Bellamy)的《回顾》(Looking Backward,1888)即是佳例——企图根据其乌托邦中所认真规划的蓝图来改造社会。就其本质而言,乌托邦的功能乃是启发性的。而巴布这里的乌托邦是根据正义王国所描述的理想蓝图来推行宗教与社会的改革,构建和谐社会与美好家园,为了最终实现大同的目的。但是从构建这个理想蓝图的基础来看,是不切实际的。

"正义王国"如何才能实现?巴布认为,"圣约"是实现理想社会的基础。就像霍布斯、洛克等的社会契约论那样,"社会契约"是经常与自然状态、自然法联系在一起的概念,以"契约"作为国家、政府等政治权威合法性的基础,以其内含的"许诺"说明公民政治服从的必要性和道义性。契约论自从伊壁鸠鲁创始以来经历了古希腊罗马的契约论、中世纪的神学契约论、近代自然法学派的契约论等不同的发展阶段。而巴布的"圣约"就是上帝通过其显圣者与人们订立的契约,也是奠定其"正义王国"合法性的基础,并在很大程度上给这一"正义王国"增添了神秘色彩。

任何一个宗教的目的都是使人信仰神,按照宗教的原则来生活,从一个世俗的、不完满的人逐步成为一个超俗的、完满的、蒙受神恩的人。宗教认为,人是不完满的、有缺陷的,所以仅仅靠人自身的力量不可能实现这一目标,必须依靠神的帮助。所以,任何一种宗教都认为神的救助对于人是不可缺少的。例如,犹太教认为上帝特选以色列人为他的子民,并与以色列人立约,赐予以色列人以特殊的恩典,应允以色列民族繁荣、昌盛、统治其他民族,信仰上帝的以色列人死后会进入天堂等。巴布则宣称,每一位显圣者降临人间,都带有一份契约,这份契约就是上帝的显圣者与其信徒之间订立的,即"圣约"。不约而同地,以前的每个先知都预言了地球上将出现上帝的王国,并预言了上帝将在某一时刻派遣一位使者来完成特定的使命。这位使者可以被认为是耶稣基督的复活,或是穆罕默德的再生,或是隐遁伊玛目的重现,上帝使者的任务就是实现以前各先知的承诺,推动人类走向成熟,在地球上创建上帝的王国。

巴布认为"圣约"是每一天启的本质。在波斯《白杨经》(6:16)中,巴布写道:"宇宙之主从不无由地拣选一个先知,也不会无由地给世人送来任何一本经书,除非他和人类已经建立了'圣约'。上帝呼吁他们接受一个新启示以及一卷经书,因为他的恩赐一旦流出,就永无停止、没有限制。"①巴布向人们宣布,他就是被人们长期等待了近千年的第 12 伊玛目,其使命就是向人们揭示真理。巴布所宣传的"救世主"降临的思想,并不是他独创的。当时不论是官方的什叶派,还是其他派别,都承认救世主马赫迪将会降临。② 但巴布所宣传的救世主思想却具有现实性。他预言:救世主的降临不是遥远的事,而是眼前既要实现的事;救世主不是降临在其他信奉伊斯兰教的国家,而是降临在伊朗,当救

---

① The Báb, The Persian Bayan Ⅵ, 16, Selections from the Writings of the Báb, Baha'I World Centre, Haifa, 1976, p87.

② 李希泌、刘明:《伊朗巴布教徒起义》,商务印书馆 1980 年版,第 12 页。

世主马赫迪降临的时候,"正义王国"就会跟着建立起来。① 在"正义王国"里,"整个人间都将弥漫着真主的甘露,自由、平等将代替奴役与镣铐,正直、纯洁、善良、幸福的生活将代替虚伪、贪婪、残暴的统治。正义将驱走邪恶"。② 巴布自称是上帝派到人间的新时代的先知,他写的《白杨经》就是传达上帝意志的新圣经。

巴布所著的《白杨经》成为巴比教徒的律法书,它取代了《古兰经》,删除了伊斯兰教的律法,代之以新的神圣律法,从而也建立了一个全新的宗教。巴布希望通过宗教原则对社会进行改革。在巴布看来,遵守律法与灵性的知识是同一实体的两个必要的方面。我们会在很多的细节上发现,《白杨经》中的各种律法都是灵性旅程的标志,例如巴布的义务祷文中包括 19 个部分,他描述了这 19 个部分作为一个从身到心的、身心两个领域的一种旅程,这个旅程可被看做身体、灵魂、精神和心四个阶段。身体的阶段代表着净化的身体,是物质外壳的灵性代表;灵魂阶段代表人类灵魂的不断努力,超越自私、欲望的领域,努力获得上帝的喜悦;精神或智的阶段代表灵魂的不断完善,是通过对精神实在的理解而实现;心是原点(显圣者)这一领域在人心层面的反映,是上帝的纯洁启示。达到"心"的灵性层面就会超越有限的王国与对立面,看到万物处于同一体中。③

巴布认为,无论是对于一个人还是社会的提升,都要通过外在的宗教律法和内在的宗教伦理两种方式来实现。宗教律法是通过

---

① 李希泌、刘明:《伊朗巴布教徒起义》,商务印书馆 1980 年版,第 12 页。

② 同上书,第 21 页。

③ Naider Siaedi, Gate of the Heart—Understanding the Writing of the Báb, Wilfrid Laurier University Press,2008,p310.

"他律"来规范人们的行为,达到社会改进的目的。对广大信徒来说,宗教道德具有超越的终极意义,社会道德必须通过宗教道德的"圣化"才能为广大信徒所接受。巴布认为有一个普遍的道德行为法则存在,即他讲的道德金律(黄金法则):

> 就像上帝的存在是为了他本身和他的被造物,你应该一切为了上帝和他的被造物。就像上帝创造你的方式一样,别无所求,在他尊前,不是为了索取或害怕惩罚,一定要以绝对的忠诚崇拜他。所有的行为也是如此,同样也适合于所有的事物和现象。
>
> 如果你打开通向心灵的这扇门,你将确保拥有慈悲者的美德。进而如果所有的人都委屈了你,你将原谅他们,真确的,并对他们施善行。就像上帝,他是荣耀的,对于那些忘恩负义地拒绝履行他的人,上帝会给予他慈悲。同样,此格言适合于所有现象和事物。①

这一普遍律令是巴布道德哲学的本质,所有其他的讨论都是它的延伸和扩大。我们应该注意到,巴布把这一格言当做行为的普遍原则,不仅适用于人与人的相处,并且还适用于其他所有事物和现象界。这一普遍律令包含有深刻的精神原则,给人类行为提供了一面神圣的镜子。

按照巴哈伊学者们的阐述,由于巴布承担了双重使命,也使他

---

① The Báb, Fi's-Suluk Ⅱ, Collection, p456. 转引自 Naider Siaedi, Gate of the Heart—Understanding the Writing of the Báb, Wilfrid Laurier University Press, 2008, pp. 302 - 303。

制定了两种不同的宗教律法。作为上帝的一个独立显现者,巴布在他所启示期间创造了信众需要遵守的宗教律法,来规范信徒的行为。这些律法后来被巴哈欧拉在《亚格达斯经》中给予重申和保留。同时他作为另一个启示(显示者)的先驱地位,制定宗教律法也是为了使其追随者的注意力转向他——巴哈欧拉的来临,因而后来这部律法被巴哈欧拉废除了。因为巴布后期启示的这些律法,看起来极其严厉,甚至与巴布教义的其他部分不相一致,长期以来一直是一个令人迷惑和深思的话题。从字面看来,这些律法确实非常严厉,以至于许多学者和评论家对于巴布及他的意图,得出各种各样的负面结论。内德·赛义迪(Nader Saiedi)认为,仅仅从字面上来理解这些律法,会掩盖或隐藏其真意,因此需要从巴布著作的全部及上下文来考究这些律法的严厉性,那必然会得出截然不同的结论。①

一般来说,在宗教的文本中用比喻的语言来暗示律法的可能性比较小,尽管对于律法的准确意义使用不同的解释,但一般认为律法应该是文字上的而不是用象征性的来表达,因为他们的目的是规范某一具体或确切的行为,并且为人们的行为方式提供一个标准,久而久之构建一个特定社会。但在内德·赛义迪(Nader Saiedi)看来,"巴布的法律独特之处在于,其目的不是为了在任何有意义的时期构建一个社会,因为他的启示不久将被上帝的另一重要显圣者所废除,所以有关法律的一些普遍规律是不适宜于巴布的法律的。他知道他的律法会被下一个允诺者很快所取代,为了实现其他的标志性目的,巴布很自由地运用他的立法的方式。

① Naider Siaedi, Gate of the Heart—Understanding the Writing of the Báb, Wilfrid Laurier University Press, 2008, p299.

因此巴布《白杨经》中所有的章节都把他的律法解释为各自的代号或标志,具有特别的意义。他反复强调,律法最重要的方面是承认其灵性的意义以及其目的的实现,否则遵守法律而不遵守其真正的意义,就失去法律存在的价值。巴布每一条律法都是某种灵性或超越经验存在的一个标准、一个比喻、一种引导、一种参考、一种证明。这些律法和仪式背后隐藏的目的是:信仰应该履行灵性的行为,这种行为应该是由标志性律法所推理而来、真正代表其灵性意义的行为。这种意义是由比喻性的条例引申而来,并且为真理(行为的标志所代表的真理)而辩护。因此巴布经常谈及灵性行为的必要性,在他看来,整个宇宙是上帝显现的标志,是铭刻在每个人心里的神圣行为的迹象。他的律法和仪式被有意识的创造,引导其追随者意识到他们在生活的各个方面的统一性,因此他们的生活变成纯洁的明镜,反射出万物的内在的实在(inner reality),并进一步认识允诺者的出现"。①

思想家在构造自己的空想社会时总是出于某种道德动机,而乌托邦思想便是其道德信念的具体化。巴布的"正义王国"体现了伦理道德的说教,其乌托邦理想本质上是道德性的、伦理性的。但这种道德信念的支撑如果缺少了神圣的力量,就往往流于空洞无力的道德说教,所以巴布的"正义王国"的建立最终离不开那种超越俗世的神圣力量,而《白杨经》正是一本宗教道德的经典。巴布"正义王国"的酝酿毕竟是一次宗教改革运动,是排斥理性的,有更多的宗教神秘主义贯穿在其中。巴布对上帝的信仰无疑是坚定的。巴布义不容辞地做了一个殉道者,他本人也被尊为巴比教

---

① Naider Siaedi, Gate of the Heart—Understanding the Writing of the Báb, Wilfrid Laurier University Press,2008,p309.

和巴哈伊教的创始人。但在当时的伊朗社会,他的"正义王国"也只能是一种充满了神学与宗教色彩的"乌托邦",没能真正降临到人世间。

第七章　巴布宗教思想的影响

第一节　后世对巴布宗教思想的
批评、继承与发展

巴布思想不仅内容极为丰富,而且体系庞大复杂,在表达上多用象征性手法,显得深奥而难以理解,因此也遭到不少学者的批评。如英国剑桥大学的东方学学者 E. G. 布朗就称巴布著作风格怪异、不合常规、安排不系统、表达模糊不清、内容大量重复且有很多语法错误和前后不一致的地方,让普通读者很难理解。有些学者甚至把巴布著作仅仅当做是没有任何现实意义的"考古"现象,更不要说去考究其内容及价值了。彼得·史密斯(Peter Smith)则对巴布的宗教宽容思想提出质疑。他认为,尽管巴布一再宣扬上帝面前人人平等、不应排斥其他宗教,在监禁期间还公开诵读《圣经》,甚至在《白杨经》中他还教导人们对非巴比信徒也应该公平对待,不应强迫他们改变其信仰。但他在《白杨经》中却对信众(巴比)与非信众(非巴比)给予明显的区分,对于非信众,则要求信徒应避免和他们接触,并严格禁止和他们通婚;①他还昭示:除

---

① Peter Smith, The Babi and Bahai Religions From Messianic Shi'Ism To A World Religion, Cambridge University press, 1987, p19.

了商人和从事其他有益的职业者外,仅仅巴比信徒被允许居住在巴比的王国里;非巴比类的书应该被毁灭。彼得·史密斯认为这些做法很难表明巴布有任何现代宗教宽容的精神。① 而丹尼斯·莫凯恩(Denis MacEoin)则指责巴布思想中始终都体现着"圣战"的教义,认为巴布的圣战理论是宣扬要建立一个"巴比的国家",非巴比信徒都要被驱逐出这个国家。巴布对待非信众(非巴比)的措施,甚至超出了伊斯兰教最严厉的做法。② 还有一些学者认为,巴布有关毁灭非巴比类的书等主张,是一种极为激进的手段,是对传统的一种破坏。

另外,由于传统的穆斯林把巴布运动看做是一场异端的宗教运动,一些保守的西方人根据 1848 年欧洲革命的经历,也把巴布运动看做是一种激进主义的行为。因此他们认为巴布运动是以宗教为掩饰,其目的在于推翻伊朗的国家和宗教。除了渲染"巴布的政治意图"外,一些西方自由主义者还散布说,巴布运动拥护并实践财产和女人共有的"共产共妻"说。如英国驻伊朗的外交使节贾斯廷·赛尔(Justin Sheil)就说,在巴比教中没有婚姻的形式,男人和女人只要愿意就可以住在一起,拥有多少个妻子和丈夫没有限制。在穆坚·莫曼(Moojan Momen)看来,这是毫无根据的胡说,而绝不是巴布所主张的,正反映了一些人对巴布信仰的恐惧和怀疑。③

---

① 参见 Peter Smith: Babi and Bahai Religions From Messianic Shi'Ism To A World Religion, Cambridge University press, 1987, p47。

② 参见 Naider Siaedi, Gate of the Heart——Understanding the Writing of the Báb, Wilfrid Laurier University Press, 2008, pp. 358 - 359。

③ 参见 Moojan Momen, The Babi and Baha'i Faiths 1844 - 1944: Some Contemporary Western Accounts, George Ronals, Oxford, 1982, p7。

　　针对有关对巴布思想的质疑与批评,一些学者特别是巴哈伊学者们也给予一一回应。内德・赛义迪(Naider Siaedi)认为,巴布文本的复杂性与奥义性特点,使许多读者或译者感到困惑、为难,因而也望而却步。此外巴布语言有独特的风格,大多数著作是阿拉伯语的,也有相当数量是波斯语的,然而无论是阿拉伯语还是波斯语,巴布对语言都进行了有目的的创新,是非标准化的。这一点就失去了很多的读者,一些人往往太盲目、太简单地认为巴布著作的不规范和错误现象。然而比语言风格更重要的还是其观点,哲学及神秘奥义的复杂性,多角度的象征性特征,微妙的修辞法则等这些都使其文本难以理解,但同时这也正体现出巴布思想内容的丰富、优美及其魅力所在。①

　　至于巴布思想中所体现出的一些激进的方面,如《白杨经》上一些严厉的律法等,巴哈伊教的圣护邵基・阿芬第(Shoghi Effendi)在一封由他人代笔写的书信中做过如下评述:"巴孛所启示的严厉律法与训喻,只有根据他自己关于其启示期的性质、目的和特色所发表的言论来解释,才能正确领会与理解。正如这些言论所明白启示的那样,巴比启示期基本上具有一场宗教革命、甚至社会革命的性质,因此其延续时间必须短暂,但充满悲剧性事件,充满横扫一切的激进改革。巴孛及其追随者们推行的这些激烈措施的目的是削弱什叶派正统信仰的基础,以此为巴哈欧拉的来临铺平道路。为了维护新启示期的独立性,也为了给即将到来的巴哈欧拉的启示做准备,巴孛必须启示异常严厉的律法,尽管这些律法的大多数从未实施过。但他启示了这些律法这一事实本身,是

---

① Naider Siaedi, Gate of the Heart—Understanding the Writing of the Báb, Wilfrid Laurier University Press, 2008, p26.

他的启示期具有独立性的证据,并足以引起如此广泛的震动并招致了神职人员如此强烈的反对,以致他们促使他最终殉难。"①

关于巴布"圣战"方面的一些说法,巴哈伊学者威廉·哈彻和道格拉斯·马丁提出了他们的看法:"巴布在《卡尤穆阿斯玛》(Qayyumu'l-Asmá)中详细论述了《古兰经》有关圣战的基本教义,号召其追随者遵守所在社会的法律秩序,不准攻击穆斯林。巴布把进行圣战的决定权握在自己手上,即使什叶派毛拉对巴比教徒的攻击日趋激烈,他也不准发动圣战。后来启示的《白杨经》(载有巴比教律法的经书)也没有规定"圣战"的内容。这样巴比教徒可以自行决定怎样采取措施保护自己,但不得用刀剑来推行巴比教,因为先知穆罕默德只是在前伊斯兰——阿拉伯野蛮时代准许这样做。巴布说过,他的信仰的安全和最后胜利掌握在上帝手中。"②

巴布的主要思想,被巴哈伊教的思想家们所继承和发展。"巴哈伊教的核心教旨有三条:上帝惟一、宗教同源、人类一家。巴布确立了这些基本原则,而巴哈欧拉具体阐述了这些原则。"③在巴哈欧拉所著的《毅刚经》(也译为《确信之书》、《确信之道》、《笃信之道》)中,他发挥了巴布的思想,就上帝之本质、上帝显圣者的目的和使命以及人类宗教思想不断发展、演化等主题作了系统论述,这部圣典也成为阐述巴哈伊教信仰的基础著作。巴哈欧

---

① 巴哈欧拉:《亚格达斯经》,澳门:新纪元国际出版社 2007 年版,第 162 页。
② 威廉·哈彻、道格拉斯·马丁:《巴哈伊信仰——新兴的世界宗教》,澳门:新纪元国际出版社 1999 年版,第 14—15 页。
③ 蔡德贵:《当代新兴巴哈伊教研究》(修订版),人民出版社 2006 年版,第 288 页。

拉也承认他的启示与巴布启示的一致性:围绕《白杨经》之原点(巴布)而转动的他已经到来。这是巴哈欧拉证实自己的天启非凡的伟大与突出特性的可靠证据。他还肯定说:如果天地间所有的人,在这个时代都具有为《白杨经》之宗徒所命定的能力和特性,他们却全都对承认我的天启有瞬间的犹豫,那么,在上帝的眼中,他们就被视为迷失方向的人,被看做是"虚无之徒"。① 巴哈欧拉在《阿慕德书简》中赞扬巴布为"信使之王",这一表述成为巴哈欧拉信徒的基本信条之一。巴哈欧拉在他的许多书简中颂扬巴布的地位,称《白杨经》为"源经",责令所有的信徒都要遵守其律法和规定的条例(尽管巴布启示期之后,《亚格达斯经》代替了《白杨经》成了这一天启周期的经书之母)。巴哈欧拉在《阿沙卜书简》中向《白杨经》之子民解释说,他在实质上与巴布是同一本体,是同一真理的再次显示。只要他们拒绝他的天启,他们就是在拒绝接受包括巴布天启在内的过去时代的所有天启。巴布引导《白杨经》之子 6 年,他不断发布"上帝使之显圣的他"将要出现的喜讯,要他的信徒为他(新的显圣者,即巴哈欧拉)的到来做准备,把他们的注意力集中到他的伟大与荣耀上,在他们的心中播下爱他的种子,用他的言语之水流浇灌它,结果当巴哈欧拉显示圣道时,大约99%的巴比教徒都承认他,接受了他的圣道。②

　　按照巴哈伊教的观点,《白杨经》是巴布启示期的经书之母,但到了巴哈欧拉时代,它将被《亚格达斯经》所代替。在巴哈欧拉

---

① Shoghi Effendi, God Passes By, Bahá'í Publishing Trust, Wilmette, Illinois, 1974, p98.

② 参见阿迪卜·塔赫扎德《巴哈欧拉启示录》第二卷,澳门:新纪元国际出版社 2007 年版,第 70 页。

及其后来的巴哈伊思想家们看来,《白杨经》应该被认为"主要是称颂那位被应许者之作,而不是指引未来世世代代的永恒律法和规条的典籍"(邵基·阿芬第语)。阿布杜巴哈写道:"除了《亚格达斯经》上提及和肯定的那些律法外,《白杨经》业已为《亚格达斯经》所取代。"①"巴哈欧拉在《伊萨洛各特书简》上提及巴孛规定《白杨经》上的律法必须经他批准这一事实时说,他'将巴孛的部分律法用不同的说法收录在《亚格达斯经》中从而使之有效'。"②实际上,巴哈欧拉的《亚格达斯经》中保留了巴布律法的很多内容,但也进行了不少修正,如,"关于销毁书籍的律法,《巴扬经》命令巴孛的追随者们,除维护圣道和上苍的宗教的律法外,其他书籍一概销毁。巴哈欧拉废除了《巴扬经》上的这一特定律法"。③巴哈欧拉还进一步解释并发挥说:"上苍已经免除了你们遵守《巴扬经》上关于销毁书籍的规条。我们已经准许你们阅读于你们有益的科学书籍,但切莫读那些最终会导致无谓争论的书籍:这对你们更好,唯愿你们属于有悟性的人。"④

　　巴布思想之所以被巴哈伊教思想家们所推崇,与巴布在巴哈伊教中的地位是分不开的。在巴哈伊信仰中,巴布的地位不仅仅限于只是巴哈伊教的一个先驱。巴布本身就是上帝的一个显示者,一个独立宗教的创立者,即使那个宗教在一个简短的时间里就被限制。巴哈伊教认为,巴布和巴哈欧拉都是他们信仰的建立者。关于巴布的特殊地位及其与自己的关系,巴哈欧拉曾这样解释说:

---

　　① 巴哈欧拉:《亚格达斯经》,澳门:新纪元国际出版社2007年版,第161页。

　　② 同上。

　　③ 同上。

　　④ 同上书,第34页。

"只有这么短促的一段时间将我自己的这个最伟大最奇妙的神圣启示与之前的神圣显示者分隔开来,此乃是一个无人能够解开的秘密,也是一个无人能够探索的奥秘。它的持续时间已经被预先命定,绝没有人能够找到它的理由,除非或直至他获知了我的《秘藏经书》之内容。"①巴哈伊教的圣护邵基·阿芬第也断言:"毫无疑问,要求承认由全能者为巴孛所命定的双重地位——这一点由他本人大胆地提出,并由巴哈欧拉多次确认,最后由阿博都·巴哈在他的《遗嘱与圣约》中对其宣示加以承认——构成了巴哈伊天启最显著的特点。这进一步证明了它的独特性,并大大地增强了这个神圣周期所被赋予的神秘权能和权威。确实,巴孛之伟大根本上不是在于他的生命——天意命定他作为如此卓越的一个神圣启示之先驱者——而是在于他被赋予了一个独立的宗教天启所固有的权能,在于他掌握了一个独立的先知地位所拥有的权力,这权力之大是所有在他之前的神圣显示者无法与之相比的。"②

巴布所提倡的一些主张为巴哈伊教义的制定创造了条件,奠定了基础。虽然后来巴哈伊教义与巴布的主张既有异也有同,但由于巴哈伊教是在巴布运动的基础上产生的,所以《白杨经》也一度是巴哈伊教的经典之一,只是后来才被《至圣经》(《亚格达斯经》)所取代。因此,它们之间的联系是非常紧密的,巴布也理所当然地被尊为巴哈伊教的先驱。正像阿布杜巴哈在谈到巴布本人时所说:"这个杰出的灵魂以如此超凡的能力崛然而起,以至于动

---

① 邵基·阿芬第:《巴哈欧拉之天启新世界体制之目的》,澳门巴哈伊出版社1995年版,第32页。

② 同上书,第31—32页。

摇了波斯的宗教、道德、社会状况及其风俗习惯的支柱,并制定起新的规则、新的律法,建立起了一个新的宗教。"①"他给一大群未受启蒙的人灌输了神圣的教育,并对波斯人的思想上、道德上、社会习俗及社会状况上都产生了奇妙的影响。"②巴布所提出的宗教同源、上帝同一、人类一家等重要思想,由巴哈欧拉加以深入阐释和完整表述。巴哈欧拉写下的 100 多部著作,把巴哈伊教教义系统化、体系化,使之成为一个独立的、典型的新兴世界宗教。③

第二节　巴布与巴哈伊信仰在中国

一、从巴比教到巴哈伊教

巴哈伊教,也称作巴哈伊信仰,其历史始于巴布④ 1844 年创立的巴比教⑤,到目前为止已有 166 年的历史。巴布运动失败后,巴布及其部分信徒被伊朗政府裁定为异端并被处决,大约 2 万信徒殉道。由于巴布被害,巴布运动随之陷入低谷,"巴哈伊信仰发展历史的第一个阶段(巴比教阶段)——巴哈伊称为'巴布之天启'——就这样结束了"⑥。但是,巴布所倡导的宗教事业并没有结束。在巴哈欧拉的引领下,巴比教进入了一个新阶段——巴哈

---

①　阿博都巴哈:《已答之问》,澳门:新纪元国际出版社 2004 年版,第 24 页。
②　同上书,第 25 页。
③　参见蔡德贵《巴哈伊信仰的世界主义》,《中国社会科学院研究生院学报》2005 年第 6 期。
④　巴布(the Bab,1819–1850),也译作巴孛,本名赛义德·阿里·穆罕默德,19 世纪伊朗巴布运动的精神领袖,巴比教和巴哈伊教的创始人。
⑤　巴比教,即巴布教,巴哈伊教的前身。
⑥　威廉·S.哈彻、T.道格拉斯·马丁:《巴哈伊教——一个新崛起的世界宗教》,苏逸龙、李绍白译,澳门:新纪元国际出版社 1999 年版,第 10 页。

伊教时期,其后被迅速地广泛传播,逐渐发展成为一个世界性的宗教。

巴哈欧拉时期,巴哈伊信徒扩散到亚洲和非洲的十三个国家。1892 年巴哈欧拉去世,该宗教在其子阿博都·巴哈的领导下开始在欧洲和美洲立足。直到 1921 年阿博都·巴哈去世,巴哈伊教已传播到 33 个国家和地区,巴哈伊社团在北非、远东、澳大利亚和美国纷纷建立。阿布杜巴哈临终前指定邵基·阿芬第(Shoghi Efendi)为巴哈伊教的"圣护"及其教义的阐释者。此后,巴哈伊教的圣典开始被译为各种文字。到 1957 年邵基·阿芬第逝世,巴哈伊教已传播到 200 多个国家和地区,教徒已经增加到 40 万,成为一个世界性的独立宗教。1963 年,来自 56 个国家和地区的巴哈伊教徒代表在英国伦敦举行第一届巴哈伊世界代表大会,经选举产生该教第一届"世界正义院",即万国总灵体会,它是巴哈伊教的最高管理机构,总部设在以色列海法,各国或地区的领导机构称"总灵体会",基层组织为地方灵体会。各级灵体会均由 9 人组成,民主选举产生,定期换届。这就形成了巴哈伊教的世界管理体系。

巴哈伊教是目前全球成长最快的新兴宗教之一。据 2003 年《大不列颠百科全书年鉴》最新统计,至 2002 年全球至少已有 740 万巴哈伊教徒。[①] 在短短的 160 余年里,巴哈伊信仰已出现在 247 个国家和地区,成长为全球分布第二广的、独立的世界性宗教(仅次于基督教),其成员涵盖了 2100 多个不同民族、种族和部落。其圣典有 800 种文字翻译。从教义上来看,巴哈伊教不同于以往的犹太教、基督教、伊斯兰教等各大宗教,显示出独特的宗教天启观。其核心思想是上帝惟一,宗教同源,人类一家。巴哈伊教宣称,所

---

① 《巴哈伊》(中文版),澳门:新纪元出版社 2007 年第 2 版,第 13 页。

有宗教的真理都是相同的,接受一种宗教信仰并不会排除对其他宗教教义的探讨,而成为一个宗教的信徒并不意味着对其他宗教的隔离与谴责。它强调11项原则:自主寻求真理,人类团结,宗教应带来友爱和睦,宗教与科学一致,克服宗教、种族或派别的一切偏见,人的生存机会均等,法律面前人人平等,世界和平,宗教不应干预政治,两性平等、妇女应受教育,圣灵的力量是人的灵性发展的原动力。

1992年在纪念巴哈欧拉逝世一百周年之际,巴哈伊世界正义院向联合国递交了一份题名"世界和平的许诺"的呈文,表达了巴哈伊教对人类未来的关切。走向世界的和平,走向人类的大同,是巴哈伊信徒奋斗的最终目标。近年来,巴哈伊教积极参与推动世界和平、反对贫困、加强环保、普及教育及保护妇幼权益等运动,对各国或地区的政治、社会和文化生态产生了深远的影响。

二、巴哈伊教在中国的传播与发展

巴哈伊教领袖巴哈欧拉、阿博都·巴哈和邵基·阿芬第生前都曾对中国这个具有悠久历史和灿烂文明以及最多人口的大国表示过极大的兴趣。阿博都·巴哈曾说:"中国是未来的国家",他在一份书简中写道:"中国,中国,到中国去!"这也成了巴哈伊教徒不断奔赴中国的动力!

巴哈伊教建立后不久,就有波斯巴哈伊教徒来中国经商和从事传教活动。据载,巴哈伊教在中国的最早记录是一个名叫哈吉·米尔扎·穆罕默德·阿里的商人,他于1862—1868年在上海居住。他是巴哈伊教的创始人之一的巴布的堂弟,从事中国茶叶、瓷器和金银首饰等贸易。1870年后,他还在香港居住过一段时间。1879年,他的弟弟哈吉·米尔扎·布祖尔格也到香港与他合伙做生意,并一起开办了一家贸易公司。他们俩与巴哈欧拉和阿博都·巴哈有通信来往,但从其内容上看不出他们是否在中国传教,只是提及在中国的一些生意的情况。当然,巴哈伊教没有职业传教士,但每位信徒都应有尽力弘教之义务。巴布妻子的侄儿阿加·米尔扎·易卜拉欣于1881—1882年间也曾在香港居住过。1888年有两个巴哈伊到过西藏。但因为当时势单力薄,教徒人数少,最初来华传教者也不多。

　　20世纪是巴哈伊教在世界范围内广泛传播的一个世纪,也是在中国传播的新世纪。从1900年到1949年,先后有一些巴哈伊教徒来华活动,二三十年代在中国的部分城市还出现了信仰社团。20世纪初,陆续有一些伊朗的巴哈伊信徒到中国旅行或经商。查尔斯·里米和霍华德·斯特鲁文于1910年到上海,他们可能是第一批到中国的西方巴哈伊信徒。在中国真正有组织的巴哈伊活动是从侯赛因·乌斯库利与他的两个同伴1914年抵达上海后开始的。侯赛因·乌斯库利稍后将家人也带到上海来定居,这意味着巴哈伊信徒在中国有了第一个固定的活动地点。侯赛因的家成为在中国以及访问中国的巴哈伊信徒的集会点和接待站,也是巴哈伊信徒在中国的最早传教基地。1928年,巴哈伊信徒在上海成立了中国第一个地方灵体会,成员包括一些中国信徒,侯赛因·乌斯库利任第一届秘书。他还是邵基·阿芬第与中国方面保持联系的主要渠道。①

---

　　①　1935年他访问了台湾,并留在那里做了一段时间的茶叶生意。在抗日战争和解放战争的艰难岁月中,侯赛因·乌斯库利可能是惟一的长期定居中国的外籍巴哈伊信徒。1956年2月,侯赛因·乌斯库利在上海逝世,终年82岁,葬于上海江湾公墓。

早期的中国教徒多为留学人员。在中国历史上第一个成为巴哈伊信徒的是陈海安（Chen Hai An），他是美国芝加哥大学和哥伦比亚大学的留学生，1916 年 4 月到 5 月间，他认识了著名巴哈伊信仰者 Zia Baghdadi，在芝加哥成为一名巴哈伊。1916 年 12 月 22 日，他起程从旧金山回到上海。行前，他给一位朋友去信，称："我将于 12 月 22 日乘船返国。请为我祈祷上帝将指引我的工作。我将在上海与一个名叫巴希的巴哈伊信徒会晤，并将努力在上海建立中国巴哈伊灵体会。"①另一位中国巴哈伊教信徒廖崇真在美国康奈尔大学读书时接受了巴哈伊信仰（1921 年入教）。1923 年春季，他回到家乡广东，将巴哈欧拉的《隐言经》、《世界书简》、《塔拉扎特》（亦称《美德书简》）和《伊什拉卡特》等著作的英文本译成中文。这是所见到的最早的巴哈伊中文书籍。

1924 年，曾任广东省蚕丝改良局局长的留学生廖崇真将美籍教友马莎·路特（Martha Root）引荐给孙中山，扩大巴哈伊教在中国大陆的影响。② 20 世纪 30 年代，巴哈伊在中国一些大城市的活动日见增多，一些巴哈伊中文书籍得以出版，报刊上介绍巴哈伊信仰的文章也多了起来。但信徒的数目似乎没有太大的进展。这一时期在巴哈伊信徒主要活动地点的上海只有 10 名成员。这似乎与中国局势动荡多变有关。1937 年 6 月间，玛莎·鲁特从日本第四次来中国，由于日本侵略军不断轰炸，形势危急，她只逗留了不到一个月就被迫离开上海去了马尼拉。玛莎·鲁特女士于 50 年前在处于战乱时的上海所写的一番话，可以说表达了巴哈伊团体对中国所寄予的希望：

---

① 参见蔡德贵《当代新兴宗教巴哈伊教研究》（修订本），人民出版社 2006 年 4 月第 2 版，第 589—590 页。

② 参见雷雨田《孙中山与大同教》，《世界宗教文化》1998 年第 1 期。

　　此时此刻在上海，我亲眼看到了巴哈伊信仰将来能够造福中国的征兆。凭窗远眺，我看到乌云笼罩着中国，笼罩着大海，笼罩着扬子江。天空看上去仿佛阴霾无比，暗淡无光。然而，此时此刻，在那阴森恐怖、缓慢移动的黑暗后面，一轮巨大的光环正在冉冉升起。那笼罩着大地的乌云正渐渐地、不由自主地从视野中消失，不可思议地慢慢融进那白昼的美妙之中。一轮红日蓦然跃起，光芒四射！如此天光，势不可当！今天终于阳光明媚，所有的黑暗已经过去并为人们所忘却。巴哈欧拉如太阳一般出现在中国的思想家们面前。这些思想家们在黎明等候一个新纪元的破晓之时，看见了真理的太阳！

　　前清华大学校长曹云祥也在 20 世纪 30 年代加入巴哈伊教。曹云祥是有名望的教育家，年轻时在耶鲁大学和哈佛大学读书，曾经担任过国民政府的外务次长。他成为巴哈伊信徒后，不遗余力地在中国推广这一教义。他翻译了一些巴哈伊经典，并著书撰文介绍巴哈伊信仰，影响了许多中国人。20 世纪 30 年代，曹云祥加入巴哈伊教，在上海成立了"大同教社"，专门翻译出版巴哈伊教的典籍。主要有《新时代之大同教》、《已答之问题》、《巴黎片谈》、《意纲经》等。他将巴哈伊信仰与中国的文化传统结合起来研究，认为其社会主张与中国传统儒家思想的"大同"理想相通，并与孙中山的"世界大同"主张有相契之处，故将之译为"大同教"①。但当时信奉者较少，再加上政局的动荡，巴哈伊教在中国大陆流传并不广，影响力也不大。至于 1949 年以后中国大陆巴哈

---

　　①　"大同教"这个名字一直沿用到 20 世纪 90 年代初期，才正式更名为"巴哈伊教"。

伊的境况,其活动完全停止,巴哈伊教就几近销声匿迹了。

而在港澳台地区,巴哈伊教却得以快速传播。20世纪50年代初,巴哈伊教的"圣护"邵基·阿芬迪制订了"十年东征"(Ten Year Crusade,1953－1963)计划,其中要求英国巴哈伊教总灵体会负责香港的传教工作,美国巴哈伊教总灵体会负责在亚洲的日本、韩国、菲律宾、中国台湾、中国澳门的传教活动。于是就有一批批外籍巴哈伊教信徒离乡背井,来港澳台地区定居从事传教活动。这种行为被称为"拓荒",它与人们所熟知的基督教传教士工作是不一样的。因为这些拓荒者必须自行谋生,经济自立,而且还要融入到所居住的社区中去。巴哈伊教主动发起的传教活动种类繁多,内容广泛,主要有:制作书刊及音像资料,举办公众集会,在私宅举行非正式聚会。后者即曾在20世纪初风靡一时的"炉边恳谈会",至今仍是宣讲巴哈伊信仰的常用方式。①

1956年,中国台湾的第一个巴哈伊教地方分会在台南成立。同年11月,在台南召开了第一次"全台湾传导会议",有41个信徒参加。在此几个月前,巴哈伊还在台南开办了台湾第一所巴哈伊暑期学校。两年后,台湾的第一个巴哈伊中心在台南成立。1967年,巴哈伊教台湾总会成立。到1992年,台湾有1.4万名巴哈伊教信徒。香港的巴哈伊活动很早,并且一直没有间断过。绝大多数访华或在华居住的巴哈伊信徒都到过香港,带动了巴哈伊在那里的传播。1956年,香港成立了第一个巴哈伊教地方灵体会。1974年,巴哈伊教香港总会诞生,至1993年香港有2500名巴哈伊教徒。澳门也紧跟香港的步伐,在1958年成立了第一个地

---

① 参见巴哈伊世界中心编《巴哈伊信仰》中文版,澳门:新纪元国际出版社2007年7月第2版,第7页。

方分会。到 1989 年巴哈伊教澳门总会成立时,澳门也已有 2000 多名巴哈伊信徒。

改革开放以来,中国大陆的巴哈伊教信徒也呈逐渐上升趋势,据 2008 年澳门巴哈伊教总会的统计数字显示,中国大陆约有两万名巴哈伊教信徒,其中相当数量的是来华的外国人,也有一些是在海外(主要是在美国)成为巴哈伊信徒然后回国的中国人,这些巴哈伊信徒主要分布在北京、上海、广州、西安、天津、兰州、哈尔滨、成都、珠海、深圳、济南、青岛、长春等城市。不过,总地看来,巴哈伊教在中国的传播活动主要局限于个人交往范围。至今中国大陆尚未有巴哈伊教地方分会或总会这一类的组织,也不像在台湾、香港和澳门那样具有合法宗教团体地位。不过值得注意的是,自 20 世纪 90 年代初以来,巴哈伊教组织便开始与中国政府有了官方性质的接触和交往。1993 年,应中国国家宗教事务局的邀请,以崔少卿为团长的巴哈伊教澳门总会代表团访问北京,先后拜访了中共中央统战部、国务院港澳事务办公室、国家宗教事务局、中国社会科学院及中华全国妇女联合会并举行座谈。这是巴哈伊教组织首次与中国政府进行正式的交往。近年来,巴哈伊教与中国政府和有关团体的交往与合作显著增长,形式也更加多样。在这方面,巴哈伊教澳门总会和香港总会扮演了主要角色。2005 年 10 月,同样受国家宗教事务局的邀请,由江绍发任团长的巴哈伊教澳门、香港总会代表团访问了北京和上海,拜访了国务院港澳办、国家宗教事务局以及中国宗教杂志社和宗教文化出版社、中国社会科学院世界宗教研究所巴哈伊教研究中心、中国佛教协会、中国道教协会、中华全国妇联、上海市委统战部、上海市港澳办、上海市民族和宗教事务委员会、中国基督教三自爱国运动会、中国基督教协会、上海市佛教协会和上海市社会科学院。访问期间,国家宗教事务局局长叶小文亲自接见并与代表团座谈,并表示愿意与巴哈伊教开展多方面的交流与合作。2006 年 8 月,巴哈伊教澳门总会与中国国家宗教事务局宗教研究中心在澳门共同举办了跨宗教的"构建和谐社会——探讨宗教的作用"的研讨会,国家宗教事务局派出十多人的高规格代表团参会。2009 年 10 月,巴哈伊教澳门总会再度与中国国家宗教事务局宗教研究中心在澳门回归祖国十周年之际成功举办了"共建和谐:科学、宗教与发展研讨会"。2009年 11 月 29 日,国家宗教事务局政策法规司司长陈宗荣先生及广东省民族宗教事务委员会副主任杨源兴先生等拜访了巴哈伊教澳门总会。①

三、中国的巴哈伊教研究

有关巴哈伊教在中国传播的史料,在民国时期的各大报刊以及巴哈伊教人士所翻译的论著之中就已出现。最早谈及巴哈伊教信仰的是 1924 年 4 月 4 日《广州民国日报》刊载的特别新闻《美国女记者游粤》,1930 年 9 月 23 日《广州市政日报》上刊载了《什么是巴海运动》一文,一些报纸上还有有关巴哈伊教类似的报道。早期的专著是曹云祥在 1932 年所翻译的《大同教之在中国:我为什么信仰大同教》、1933 年所翻译的《大同教对于预言之实践》,以及他于 1932 年所翻译出版的《亚卜图博爱之篇言》、《新时代的大同教》等一系列书籍的导言或跋中均涉及巴哈伊教。其次是廖崇真翻译的《大同教隐言经:博爱和拉启示》等。他们通过翻译,详细介绍了巴哈伊教的信仰,尤其对于巴哈伊教对于中国社会的意

① 巴哈伊教澳门总会网站 http://bahai.cn/bahai-a-china/latest-developments.html。

义方面作了详细论述。20世纪40年代,有部分关于巴哈伊教的书籍,但由于战乱的缘故,许多书籍都散失了或残缺不全。解放后,一直到80年代初,对于巴哈伊教的介绍及研究工作较为薄弱,有关巴哈伊教及其在华传播方面的研究几乎为空白。

20世纪80年代以来,由于我国实行了改革开放政策,宗教研究方面学术气氛相对较活跃。国内出现了有关巴哈伊教方面的文章,一些宗教性书籍如任继愈主编的《宗教词典》,冯今源等著的《伊斯兰教历史百问》,金宜久主编《伊斯兰教史》、《伊斯兰教概论》等开始涉及巴哈伊教的内容。

20世纪90年代,国内有关巴哈伊教的研究有了一定进展。有关巴哈伊教的专题性研究论文有李桂玲的《巴哈伊在台港澳地区的发展及现状》、王佃利的《巴哈伊教的妇女观》、吴晓群的《试析巴哈伊教的上帝观》、蔡德贵《对巴哈伊教基本状况之分析》、金宜久的《论巴哈伊教的世界主义》、雷雨田的《孙中山与大同教在中国的传播》以及蔡德贵、牟宗艳的《儒学的现代化应从巴哈伊教汲取什么?》、高玉春的《巴哈伊教与中庸之道——兼论儒教的中庸和佛教的中道的关系》等有关东西方文化交流和文化发展方面的论文十数篇。

进入21世纪以后,中国大陆汉语界的巴哈伊教研究取得了突破性的进展,教育部在"十五"人文社会科学规划中列入了巴哈伊教的研究计划。随之,一批深入探讨巴哈伊教的研究成果相继出现,主要有:蔡德贵的《巴哈伊教:作为当代宗教的独特教义》、《巴哈伊信仰的世界主义》、《儒学与巴哈伊信仰:和谐社会思想之比较》,吴云贵的《从确信之书看巴哈伊教的渊源》,李维建的《巴哈伊信仰与现代性》,万丽丽的《简论巴哈伊之上帝创物与老子之道生万物的异同》、《巴哈伊教的和谐社会秩序观》,许宏的《"理想

2007 年 5 月 19—20 日,由中国社会科学院巴哈伊研究中心、山东大学巴哈伊教研究所、香港大同文明协进社与巴哈伊教澳门总会联合主办的"追求内心和谐学术研讨会"在青岛大学国际会议中心隆重召开,来自澳门、香港、内地和海外的学者、专家 30 多人齐聚此次交流盛会,从内心和谐的角度为构建和谐社会的宏图大业进行了多方面的探讨

国"和"正义王国":柏拉图与巴布的社会改革蓝图》、《纪伯伦与阿布杜巴哈》,吕耀军的《巴哈伊教神秘主义源流》,庞秀成的《巴哈伊教义的普世伦理观与"底线伦理"的比较》等。专著方面比较有代表性的是山东大学蔡德贵教授所著的《当代新兴巴哈伊教研究》一书,对巴哈伊教的历史、教义以及在华传播的历史等方面作了较为详细的论述,尤其从文化的角度对巴哈伊教的教义进行了分析,并从中国文化发展的角度来阐述巴哈伊教带给中国文化发

展的启示,提出了一些较为新颖的看法,拓展了巴哈伊教的研究领域。

中国社科院世界宗教研究所、上海社科院宗教研究所、山东大学等还举办了一系列有关巴哈伊的学术研讨会,出版了几本论文集。关于巴哈伊教的专门学术机构,目前大陆已有两个巴哈伊研究中心,一个是中国社科院宗教研究所的巴哈伊研究中心,另一个是山东大学巴哈伊研究所(其前身为1996年成立的山东大学哲学系巴哈伊研究中心)。其中,山东大学巴哈伊研究所以蔡德贵先生为学术带头人,从事巴哈伊教研究已经多年了。近年来,他的硕士、博士、博士后一直都在专门从事巴哈伊领域的研究,分别对巴哈伊教的中心人物巴布、巴哈欧拉、阿布杜巴哈、邵基·阿芬第的宗教及哲学思想进行了系统的学术研究,已经完成了《巴哈伊上帝创物与老子道生万物之比较研究》(万丽丽,2008)、《阿博都·巴哈思想述评》(王宝霞,2008)、《巴布宗教思想研究》(许宏,2009)三篇关于巴哈伊教的博士论文和数篇硕士论文。

作为一个新兴的世界宗教,巴哈伊教的教义以及它所代表的宗教文化发展趋势,已引起了思想敏锐的学者和专家们的兴趣。对于巴哈伊教的研究,国外学术界已经给予相当重视,而目前国内的研究虽已取得一定成果,但主要是对其教义、传播历史的研究,如何更广泛深入的开展巴哈伊教的研究,如从社会学、文化学等多视角研究巴哈伊教,探讨巴哈伊教在中国社会的传播发展走向及其所面临的问题,都是应该引起注意的。

四、巴布宗教思想的当代意义

现代化带来了科学技术的快速发展、物质财富的巨大增长,它也使人类社会发生着深刻的变化,甚至引发了人类文明的危机。

由国家宗教事务局宗教研究中心与巴哈伊教澳门总会联合举办的"共建和谐:科学、宗教与发展(2009·澳门)"研讨会于 2009 年 10 月 19—22 日在澳门举行,来自中国两岸四地及多个国家的近两百名政府官员、专家、学者及其他人士济济一堂,共同唱响了一首和谐之曲。图为国家宗教事务局宗教研究中心代表团团长吕晋光为大会致辞

科学技术已经成为了现代社会的第一生产力,但它也越来越成为统治人的因素,使人成为机械流程的工具而变成"单向度的人"(马尔库塞语),造成人类社会的"异化"。人们以实现现代化和追求幸福的名义无节制地掠夺赖以生存的地球。这种技术统治伴随着市场经济的全球扩张使得这个世界越来越世俗化,灵魂的升华和精神信仰被许多人看成是不合时宜的追求。而滥用技术使地球的生态受到极大的破坏,污染日益严重。同时,人们对工具理性的

过分强调导致了价值理性的萎缩,这种价值的倾覆、道德的沦落导致虚无主义的幽灵始终挥之不去,而传统规范的丧失和终极关怀的失落使人无所依靠,难以自立。海德格尔曾尖锐地指出,"现时代正在发生着一种世界性的没落,而这一世界没落的本质性表现就是,诸神的逃遁,地球的毁灭,人类的大众化,平庸之辈的优越地位"。① 而德国存在主义哲学大师马丁·布伯更是"悲伤地看到,在我们这个时代,在科技和工业文明的时代,在这个大众消费的时代,人越来越远离了'绝对',从而也越来越远离了道德,宗教和道德之间形成了一条鸿沟。尽管历史上这条鸿沟曾经是不存在的,但今天情况却完全变了。例如,在古代中国、印度和伊朗的文化中,以及在赫拉克利特时代的希腊文化中,都有宇宙的秩序和人的秩序不可分的思想。那时人们普遍认为'道德的秩序与宇宙的秩序是同一的'。但后来智者们却把'天'和'地'分开了,它们各自服从不同的秩序,其中一些极端的智者更是提出了'人是万物的尺度'的价值相对主义的口号。同样,在古代犹太教中,也存在人神合一的思想。但经过基督教的改造,'以色列的上帝'被完全希腊化,产生出基督教的个体主义,从而宗教和道德的统一关系被破坏殆尽,价值同样被相对化、多元化和世俗化。两千多年来的这种危机一直延续至今。特别是经过 19 世纪费尔巴哈、尼采等人对基督教的批判,各种'还原哲学'成了西方社会的主流思想,哲学家和思想家对道德的解释,完全是从生物的、心理的、历史的、社会的、经济的和政治的角度来进行的,其历史主义的思维方式的直接结果就是道德虚无主义。尼采把'上帝死了'作为人类历史的一

---

① 海德格尔:《形而上学导论》,熊伟、王庆节译,商务印书馆 1996 年版,第45 页。

个转折点,用'强者和弱者的价值'代替了'善和恶的价值',这也就是试图将无意义的生活主流化和永恒化。这就是西方文化的最大危机"。①

可见,信仰缺失、道德失范所产生的人类精神生活的危机,是人类进入现代社会后陷入困境的一个重要原因。巴布在著作中直接阐述了他对"现代性"的看法,他鼓励当时的伊斯兰世界吸纳西方现代性的有益成分,学习西方先进的科学、艺术,但也反对"现代性"中一些极端物质主义的、对道德有害的东西,认为它们将阻止人类文明的进步。巴布认为,"现代性"是一项未完成的设计,需要不断地改善以达到"完美"的境界。人类不仅需要在物质生产、技术创造上的"完美",还需要在道德与精神方面达到"完美"。所以,巴布对"现代性"的认识是深刻的,他一方面反对保守主义者对现代化的抵制和指责,要求信徒们学习西方先进的科学技术,并来使工艺品和生产技术日臻完美;②另一方面,巴布也看到了现代化的种种弊端,认为仅仅物质方面的进步是不够的,也是不完美的,所有的这些物质进步的形式一定要成为获得灵性进步的方式。它们本身不是目的,因此它们一定伴随着内在的完善。在生命中无论是物质的还是精神的方面都要实现其神圣美质。③

在"上帝死了"以后,人类便逐渐斩断了自己与超验世界的联

① 刘杰:《布伯道德思想简论》,《山东大学学报(哲学社会科学版)》2004 年第 3 期。

② The Báb,Kitabu'l-Asma,,INBA 29:626,转引自 Naider Siaedi,Gate of the Heart—Understanding the Writing of the Báb,Wilfrid Laurier University Press,2008,p319。

③ 参见 Naider Siaedi,Gate of the Heart—Understanding the Writing of the Báb,Wilfrid Laurier University Press,2008,p320。

系,因而只能"在世界之中存在"了。人孤零零地生活在这个世界上,无法再期望一个超越的存在者来弥补自身的不足,越来越失去按照道德义务去行为的勇气,结果导致道德虚无主义盛行。而在巴布那里,上帝是一种最高的绝对存在。而且,这一作为存在的本体论特质不仅仅是上帝的内在特征,而且是上帝所独有的。除了这一终极实在外,别无所有,别无存在。人在多大程度上存在,是根据他信仰上帝的程度来定的。巴布虽然处在 19 世纪上半期,但是他所强调的信仰绝对性、规范普遍性以及不排斥世俗性的观点都是出于对永恒人性的思考,因而具有超出那个时代的普遍意义。即便是在现代社会,这些思想也并没有被完全超越,它们对当代人类的现实生存仍然具有重要的借鉴意义。

如何认识和解决不同宗教、文化之间的关系,寻求不同文明之间的对话,也是当前人类面临的一个重大问题。美国著名学者塞缪尔·亨廷顿(Samuel Huntington)于 20 世纪 90 年代早期提出了"文明冲突"理论(Clash of Civilization)。他认为冷战后将决定和影响世界秩序的因素,不是意识形态、民主或者政治体制,而是不同文明之间的文化及宗教差异;世界冲突,将更多来自于文明的冲突。认为目前世界上主要有七大文明的冲突,而伊斯兰文明和儒家文明可能共同对西方文明构成威胁或提出挑战。此观点引起了许多国家的政界和学术界的广泛关注和争论。应该说,"文明冲突论"虽然失之偏颇,但一定程度上也说明了当前世界上存在的种族与文明冲突问题。当前国际社会风云变幻,各种矛盾和冲突普遍存在。这里有民族矛盾、种族冲突、政治对立甚至战争,这些矛盾往往都与不同文化与文明之间的纠纷和冲突有关。如中东战争不断,恐怖主义的威胁等,这些问题的背后,都需要人们的反省。由于不同的文化传统背景(比如东西方文化传统背景),不同的价值理念追求(比如美国的自由民主与伊朗伊斯兰共和国的伊斯兰教价值观),不同的经济和军事实力等多方面的因素,决定了人们对世界新秩序设想的不同追求。其中具有根本性的战略分歧,就在于如何认识和解决不同文明间的关系问题。

巴布提出了"天下一家"的大同理念,认为世界上不同种族、民族、部落、文化的人们,没有地区差异,没有信仰的不同,这体现出一种"多样性的统一"。在"天下一家"的世界里,各民族的文化、信仰都是平等的,它们既无长短之分,更无优劣之辨。无论是东亚、西欧还是南非、北美,都不是世界文明的价值中心或人类文化的终极意义。美国著名历史学家菲利普·希提曾明确肯定阿拉伯文明与西方文明之间的"亲缘关系"。他指出,阿拉伯人与西方人都信仰同出一源的一神教,是与西方共享希腊—罗马文化传统的人民,是在整个中世纪时期高举文明火炬并对欧洲文艺复兴作出慷慨贡献的人们。这些热情洋溢的评价,都如实地、充分地肯定了伊斯兰文明与西方文明友好交往、互相学习和借鉴的历史。①越来越多的人们开始认识到,只有用文明对话来代替文明冲突,人类才可能携起手来,共同塑造一个美好的世界。

在巴布的"正义王国"里,正义将会盛行,人人一律平等而幸福,实行公有制,一些重要资源,如水、空气、土地等不允许商品化,因为它们不属于任何一个国家和地区,而是属于全人类。这种思想对未来全人类理想社会的建构仍然具有重要价值。在现代社会,由于一部分人、一些集团甚至某些国家为了自己的私利,对地球上的自然资源大肆占有、开发,并由此引发了水资源危机、环境

---

① 吴云贵:《伊斯兰与西方 文明冲突与对话》,《中国宗教》2008年第6期。

污染等一系列全球性的问题。在房地产开发中,一些人任意买卖土地,哄抬房产价格,谋求暴利,一些穷人却买不起房子,这必然会导致社会不稳定。对水资源的争夺,也不断引发各国、各地区之间的纠纷和战争。如在中东和平进程的历次重大谈判中,水资源总是有关各方激烈争论的一个重要问题。在巴布和巴哈伊教看来,当我们无条件地承诺这样一个价值公设,即各民族的文化传统、民族精神都是平等的,而全人类都是同一个种族时,我们才能最终告别东西冲突、南北对抗和各方碰撞的纷乱时代,真正跨入和平与发展的新纪元。而一个不断发展的、和谐的全球文明也只有在多种文化充满活力的互动中才能出现。

参考文献

1. 张桂枢主编《伊朗巴布教徒起义》，商务印书馆 1962 年版。

2. 李希泌、刘明：《伊朗巴布教徒起义》，商务印书馆 1980 年版。

3. 蔡德贵：《当代新兴巴哈伊教研究》（修订版），人民出版社 2006 年版。

4. 世界正义院主编《圣言与默思》，梅寿鸿译，马来西亚峇亥出版社，未注出版年。

5. 世界正义院主编《励心集》，苏英芬译，台湾大同教巴哈伊出版社 1990 年版。

6. 巴哈欧拉：《亚格达斯经》，澳门：新纪元国际出版社 2007 年版。

7. 阿博都巴哈：《已答之问》，澳门：新纪元国际出版社 2004 年版。

8. 阿迪卜·塔赫扎德：《巴哈欧拉启示录》（第一卷），曾佑昌译，澳门：新纪元国际出版社 2006 年版。

9. 阿迪卜·塔赫扎德：《巴哈欧拉启示录》（第二卷），曾佑昌译，新纪元国际出版社 2007 年版。

10. 曹云祥：《大同教的贡献》，大同教社印行，1932 年版。

11. 曹云祥主编《至大之和平》,大同教社 1932 年版。

12. 曹云祥:《大同教之在中国》,大同教社译印,未注出版年。

13. 爱斯猛:《新时代之大同教》,曹云祥译,台湾省大同教出版译述委员会 1970 年版。

14. 纳米尔·阿仁:《破晓之光》,梅寿鸿译,马来西亚巴哈伊出版社 1986 年版。

15. 季娜·索拉比:《纳比尔手记》,澳门:新纪元国际出版社 2002 年版。

16. 威廉·哈彻、道格拉斯·马丁:《巴哈伊信仰——新兴的世界宗教》,苏逸龙、李绍白译,澳门:新纪元国际出版社 1999 年版。

17. 威廉·西尔斯:《释放太阳》,澳门:新纪元国际出版社 1997 年版。

18. 巴哈欧拉:《笃信之道》,未刊本。

19. 法图麦·李静远:《〈古兰经〉译注》,香港:世界华人出版社 2005 年版。

20. 金宜久主编《伊斯兰教词典》,上海辞书出版社 1997 年版。

21. 蔡德贵:《中国和平论》,山东人民出版社 2007 年版。

22. 蔡德贵主编《当代伊斯兰阿拉伯哲学》,人民出版社 2001 年版。

23. 巴哈欧拉:《隐言经》,澳门:新纪元国际出版社 1998 年版。

24. 巴哈欧拉:《七谷经》,澳门:新纪元国际出版社 2006 年版。

25. 巴哈伊世界中心编辑部:《神圣辅助的力量》,澳门:新纪元国际出版社 1994 年版。

26. 巴哈欧拉:《巴哈欧拉圣典选集》,澳门:新纪元国际出版社 2006 年版。

27. 巴哈欧拉、阿博都巴哈、邵基·阿芬第:《灵性的生活》,澳门:新纪元国际出版社 2007 年版。

28. 巴哈欧拉、阿博都巴哈、邵基·阿芬第、世界正义院:《生活的艺术》,澳门:新纪元国际出版社 2007 年版。

29. 阿博都巴哈:《世界团结之基础》,澳门:澳门巴哈伊出版社 1992 年版。

30. 阿博都巴哈:《巴黎谈话》,澳门:新纪元国际出版社 1999 年版。

31. 阿博都巴哈:《阿博都巴哈的遗嘱》,澳门:新纪元国际出版社 2005 年版。

32. 白有志:《阿博都巴哈——建设新世界秩序的先锋》,澳门:新纪元国际出版社 2001 年版。

33. 阿布杜巴哈:《阿布杜巴哈著作选集》,澳门:新纪元国际出版社 2004 年版。

34. 邵基·阿芬第:《巴哈欧拉之天启 新世界体制之目的》,澳门:澳门巴哈伊出版社 1995 年版。

35. 邵基·阿芬第:《美洲与至大和平》,澳门:新纪元国际出版社 2007 年版。

36. 世界正义院:《人类的繁荣》,澳门:新纪元国际出版社 1994 年版。

37. 世界正义院:《世界和平的承诺》,澳门:新纪元国际出版社 1997 年版。

38. 江绍发主编《毁灭新世界秩序》,澳门:新纪元国际出版社

1997 年版。

39.《灵魂的进步》,马敬东译,澳门:新纪元国际出版社 2003 年版。

40. 胡提·法提阿尚:《新园》,澳门:新纪元国际出版社 2002 年版。

41. 李绍白编《探索真发展之路——〈天下一家〉发展通讯录》,澳门:新纪元国际出版社 1999 年版。

42. 李绍白:《人类新曙光》,澳门:新纪元国际出版社 2001 年版。

43. 巴哈伊国际社团:《过渡期共同价值观探索》,澳门:新纪元国际出版社 2007 年版。

44. 任继愈主编《宗教大词典》,上海辞书出版社 1998 年版。

45. 吴云贵主编《巴哈伊教研究论文集》(第三集),中国社会科学院世界宗教研究巴哈伊研究中心 2008 年版。

46. 金宜久主编《伊斯兰教词典》,上海辞书出版社 1997 年版。

47. 蔡德贵、仲跻昆:《阿拉伯近现代哲学》,山东人民出版社 1996 年版。

48. 方立天:《佛教哲学》,长春出版社 2006 年版。

49.《巴哈伊祷文》,澳门:新纪元国际出版社 2000 年版。

50.《巴哈伊》(中文版),澳门:新纪元出版社 2007 年版。

51.《巴哈欧拉》,澳门:新纪元国际出版社 2006 年版。

52. 何光沪:《多元化的上帝观——20 世纪西方宗教哲学概览》,贵州人民出版社 1991 年版。

53. 卓新平主编《宗教比较与对话(第一辑)》,中国社会科学出版社 2000 年版。

54. 蔡德贵:《阿拉伯哲学史》,山东大学出版社 1992 年版。

55. 金宜久主编《伊斯兰教词典》,上海辞书出版社 1997 年版。

56. 金宜久主编《伊斯兰教史》,中国社会科学出版社 1990 年版。

57. 傅有德等主编《跨宗教对话:中国与西方》,中国社会科学出版社 2004 年版。

58. 单纯:《当代西方宗教哲学》,中国社会科学出版社 2004 年版。

59.［苏］米·谢·伊凡诺夫:《伊朗史纲》,生活·读书·新知三联书店 1973 年版。

60. 蔡德贵主编《东方著名哲学家评传·西亚北非卷》,山东人民出版社 2000 年版。

61. 海德格尔:《形而上学导论》,熊伟、王庆节译,商务印书馆 1996 年版。

62. 汉斯·昆:《世界宗教寻踪》,生活·读书·新知三联书店 2007 年版。

63. 曾仰如:《宗教哲学》,台湾:台湾商务印书馆 1986 年版。

64. 刘宗贤、蔡德贵主编《当代东方儒学》,人民出版社 2003 年版。

65. 塞缪尔·亨廷顿:《文明的冲突与世界秩序的重建》,周琪译,北京新华出版社 2002 年版。

66. 戴康生主编《当代新兴宗教》,东方出版社 1999 年版。

67. 罗斯特:《黄金法则》,赵稀方译,华夏出版社 1999 年版。

68. 孙鼎国主编《世界人学史》(第四卷),河北人民出版社 2003 年版。

69. 冯友兰:《人生哲学》,广西师范大学出版社 2005 年版。

70. 陈根法、汪堂家:《人生哲学》,复旦大学出版社 2004 年版。

71. 尚九玉:《宗教人生哲学思想研究》,北京师范大学出版社 2000 年版。

72. 亚太图书编辑部编《世界宗教之旅》,刘玲译,新加坡:亚太图书有限公司 2008 年版。

73. 吴云贵:《伊斯兰教义学》,中国社会科学出版社 1995 年版。

74. 欧文·拉兹洛:《人类的内在限度》,黄觉、闵家胤译,社会科学文献出版社 2004 年版。

75. 高师宁:《新兴宗教初探》,中国社会科学出版社 2006 年版。

76. 沙伦·M. P. 哈珀主编《实验室·庙宇·市场——对科学、宗教和发展的交互作用的反思》,张继涛等译,广东人民出版社 2006 年版。

77. 乔卡特:《广厦:中国与新世界秩序研究》,中国工人出版社 2009 年版。

论文:

78. 蔡德贵:《巴哈伊信仰的世界主义》,《中国社会科学院研究生院学报》2005 年第 6 期。

79. 纳忠:《伊朗巴布农民运动及对"巴哈主义"的批判》,《云南大学学报》1956 年第 1 期。

80. 高玉春:《巴哈伊教与中庸之道——兼论与儒教的中庸和佛教的中道的关系》,《世界宗教文化》1995 年第 2 期。

81. 吴晓群《从和而不同到多样性之统一:对文化多样性的

一种承诺》,《当代宗教研究》(季刊)2007 年第 1 期。

82. 蔡德贵:《巴哈伊教:作为当代宗教的独特教义》,《世界宗教研究》2005 年第 1 期。

83. 金宜久:《巴哈教的世界主义》,《世界宗教研究》1997 年第 2 期。

84. 吴云贵:《伊斯兰与西方文明冲突与对话》,《中国宗教》2008 年第 6 期。

85. 吴云贵:《从〈确信之书〉看巴哈伊教的渊源》,《世界宗教研究》2004 年第 2 期。

86. 包心鉴:《一部研究巴哈伊教的拓荒之作:〈当代新兴巴哈伊教研究〉》,《济南大学学报(社会科学版)》2003 年第 1 期。

87. 刘杰:《布伯道德思想简论》,《山东大学学报(哲学社会科学版)》2004 年第 3 期。

88. 吕耀军:《巴哈伊教的诺露兹节》,《世界宗教文化》2005 年第 3 期。

89. 蔡德贵:《阿拉伯世界的伊斯兰宗教哲学》,《济南大学学报(社会科学版)》2002 年第 1 期。

90. 蔡德贵:《对巴哈伊教基本状况之分析》(上),《宗教学研究》1999 年第 1 期。

91. 蔡德贵:《对巴哈伊教基本状况之分析》(下),《宗教学研究》1999 年第 2 期。

92. 吕耀军:《巴哈伊教〈亚格达斯经〉释义》,《世界宗教文化》2006 年第 4 期。

93. 闵家胤:《巴哈伊教》,《民主与科学》1994 年第 1 期。

94.《巴哈伊团体庆巴布宣示日》,《实华日报》2004 年 5 月 24 日 A9。

95. 周燮藩:《什叶派伊斯兰教在伊朗的历史演变》,《西北第二民族学院学报》2006 年第 3 期。

96. 马通、马海滨:《巴布的理想》,《世界宗教文化》2004 年第 1 期。

97. 闵家胤:《马克思主义,巴哈伊教和一般进化论》,中国社会科学院文献情报中心《国外社会科学》1991 年第 4 期。

98. 李维建:《巴哈伊信仰与现代性》,《文史哲》2004 年第 1 期。

99. 陈进国:《巴哈伊教(大同教)在台湾早期的传教活动》,中文伊斯兰学术城 http://www. islambook. net/xueshu/list. asp? id=2899。

100. 万丽丽:《巴哈伊上帝创物与老子道生万物之比较研究》,山东大学博士论文,2008 年 11 月 11 日。

101. 王宝霞:《阿博都·巴哈思想评述》,山东大学博士论文,2008 年 6 月。

102. 王霞:《大同教在中国的传播》,广州大学硕士学位论文,2003 年 6 月。

103. 吴正选:《巴哈伊教论现代文明危机的根源及其出路》,山东大学硕士论文,2003 年 6 月。

104. 牟宗艳:《孔孟所代表的儒家社会思想与巴哈伊教社会思想之比较》,山东大学硕士论文,1999 年 6 月。

105. 庞秀成:《巴哈伊基本教义:演进、传播及比较》,东北师范大学博士论文,2009 年 5 月。

英文参考资料:

106. The Báb, *Selections from the Writings of the* Báb, Compiled by the Research Department of the Universal House of Justice, Baha'I

World Centre, Haifa, 1976.

107. Naider Siaedi, *Gate of the Heart—Understanding the Writing of the* Báb, Wilfrid Laurier University Press, 2008.

108. Edward Granville Browne, *A summary of the Persian Bayan*, Selections from the Writings of E. G. Browne on the Babi and Baha'i Religions, George Ronald, 1987.

109. Mary Perkins, *Hour of The Dawn: The Life of the* Báb, George Ronald Oxford, 1987.

110. Abbas Amanat, *Resurrection and Renewal—The Making of the Babi Movement in Iran* (1844 – 1850), Cornell University Press, 1989.

111. Naider Siaedi, *Logos and Civilization: Spirit, History, and Order in the Writings of Bahá'u'lláh*, Publisher: University Press of Maryland, Bethesda, 2000.

112. Hasan M Balyuzi, *The Báb: The Herald of the Day of Days*, George Ronald, 1973.

113. Wanden Mathews, La Farge, *The Relation of the Báb to the Traditions of Islam*, in The Baha'i World: A Biennial International Record, Volume Ⅲ, 1928 – 1930.

114. Robert Stockman, *Some Notes on The Báb*, Collection: Article unpublished, Bahai Library Online.

115. http://bahai-library. com/collection. php? collection = Article_unpublished.

116. Todd Lowson, *The Structure of Existence in the Báb's Tafsír and the Perfect Man Motif*, Bahá'í Studies Bulletin, 1992. 2.

117. Hasan. M. Balyuzi, *Khadijih Bagum—The Wife of the Báb*,

George Ronald, Publisher 1981.

118. Moojan Momen, *The Babi and Baha'i Faiths* 1844 – 1944: *Some Contemporary Western Accounts*, George Ronals, Oxford, 1982.

119. Joseph Sheppherd, *The Elements of The Bahai Faith*, Great Britain Element Books Limited, 1992.

120. Amelia L. Danesh, *Some Reflection on the Different Meaning of the Word Báb*, The Journal of Bahai Studies 1989 – 1990, Volume 2, Number 3.

121. Huschmand Sabet, *The heavens are Cleft Asunder*, George Ronald, Oxford, 1975.

122. John Ferraby, *All Things Made New: A Comprehensive Outline of The Bahai Faith*, George Allen and Unwin Ltd, 1957.

123. J. E. Eslemont, *An Introduction to the Bahai Faith: Baha'u'llah and the New Era*, Baha'I Publishing Trust, Wilmette, Illinois, 1970.

124. Moojan Momen e. d. *Selections from the Writings of E. G Brown on the Bábí and Bahá'í Religions*. Oxford: George Ronald, 1987.

125. Abdu'l-Baha, *A Traveler's Narrative: Written to Illustrate the Episode of the Báb*, Baha'I Publishing Trust, Wilmette, Illinois, 1980.

126. Abdu'l-Baha, *Some Answered Questions*, Bahá'í Publishing Trust, Wilmette, Illinois, 1987.

127. Peter Smith, *The Babi and Baha'i Religions: From messianic Shi'ism to a world religion*, Cambridge: Cambridge University Press, 1987.

128. The Universal House of Justice, *Conservation of the Earth's*

Resources, The Baha'I Publishing Trust, London, 1990.

129. Peter Smith and Moojan Momen, *The Babi Movement*: *A Resource Mobilization Perspective*, In Iran: Studies in Bábí and Bahá'í History vol. 3, Los Angeles: Kalimat Press, 1986.

130. Moojan Momen, *An Introduction to Shii Islam*, Yale University Press, 1985.

131. Hushidar Motlagh ed. *Unto Him Shall We Return—Selections From the Baha'I Writings on the Reality and Immortality of the Human Soul*, Baha'I Publishing Trust, Wilmette, Illinois, 1985.

132. Glenn Cameron, Wendi Momen ed. *A Basic Bahá'í Chronology*, George Ronald, Oxford, 1996.

133. Wendi Momen ed. *A Basic Baha'I Dictionary*, George Ronald, Oxford, 1989.

134. Geoffrey Nash, *The Phoenix and the Ashes*: *The Bahá'í Faith and the Modern Apocalypse*, George Ronald, Oxford, 1984.

135. William Sears, *Thief in the Night*, George Ronald, Oxford, England 1992.

136. Lady Blomfield, *The Chosen Highway*, The Bahá'í Publishing Trust, London 1956.

137. Moshe Sharon, *Studies in Modern Religions, Religious Movements and the Babi-Baha'I Faiths*, Brill Academic Publishers, September 2004.

138. Hasan M Balyuzi, *Edward Granville Browne and the Baha'i Faith*, George Ronald, 1970.

139. Edward Granville Browne, *Materials for the Study of the Babi Religion*, Cambridge University Press, 1918.

140. Edward Granville Browne, *Selections from the Writings of E. G. Browne on the Babi and Baha'i Religions*, George Ronald, 1987.

141. Edward Granville Browne, Tarikh-i-Jadid: *The New History of Mirza Ali Muhammad, the Báb*, Cambridge 1893.

142. Edward Granville Browne, *A Traveler's Narrative Written to Illustrate the Episode of the Báb*, Cambridge Univ. Press, 1891.

143. Moojan Momen, *Introduction to Shi'i Islam*, Yale University Press, 1985.

144. Moojan Momen, *The Phenomenon of Religion*, One World, Oxford, 1999.

145. Baha' u'llah, Tablets of Baha' u'llah. Haifa: Baha'i World Centre, 1978.

146. Shoghi Effendi, *Call to the Nations: Extracts from the Writings of Shoghi Effendi*, Baha'i World Centre, 1977.

147. Shoghi Effendi, *Dawn of a New Day*, India BPT, 1970.

148. Shoghi Effendi, *God Passes By*, US BPT, 1970.

149. Peter Smith, *A Short History of the Baha'i Faith*, One world, 1996.

150. William Mcelwee Miller, *The Bahai Faith: Its History and Teachings*, William Carey Library, 1974.

151. Sepehr Manuchehri, *The Practice of Taqiyyih in the Babi and Bahai Religions*, Australian Bahai Studies, Volume 2, 2000.

152. Mark T. Wood, *Genealogical Background of the Founders of the Babi and Bahai Faith*, Australian Bahai Studies, Volume 3, 2001.

153. Y. A. Loannesyan, *The Perfect Man and Manifestation of God*, Lights of Irfan Book II, Irfan Colloquia Bahai National

Center, 2001.

154. Alessandro Bausani, *Religion in Iran: From Zoroaster to Baha' ullah*, Translated by J. M. Marchesi, Bibliotheca Persica Press, New York, 2000.

155. Heshmat Moayyad, *The Bahai Faith and Islam*, Baha'I Studies Publications, Ottawa, Canada, 1990.

156. Denis MacEiin, *Early Shaykhi Reactions to the Báb and His Claims*, Studies in Babi and Baha'I History Volume One, Ed. By Moojan Momen, Kalimat Press, Los Angeles, 1982.

157. Mangieh Gail, *Baha'I Glossary*, Baha'I Publishing Trust, Wilmette, Illinois, 1955.

158. Nathan Rutstein, *Seeking Faith: Is Religion Really What You Think It Is*, Baha'I Publishing, Wilmette, Illinois, 2002.

159. Paul Lample, *Creating A New Mind*, Palabra Publication, 1999.

160. Lasa Janti, Baha'I: The New Vision, One World Press, U. S. A, 2005.

161. Keven Brown e. d. *Evolution and Baha'I Belief: Abdu'l-Baha's Response to Nineteenth-century Darwinism*, Kalimat Press Los Angeles, 2001.

162. Todd Lawson, *Qur'an Commentary of Sayyid 'Alí Muhammad, the Báb*, Doctoral dissertation, Department: Institute of Islamic Studies, McGill University, 1987 - 07.

163. Peter Ludwig Berger, *From Sect to Church: A Sociological Interpretation of the Baha'i Movement*. Doctoral dissertation: New School for Social Research(New York), 1954.

164. Roxanne Lalonde, *Unity in Diversity: Acceptance and*

Integration in an Era of Intolerance and Fragmentation. Master's Thesis: Carleton University(Ottawa, Ontario), 1994.

165. Herzog, Laurie. *A Preliminary Analysis of the Baha'i Concept of Mental Health.*

166. Doctoral dissertation: Illinois School of Professional Psychology(Chicago Campus), 1998.

167. Zaid Lundberg, *Baha'i Apocalypticism: The Concept of Progressive Revelation.*

附录一 巴布陵寝梯田花园
——世界文化遗产地

2008 年 7 月 10 日 18 点,中央电视台新闻频道播出了一条国际时讯:

> 联合国教科文组织世界遗产委员会 8 号结束对候选世界遗产地的评审工作。位于以色列北部海滨城市海法的巴哈伊圣地,新增为世界文化遗产地。
>
> 位于海法的巴哈伊圣地,由巴孛陵寝和一个依山而建的梯田花园组成,波斯风格浓郁。其中,镀金圆顶的巴孛陵寝是曾预言巴哈伊教创始人即将出现的巴孛的遗体埋葬地,也是海法的地标。
>
> ……

巴布陵寝梯田花园,也称作巴哈伊花园,位于以色列第三大城市海法的卡梅尔山。这里依山傍水,西濒地中海。此处圣地是以世界新兴宗教巴哈伊宗教先知巴布的陵寝为核心加上依山修建的 18 级梯级花园以及世界正义院、巴哈伊文献研究中心等建筑构成。

卡梅尔山(Carmel)肥沃富饶,在希伯来语中的意思是"上帝的葡萄园"。《圣经·旧约全书·雅各》(7:5)中有这样的诗句："你的头在你身上象卡梅尔山(俊美)。"根据《圣经》记载,大约3000年前,先知义赛亚(Isaiah)和以利亚(Elijah)就曾先后在卡梅尔山居住。卡梅尔山不仅在犹太教徒和基督徒的心目中是神圣的,同时也是巴哈伊教的圣地。巴哈伊教的最高行政机构巴哈伊世界中心(也称世界正义院)就坐落在美丽的卡梅尔山上。巴哈伊圣地巴布陵寝、悬空式阶梯花园及建筑群尤其受世人瞩目。在2008年联合国教科文组织对世界遗产委员会对候选世界遗产地的评审工作中,位于以色列北部海滨城市海法的巴哈伊圣地(巴布陵寝和周围的阶梯式花园)和位于阿卡附近的巴哈欧拉神庙一并被列入《世界遗产名录》,新增为世界文化遗产地。这也是世界上第一个与近代宗教(仅约160多年的历史)有关的建筑群被列为世界文化遗产。世界遗产委员会评价其不仅具有普世的精神价值,在建筑风格和设计上也具备独特的文化价值。

巴布作为伊朗巴布运动的领袖、巴哈伊教的先驱和创始人,由于当时面临波斯的内忧外患,世人在期待救世主重返人间来拯救不合理的社会现实,1844提出建立一个新宗教——巴比教。巴布的很多主张受到国王和高级阿訇的反对,于1850年在大不里士城遇难。他的遗骸被一个门徒冒着生命危险偷运出来,被巴哈伊教友辗转隐藏,之后在阿布杜巴哈的指示下,经依斯法汉、克尔芒沙、巴格达以及大马士革运往贝鲁特,然后由海运运往阿卡城,最终于1899年1月31日抵达目的地——以色列海法的卡梅尔山上。①阿布杜巴哈立即着手在巴哈欧拉指定的地点修建最初的巴布陵寝

---

① 参见威廉·西尔斯《释放太阳》附录五,澳门:新纪元国际出版社1997年版。

结构。但由于种种原因又经历 10 年之久,直到 1909 年,坐落在卡梅尔山腰上的巴布陵寝才终于完成(参见图 1)。阿布杜巴哈遵照

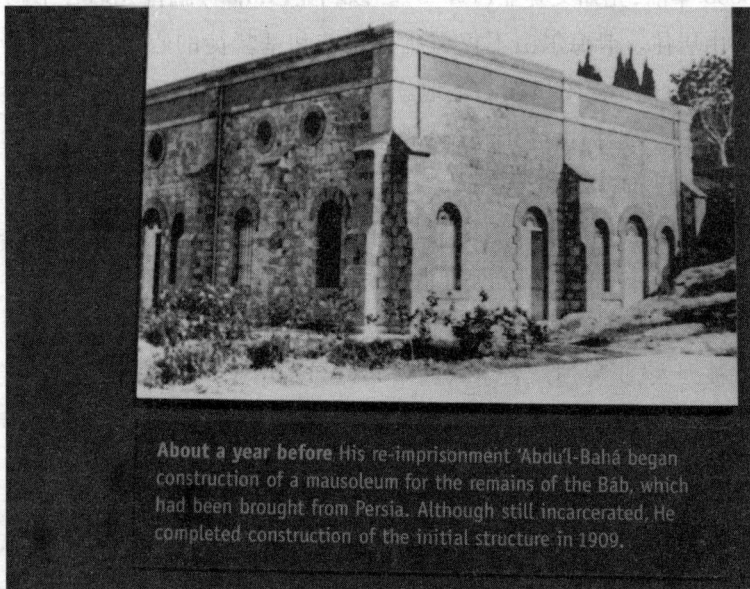

About a year before His re-imprisonment 'Abdu'l-Bahá began construction of a mausoleum for the remains of the Báb, which had been brought from Persia. Although still incarcerated, He completed construction of the initial structure in 1909.

1909 年阿布杜巴哈建成了巴布陵寝的最初构造

巴哈欧拉的指示,亲手将装着巴布遗体的木棺放入陵穴内的大理石棺中。阿布杜巴哈向信徒们宣布:"最可喜的消息是那神圣光辉的巴孛遗体……经过六十年的辗转后……不知何谓安息和宁谧。现在由于阿帕哈美尊的慈悲,在诺露兹(新年)的当天已隆重地安置在卡梅尔山上崇高陵寝中的神圣棺木中。"①当著名的东方学者——尼古拉斯听说已为巴布建立了一所陵寝时,他一直盼望

① Shoghi Effendi, God Passes By, US BPT, 1970, p276.

着能去看它,他对巴布如基督般的一生非常感动,并曾热情地为其而著作。巴哈伊教圣护——邵基·阿芬第寄赠了一幅陵寝的画像及一本纳比尔所著的有关巴哈伊教早期的历史书《破晓之光》(The Dawn Breakers)给尼古拉斯,他感动地亲吻信差的手。由此,巴布的遗体在巴哈欧拉的指示下终于安葬在卡梅尔山——上帝的"葡萄园"中,安息在以利亚的山洞边,他的陵寝正面对着银色城市阿卡城和巴哈欧拉的陵寝。①

1921 年阿布杜巴哈去世后,巴哈伊教的"圣护"邵基·阿芬第根据阿布杜巴哈的意愿来建筑装饰巴布陵寝,继续阿布杜巴哈未完成的事业。到 1953 年陵寝的结构基本完成(参见图 2)。他将陵寝修建成今天的模样并在陵寝周围的平台上建造了美丽的花园。

巴布陵寝是由加拿大建筑师威廉姆·麦克斯韦尔(William Maxwell)设计的,其风格是西方和东方的神秘结合。大理石柱体现了古典罗马建筑风格,科林斯式雕花柱冠令人回想起古希腊时尚,而庄严高贵的贴金穹顶又融入了东方的特点。邵基·阿芬第还做出了修建梯田花园的规划并亲自丈量了各层梯田的位置,可惜直到他 1957 年逝世这个规划也未能得以实现。1987 年,巴哈伊世界中心任命加拿大籍建筑师法理博·萨巴主持设计和建设梯田花园。陵殿分三层,底层呈正方形,外面有一个每边由六根意大利白色的钦波石立柱组成的回廊,立柱的上面是东方伊斯兰风格的拱形装饰;中间的一层呈六边形,每边有伊斯兰风格的拱形门窗;顶层是圆形,环以十二根意大利白色钦波石柱,石柱上托着一

①　参见威廉·西尔斯《释放太阳》,澳门:新纪元国际出版社 1997 年版,第237 页。

Erecting the superstructure of the Shrine of the Báb, 1953.

1953 年由邵基·阿芬第所建的巴布陵寝图

个金碧辉煌的穹顶,它是由一万二千块镀金的鱼鳞形金叶组成的。可以说,整个建筑融汇了东西方建筑艺术与风格,显得肃穆、端庄。陵殿的外面,便是绿草坪、花坛,修剪得方方正正的松墙和种着各种名贵花树的花园。花园里的条条小径都是用白色的碎石或是玫瑰色的碎瓦铺成的,十分别致。今天的巴布陵寝(参见图3)以及通向它的台阶,在夜晚大放光芒,数里之外即可见到。当年巴布在马库时连一根蜡烛也没有,而今他的陵寝泛着白光,并冠上镶金的半圆形屋顶,坐落在卡梅尔山腰绿色如茵的宝座上,散放着无限的光辉。

今天的巴布陵寝

巴布陵寝梯田花园是美与和谐的象征,花园的设计目的是为巴布陵寝创造最合适的外围环境,今天的巴布陵寝是巴哈伊朝觐的最神圣的几处地方之一。当巴哈伊朝觐者们沿着这坡地走向陵寝时,除了将要获得信仰上的馈赠,这些台地也应该协助增加他们精神上的阅历。因此,花园不应只是充满瑰丽的美景,更应产生一种庄严、平和的氛围,以引人深思。在喧闹嘈杂的市中心,巴布陵寝梯田花园提供了一块安宁静谧的绿洲。正式对公众开放后,它曾获得以色列最有声望的两个奖项:海法市政府因"设计和修建

'悬空花园'而使海法市获得游客的青睐"而授予的 1998 年度爱抚瑞·立夫施茨奖和"为了美丽的以色列"委员会授予的 1999 年度的马格希姆奖——因为巴布陵寝梯田花园"辉煌美丽，与卡梅尔山的环境绝妙的融为一体"。

卡梅尔山上不同种类植物的大面积种植和对地表的覆盖为海法市的环境改善作出了贡献，并吸引了很多野生动物，也为这个繁忙而充满活力的城市提供了一块安宁静谧的绿洲。平台式阶梯园林栽种了不同种类的花草，使得花园一年四季花开不败，像铺陈在卡梅尔山上的精美地毯。沿平台式阶梯主道往下的是人工景区和以野生花草覆盖的过渡区，然后继续绵延伸至边界的森林。巴布陵寝梯田平台花园中的苍翠、简洁、细致和对称是经典波斯花园的设计准则，也是巴布陵寝花园的风格。在新建的 18 层梯田平台花园中仍贯彻这一理念。整个梯田花园从山顶到山脚延伸达一公里，垂直高度达 225 米，最大坡度达 63 度。其宽度从 60 米到 400 米。花园中心是巴布陵寝，金色半球形穹顶位于 40 米高的乳白色圣殿之上，在阳光下熠熠生辉，宛如一颗璀璨的明珠。

在陵寝平台以上和其下各有九级梯田平台花园，设计为九个同心圆，从陵寝，即中央的金顶大厦发散出来。主要的通道位于花园的中心，由台阶将各层平台串联起来。每一层平台都设计有对称的喷水池、石雕花盆和花床，而每一层的细节，如铁艺大门的雕花、喷水池的形状、花床的位置等，又各有特色。尽管花园中有许多美丽的点缀，但大自然中的光与水才是台阶的主要装饰。不同位置相互平行的喷水池像镜子一样反射着阳光，形成不同的阴影。与陵寝花园相比，梯田花园的设计更鲜活生动，也融合进了更多西方和地中海地区的风格因素。夜晚时分，光在无数盏装饰灯中闪烁，把人的注意力引向巴布陵寝，正如烘托着被镶嵌的无价宝石一般。

　　位于巴布陵寝上部的平台通过地下人行过道与上顶的路易斯大道相连。山脚下的入口广场与正在修复和拓展的历史上形成的德国移民区融为一体,并一直延伸到海边。这是地中海地区最具有魅力也是耗时最长的城市发展项目。由德国坦普乐教派所建的整齐的红顶房屋成了这里的一道风景区,由于他们与巴哈欧拉抵达圣地的时间正好一致,在某种程度上给圣地增添了一些神秘色彩。

　　对巴哈伊信徒来说,能有机会到这个巴哈伊圣地朝觐是一生中的幸事。按照惯例,每一个到圣地来的巴哈伊朋友事先需要向巴哈伊教的最高机构——世界正义院提出申请,然后等待批准。因为想来朝觐的人每年都会有很多,出于各方面的考虑,世界正义院会具体安排朝觐的日期和规定具体人员数量。所以递交申请后,大概需要6年左右的时间才可能得到答复。作为一个研究巴布和巴哈伊教的学者,我当然非常希望能到巴哈伊圣地进行考察和访学。值得庆幸的是,当提出要求后不久,就得到了世界正义院的正式邀请,我也得以正式访问巴哈伊世界中心。

　　巴布陵寝梯田花园没有一般宗教陵园的森严肃穆,也没有世俗花园的喧嚣俗艳。整个花园给人一种静谧、平和、包容的感觉。当我第一次踏上这片土地,马上就被圣地的庄严、和谐与美所吸引。在这里你会产生与其他宗教场所不同的感受,让你感到庄严而不压抑。大多来到这个圣地的人们都会瞻仰巴布、巴哈欧拉以及阿布杜巴哈的陵寝。在卡梅尔山上的巴布陵寝和阿布杜巴哈陵寝是连在一起的,来到这里的信众一般都要去朝拜。在陵寝的门口摆放着各种语言的祈祷文供你去选择。巴哈伊教没有像其他宗教的牧师、阿訇等神职人员,进入庄严而神圣的陵寝,你可以在里面的任何一个地方站着,或坐在柔软的波斯地毯上,默念你想读的任何祈祷文。那种静谧感自然而然地会把信徒们带入一种与上帝交流的神圣境地,令人忘却尘世间的一切! 巴哈伊圣地呈现出的虔诚氛围,也让参观者的心灵得以净化,恰到好处地体现出圣地的精神。作为一个研究者,来到圣地,还会体会到一种独特的平等氛围。在这个巴哈伊的世界里,无论是最高的宗教领袖——世界正义院的九位成员,还是普通的巴哈伊信徒,都没有尊卑贵贱,没有上下等级之分,他们每天在同一个餐厅吃同样的饭菜。无论你是一个信徒,还是一个普通人,都可以与那些世界正义院的成员们平等地讨论问题,而他们每一个人的态度都是那么谦和、平易近人。

　　巴布陵寝梯田花园的建造颇为曲折,自巴哈欧拉于 1891 年亲选此处作为先知巴布的长眠之地以后,工程断断续续达百余年。巴哈伊花园最终在 2001 年惊艳亮相,并免费向游人开放,如今已成为以色列的旅游胜地。每年成千上万的游人、宗教信众拜访卡梅尔山时,总会惊叹其建筑的完美,更会深思其倡导的理念和宗旨。同时巴哈伊教致力于各宗教交往,达到共识,也欢迎各界人士交流,共同建设美好的社会。

附录二　巴布生平大事年表

1819 年 10 月 20 日	巴布出生在伊朗的设拉子（Shiraz）
1820 年	巴布的第一个妻子 Khadíjih Bagum 出生在设拉子（Shiraz）
1928 年	巴布的父亲 Mirza Muhammad Rida 去世①，以后由其舅舅 Haji Miraz Siyyid Ali 照顾
1841 年	巴布去伊斯兰教圣地即伊拉克的纳杰夫（Najaf）和卡比拉（Karbilá），并参加了谢赫派的领袖赛义德·卡义姆·拉什提（Sayyid Kázim-i-Rashtí）的讲座
1842 年 8 月	巴布与 Khadíjih Bagum 结婚
1843 年	巴布的儿子 Ahmad 出生，但出生后很快就夭折了
1843 年 11 月或 12 月	巴布开始了《古兰经》"黄牛"章的评论（Commentary on the Surih of the Cow），而后一部分的内容是在巴布宣教后所写
1843 年 12 月 31 日	谢赫派的领袖赛义德·卡义姆·拉什提（Sayyid Kázim-i-Rashtí）去世，当时没有指定继承人
1844 年 5 月 23 日	巴布向他的第一个门徒穆拉·侯赛因宣教，并启示了《枷瑜姆勒·阿斯玛》（Qayyumu'l-Asmá）的第一章，这是对《古兰经》"优素福"章的评论
1844 年 9 月	巴布在库杜斯的陪同下从设拉子到麦加朝圣
1844 年 12 月 12 日	巴布与库杜斯到达麦加
1845 年 1 月 10 日	巴布和库杜斯离开麦加去麦地那，路途中启示了《隐秘珍藏之书信》（Sahífiy-i-makhzúnih），英文为 Hidden Treasured Epistle，大部分内容是关于穆斯林在特别的神圣节日所背诵的祷文
1845 年 5 月 15 日	巴布朝圣后返回布什尔（Bushihr）

---

① 另一说是巴布在婴儿时父亲就去世了。

233

续表

1845 年 6 月 21 日	巴布从麦加朝圣回来,编写《著作索引》(Kitáb-i-Fihrist)。此书列出了巴布早期著作的目录
1845 年 6 月	设拉子的州长下令逮捕巴布,并从布什尔(Bushihr)带到设拉子,对巴布进行了羞辱后释放,由巴布的舅舅在家监管,自由受到限制
1846 年	穆罕默德沙王派 Vahid 到设拉子会见巴布,后成为其门徒
1846 年 9 月 23 日	由于巴布的追随者增加,州长 Husayn Khan 受到威胁,下令再次逮捕巴布。后来由于霍乱的爆发巴布被释放,这时离开设拉子去伊斯法罕
1846 年 9 月到 1847 年 3 月	巴布在伊斯法罕时期,受到州长 Manuchihr Khan 的极力保护,州长成为巴布的信徒。在伊斯法罕的六个月,巴布启示了两部主要著作:Nubuvvih khássih 和 Tafsír-i-Súrih-i-va'l-'asr。在此期间,娶了第二个妻子 Fatimih,是该城市一个巴比信徒的妹妹
1847 年 2—3 月	伊斯法罕州长 Manuchihr Khan 去世,巴布在伊斯法罕失去了保护
1847 年 3—7 月	巴布离开伊斯法罕去马库的阶段
1847 年 7 月—1848 年 4 月	巴布被监禁在马库,并启示了《白杨经》(Kitáb-i-Bayan)、《七个证明》(Dala'il-i-Sab'ih)和《至穆罕默德沙王书简》
1848 年 4 月 10 日	巴布从马库被转移到祁利克
1848 年 5 月—1850 年 7 月	巴布被监禁在祁利克时期,启示了《名号经》(Kitáb-i-asmá),还有《启示的五种模式》(Kitáb-i-panj sha'n),这是巴布最后的著作
1848 年 6 月	巴达什会议,打破了伊斯兰教的宗教律法,宣布脱离伊斯兰教。巴布的女信徒塔赫蕾当众揭去了面纱
1848 年 10 月 12 日— 1849 年 5 月 10 日	麻辛达兰(Mazindaran)起义,巴布的门徒穆拉·侯赛因和他的同伴进入塔巴尔西(Tabarsi)陵墓,标志起义的开始;库杜斯(Quddus)和他的同伴被欺骗而交出武器,起义因失败而告终
1850 年 1 月 2 日	巴布的信徒开始在雅兹德(Yazd)起义
1850 年 3 月 7 日	巴布的七位使徒在德黑兰殉道,其中有巴布的舅舅 Haji Mirza Siyyid 'Ali①

---

① 另一说是 1850 年 2 月 19 日或 20 日。可参见 Wendi Momen:A Basic Bahai Chronology,p47。

1850 年 5 月 13 日—1951 年 1 月 2 日	巴布的信徒在赞岩(Zanjan)起义
1950 年 5 月 27 日—1950 年 6 月 21 日	巴布的信徒在尼瑞兹(Nayriz)起义
1850 年 6 月 19 日	巴布被转移到达大布里士城(Tabriz)
1850 年 7 月 9 日	巴布殉道

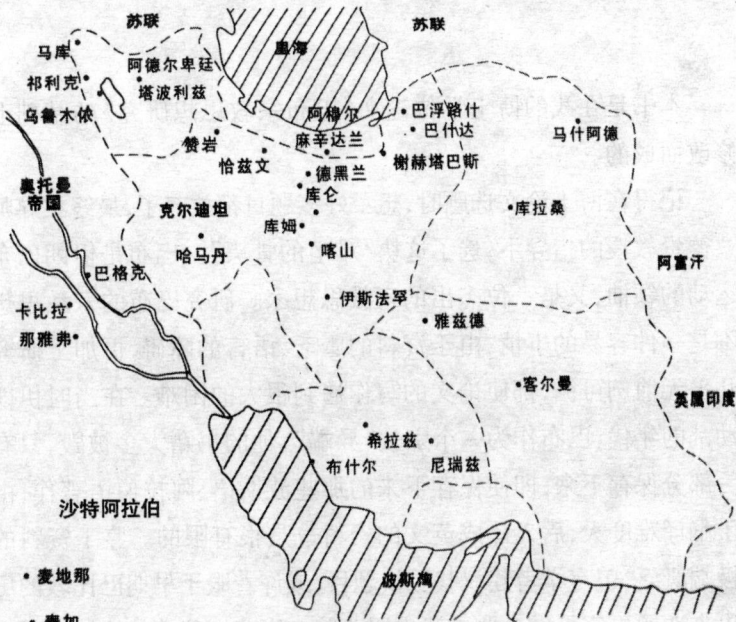

巴布一生活动区域地图

235

后　记

　　本书是在我的博士学位论文《巴布宗教思想研究》的基础上修改而成的。

　　记得在博士论文选题时,想了好多题目都放弃了,最终在导师蔡德贵教授的指导下,选了这块"难啃的骨头"。巴布是伊朗巴布运动的领袖,又是一位杰出的宗教思想家。研究巴布的宗教思想不是一件容易的事情,由于资料的匮乏、语言的障碍,再加上研究几乎无前例可循,都使论文的写作遇到很大的困难。在当时伊朗动乱的年代,巴布作为一个宗教"异端",他的书籍大多被毁,只有一部分保存下来,即使保存下来的那些波斯语、阿拉伯语著作,由于翻译难度大,后人译成英文的资料也是很有限的。鉴于资料的极端匮乏,曾有学者建议我更换题目,或许着眼于早期巴比教的历史来选题更容易做一些。我也因此曾一度陷入彷徨的境地。考虑到在国内很难找到巴布著作及有关巴布研究的资料,为了论文的写作,我的导师尽力帮我安排了几次出国考察、收集资料的机会。幸运的是,资料的收集还算顺利。我又重拾了信心!

　　从论文的选题到论文的修改,再到成文,都要感谢我的导师蔡德贵先生的关心和支持。先生于百忙之中仔细审阅了文稿,指出了文章的诸多纰漏与错误,提出了宝贵的修改意见。先生严谨的治学态度、敏锐的问题意识及对学生的负责精神都令我感动。山东大学哲学与社会发展学院的刘杰老师、傅永军老师、傅有德老师、谢文郁老师、王善波老师、黄启祥老师、郭鹏老师在学业上都给予了我很大的帮助,从平日的上课、论文的开题到中期考核,各位老师都给予了我悉心的指导,提出了宝贵的意见,开阔了我的思维和视野。也正是他们的宽容与鼓励,让一度游离于哲学边缘的我增添了勇气,始终不敢倦怠,最终完成了论文。同时,赵颖老师为我学习和生活中所带来的琐事不厌其烦地帮助解决,我很感谢她的兢兢业业和无私奉献!此外,还要感谢我的师母刘宗贤教授,无论在学习还是生活上她都给予了我极大的鼓励和关爱!

　　我还有幸被邀请到以色列海法的世界正义院及巴哈伊文献研究中心进行短期的访学。接触了许多来自世界各地的巴哈伊朋友,得以了解了巴哈伊信众的生活,拜访了世界正义院的最高领袖,还瞻仰了巴布陵寝。在世界正义院图书馆,我收集到很多宝贵的资料,并与一些著名巴哈伊学者如 Dr. Hoda Mahmoudi, Dr. Janet Khan, Dr. Peter Khan, Dr. Farzam Arbab, Dr. Moojan Momen 等进行沟通和交流,得到了他们热情的帮助和指导;在以色列期间,我还访问了以色列希伯来大学,得到著名的东方学学者 Moshe Sharon 教授的学术指导和建议,这一切都使我获益匪浅!我还访问了澳门的巴哈伊中心、新加坡巴哈伊中心等地,收集了大量关于巴布和早期巴哈伊教的有价值的资料,这对我的论文写作有很大帮助!此外,香港全球文明研究中心的宗树人(David Palmer)博士和舒蒙萌女士,澳门巴哈伊总会的江绍发博士、罗兰博士,新加坡巴哈伊总会的郭义行先生(Kuek Yi Hsing)、符积虎先生(Foo Check Woo),还有我的朋友周丽娟、May Farid、Sona Farid、Kourosh Vahdat、Valerie Burgess 等,对我的论文写作都给予了很大的帮助。

237

　　我自知以目前的学养,很难写出令人满意的文章,所以不敢奢望自己会有什么真正学术上的"创新",只是把论文写作当成我学习哲学与宗教知识的一种方式来进行。如果说这篇论文还有一些成绩的话,要感谢那些曾给我关心和支持的老师、朋友以及我的家人们,这里面的确凝聚了他们的许多心血!

　　本书能够顺利出版,得到了香港全球文明研究中心和我的工作单位德州学院的大力支持和资助。在此,我表示衷心的感谢!

许　宏

2010 年 6 月于德州学院

附图 1

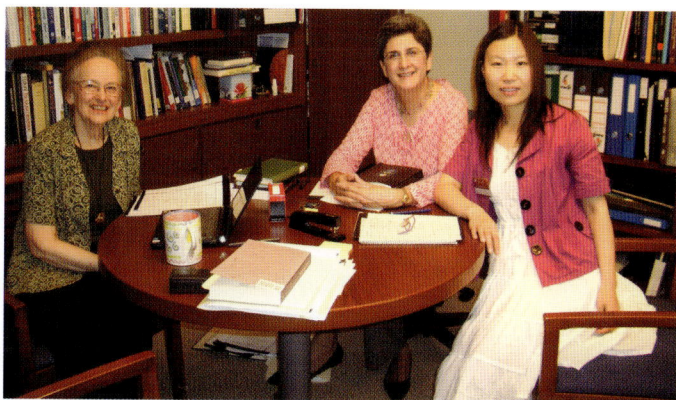

本书作者访问位于以色列海法的世界巴哈伊文献研究中心,与巴哈伊学者 Hoda Mahmoudi 博士和 Janet Khan 博士在一起

附图 2

作者的博士合作导师、以色列希伯来大学著名东方学学者穆什·沙龙(Moshe Sharon)教授

附图 3

与著名的巴哈伊学者穆坚·莫曼（Moojan Momen）在一起